高等职业教育旅游类专业新专业教学标准系列教材

酒店数字化营销

邓俊枫 主编

清华大学出版社
北京

内 容 简 介

本书以新专业目录为依据，借鉴吸收了酒店数字化营销的前沿研究成果与实际应用模式，以就业为导向，以技能为中心，以相关岗位的工作内容为主线，系统阐述了 9 个项目，包括酒店数字化营销概述、微信营销、微博营销、App 营销、网站营销、团购营销、OTA 营销、搜索引擎营销、大数据营销。

本书可以作为高等职业学校酒店管理与数字化运营、旅游管理等相关专业教材，也可以作为现代酒店管理人员的在职培训用书，还可以供从事酒店管理工作的人士自学参考。

本书封面贴有清华大学出版社防伪标签，无标签者不得销售。
版权所有，侵权必究。举报：010-62782989，beiqinquan@tup.tsinghua.edu.cn。

图书在版编目(CIP)数据

酒店数字化营销/邓俊枫主编．—北京：清华大学出版社，2023.6(2025.1 重印)
高等职业教育旅游类专业新专业教学标准系列教材
ISBN 978-7-302-63639-7

Ⅰ. ①酒⋯ Ⅱ. ①邓⋯ Ⅲ. ①饭店－数字化－市场营销－高等职业教育－教材 Ⅳ. ①F719.2-39

中国国家版本馆 CIP 数据核字(2023)第 092957 号

责任编辑：强　溦
封面设计：傅瑞学
责任校对：袁　芳
责任印制：丛怀宇

出版发行：清华大学出版社
　　网　　址：https://www.tup.com.cn,https://www.wqxuetang.com
　　地　　址：北京清华大学学研大厦 A 座　　邮　　编：100084
　　社 总 机：010-83470000　　　　　　　　　邮　　购：010-62786544
　　投稿与读者服务：010-62776969，c-service@tup.tsinghua.edu.cn
　　质量反馈：010-62772015，zhiliang@tup.tsinghua.edu.cn
　　课件下载：https://www.tup.com.cn,010-83470410
印 装 者：三河市龙大印装有限公司
经　　销：全国新华书店
开　　本：185mm×260mm　　　印　　张：14.5　　　字　　数：347 千字
版　　次：2023 年 6 月第 1 版　　　　　　　　　　　印　　次：2025 年 1 月第 3 次印刷
定　　价：48.00 元

产品编号：098864-01

前 言
PREFACE

酒店数字化营销是高等职业院校酒店管理与数字化运营、旅游管理、会展管理及现代服务业相关专业的一门专业基础课和必修课。该课程以学生的就业为导向，以行业专家对酒店数字化营销所涵盖的岗位群进行的任务和职业能力分析为依据，旨在培养学生的数字化销售技能和管理能力。通过对本书的学习，可以使学生对酒店数字化营销有较为全面的了解，熟悉酒店数字化营销的基本业务、操作程序和销售技能，成为具有酒店数字化营销意识和服务意识、富有创新精神的数字化营销人才。

党的二十大报告指出，高质量发展是全面建设社会主义现代化国家的首要任务。我们要坚持以推动高质量发展为主题，建设现代化产业体系，加快发展数字经济，促进数字经济和实体经济深度融合，打造具有国际竞争力的数字产业集群。在旅游方面，加强旅游信息基础设施建设，深化"互联网＋旅游"，加快推进以数字化、网络化、智能化为特征的智慧旅游发展成为新趋势。越来越多的酒店管理者已经意识到数字化转型对于酒店发展的重要性，正在呼唤更符合当前酒店数字化运营需求的人才。

本书力求体现我国高等职业教育"以职业活动为导向，以职业能力为核心"的指导思想，突出酒店职业的特色，行业特点鲜明，遵循技术技能人才成长规律，知识传授与技术技能培养并重，强化学生职业素养养成和专业技术积累，将专业精神、职业精神和工匠精神融入教学，针对酒店数字化营销的工作领域，把酒店数字化营销的知识和技能整合进项目内容，确定每一项目的知识目标和能力目标，紧紧围绕该项目组织工作任务内容，便于学生掌握酒店数字化营销的操作技能，提高职业岗位能力。

本书采用项目化的编写思路，以酒店数字化营销在酒店行业的应用为核心，结合酒店数字化营销的实践，形成了内容体系。全书共分为九个项目，包括酒店数字化营销概述、微信营销、微博营销、App营销、网站营销、团购营销、OTA营销、搜索引擎营销、大数据营销。每个项目中都设置了知识目标、能力目标、任务分解、任务导入、工作任务、知识拓展、案例分析、项目练习，学生在完成任务的过程中学习相关知识，通过实训体验酒店的数字化营销活动，并以小组为单位，展示完成项目实践的成果，达到学以致用的目的。

本书以校企合作奠定课程基础，以职业能力作为课程核心，以工作项目构建课程结构，以工作任务序化课程内容，以完成任务作为教学过程，实行教、学、做一体化教学模式。本书以职业能力的培养为重点，以行动为导向，通过对相关岗位工作任务的分析得出应具备的职业能力，把工作过程设计成项目学习过程，以工作任务承载知识，通过基础理论、技能操作、仿真模拟、角色扮演、创设情境、创新设计、案例分析、任务教学、小组活动等多种教学方法，使学生在完成工作任务的过程中进行学习，通过项目、任务培养学生的职业素养。

本书坚持产教融合，校企双元开发，编者团队与万豪酒店集团、凯悦酒店集团、洲际酒店集团、希尔顿酒店集团、香格里拉酒店集团等建立了长期的合作关系，引用了上述企业相关的经营理念、管理理论和服务文化的案例，紧跟产业发展趋势和行业人才需求，及时将产业发展的新技术纳入教学内容，反映典型岗位（群）职业能力要求。

本书由邓俊枫教授担任主编，喜来登酒店张祥礼销售总监对本书的编写工作提出了宝贵的意见和建议，还有酒店企业的许多管理人员、技术人员和服务人员为本书的编写提供了丰富的素材和案例，谨在此一并表示衷心的感谢！

本书具有知识准确简洁、方法具体实用、案例典型突出、实用性和可操作性较强的特点，可作为全国高等职业院校酒店管理与数字化运营、旅游管理、会展管理及现代服务业相关专业群的专业教材，也可作为酒店总经理、副总经理、市场营销总监、销售经理和销售人员的培训教材。

编　者

2023 年 1 月

目 录
CONTENTS

项目一 酒店数字化营销概述 / 1
　　任务一　酒店数字化营销的概念　/ 4
　　任务二　酒店数字化营销的实施　/ 12
　　任务三　酒店数字化营销的策略　/ 17
　　任务四　酒店数字化营销的方式及新趋势　/ 28

项目二 微信营销 / 43
　　任务一　微信营销的概念　/ 44
　　任务二　微信公众号营销　/ 51
　　任务三　个人微信号营销　/ 56
　　任务四　微信小程序营销　/ 59

项目三 微博营销 / 63
　　任务一　微博营销的概念　/ 64
　　任务二　微博营销的策略　/ 71
　　任务三　微博营销的技巧　/ 75

项目四 App 营销 / 83
　　任务一　App 营销的概念　/ 84
　　任务二　App 营销推广的方式　/ 90
　　任务三　App 营销的技巧　/ 96

项目五 网站营销 / 101
　　任务一　网站营销的概念　/ 102
　　任务二　网站定位　/ 107
　　任务三　网站布局及栏目设计　/ 110
　　任务四　网站营销推广　/ 122

项目六　团购营销　/ 129
　　任务一　团购营销概述　/ 130
　　任务二　酒店团购营销　/ 134
　　任务三　酒店团购策略　/ 138
　　任务四　酒店团购方式　/ 147

项目七　OTA营销　/ 154
　　任务一　OTA营销的概念　/ 155
　　任务二　OTA营销的策略　/ 159
　　任务三　OTA营销的方式与技巧　/ 164
　　任务四　酒店与OTA的合作　/ 174

项目八　搜索引擎营销　/ 182
　　任务一　搜索引擎营销的概念　/ 183
　　任务二　搜索引擎营销的策略　/ 189
　　任务三　移动搜索引擎的营销　/ 194

项目九　大数据营销　/ 201
　　任务一　大数据营销的概念　/ 202
　　任务二　酒店大数据的运用　/ 207
　　任务三　大数据营销的技巧　/ 215

参考文献　/ 223

项目一

酒店数字化营销概述

🚩 知识目标

1. 了解数字化营销的概念。
2. 了解酒店数字化营销的概念。
3. 理解酒店数字化4P营销理论。
4. 熟悉酒店数字化营销的策略。
5. 熟悉酒店数字化营销的方法。

🏅 能力目标

1. 能够理解酒店数字化营销的概念。
2. 能够熟悉酒店数字化"4P"营销理论。
3. 能够掌握酒店数字化营销的策略。
4. 能够掌握酒店数字化营销的方法。

📋 任务分解

任务一　酒店数字化营销的概念
任务二　酒店数字化营销的实施
任务三　酒店数字化营销的策略
任务四　酒店数字化营销的方式及新趋势

雅斯特集团的酒店数字化营销

雅斯特集团雅斯特酒店创立于2011年,是中国中档酒店品牌十强之一。为了顺应集团数字化发展的战略布局和自身运营提质增效的需求,雅斯特集团搭建了自己的小程序平台,以智能终端设备为载体,大力开展数字化营销。

1. 客房预订

随着智能手机的普及,网上订房已经成为现代人普遍的消费习惯。大多数酒店都会入驻第三方平台,但是高额的佣金会导致酒店利润被大幅削弱,而且不利于会员的长期积累。因此,很多酒店都开始自建小程序平台,在降低获客成本的同时还能更直接地触达更多用户,让订房变得触手可及。

众所周知,微信小程序的入口非常多,客人可以通过小程序二维码、附近小程序、微信搜索、好友推荐、公众号关联等入口进入雅斯特集团的小程序,选择入住日期、客房间数及人数,单击客房详情,轻松了解入住环境及客房设施,并可将房间信息一键分享给同行伙伴,共同选定心仪的房型。多款住房套餐即看即住,确认入住信息并填写宾客个人信息,单击立即预订并支付,随心开启精彩旅程。

2. 适用场景

对大型连锁酒店而言,完善的会员系统对塑造品牌形象、提高管理效率是十分重要的。在数字化布局的进程中,雅斯特集团高度重视会员建设,在小程序平台上提供了一系列线上会员服务。例如,小程序中有积分商城,会员可以使用积分兑换好物,相比直接领券而言,更能调动会员的积极性;设置会员升级系统,相比实体卡而言,线上会员最大的优点就是可以制定灵活的营销策略,针对不同等级会员发送指定商品代金券,通过多种营销方式鼓励游客充值消费,提高复购率。

3. 线上商城

雅斯特集团一直以来都非常注重数字化营销,与许多直播平台、短视频平台合作,希望提高在年轻群体中的曝光率,高效促进电商转化。从外部平台获取流量后,下一步需要做的自然是内部流量转化和维护,为此,雅斯特集团在小程序平台上搭建了自己的线上商城。

首先,线上商城起到了微官网的作用。当酒店推出新品或者活动的时候,可以在商城进行置顶,吸引用户的关注,起到宣传裂变和转化沉淀的作用。其次,商城可以用于会员积分消耗。商城提供了自助套餐、婚宴套餐、季卡等丰富的产品,会员可以使用积分抵扣部分的金额,获得货真价实的优惠,从而提高会员黏性。此外,线上商城还具有社交属性,消费者可以利用自己的人脉关系进行分销,快速提高产品销量和品牌知名度。

4. 分销功能

全民营销的时代,分销是抓住流量入口、节约运营成本、迅速拓展市场的重要途径。使用分销功能激励老用户邀请新用户,可以让会员数量在原有的基础上快速增长。雅斯特小程序的分销功能非常好操作,每件商品都有一个分享按钮,分销员单击后可以直接将链接分享给好友,也可以生成图文海报,发布到微信朋友圈中。好友通过链接或海报进入商品详情页购买商品后,分销员即可获取分销金。整个过程的操作非常简单,只需动动手指,就能快速成为分销员。同时,企效云后台支持查看分销员的业绩排名,有针对性地制定奖励制度,刺激员工分享推广。酒店管理员也可以查看商品分销的统计排名,从而了解哪类商品更适合分销形式,以便在下次活动中加大分销力度。

5. 宴会管理系统

在实际工作中,人工记录宴会厅预订情况的方式非常容易出错。雅斯特小程序增加宴会管理功能后,可以将每间宴会厅的预订情况通过日历的形式展示出来。销售人员填写宴会厅占用情况之后,相关人员可以在App上选择某间宴会厅,查看每场会议占用的时间以及会议详情,简单清晰,一目了然,确保同一宴会厅不撞单。此外,所有宴会进程只限于酒店内部查看与内部调整,以便保证信息安全。

6. 预约功能

酒店除了客房之外,还有很多其他消费场景,比如包厢、健身房、游泳馆等。当住店客人较多的时候,这些场所可能会出现等位的情况,影响客人的消费体验。雅斯特小程序支持在线预约包厢、SPA、棋牌、KTV、研学课程等服务。客人只需要在线选择场所和时间,预约成功后,按照预约时间去享受服务即可,避免出现同一时间段人数过多,客人需要排队的情况,也进一步提高了各场所的使用效率。

7. 协议客户

对覆盖多区域的大型连锁酒店而言,协议客户属于长期稳定的客源,在一定程度上保证了酒店的出租率,所以一直受到酒店的高度重视。而传统的协议客户订房方式存在很多缺陷,如流程复杂,需要多次拨打电话,或过于依赖销售人员联系,受人员变动影响很大等。雅斯特集团在企效云系统的协助下,将协议客管理功能转移到线上小程序平台,助力酒店精准获客,打造酒店与真实客户的直连模式,节省人力成本,提高同区域竞争力。小程序上为客户提供了"申请加入协议客户"的入口,客人可以自主提交单位信息,申请成为酒店的协议客户,酒店方通过审核后,销售经理再根据具体交易金额进行后期的跟进。成为协议客户后,企业客户可以享受生日优惠、四倍积分、延时退房、免费早餐、专属优惠券等福利,极大地提高了协议客户的黏度。

此外,酒店把所有协议企业的信息和联系方式录入平台,通过二维码进入协议入口,保证了价格的私密性,更好地维护客户权益,也便于酒店的管理。数字化营销对于酒店企业在未来的竞争格局中发展壮大,是一个不可或缺的条件。

任务一　酒店数字化营销的概念

一、数字化营销的含义

（一）数字化营销的定义

20世纪90年代中期以来,随着互联网的广泛应用与大众参与度的大幅提升,数字科技在突破传统传播技术的基础上形成了庞大的数字媒体渠道,消费者的生活方式也发生了巨大的变化。在这样的背景下,传统的营销模式已跟不上时代的步伐,适用于互联网时代的数字化营销应运而生,快速发展,逐渐走向成熟。

数字化营销是指借助于互联网络、计算机通信技术和数字交互式媒体来实现营销目标的一种营销方式,是利用数字传播渠道来推广产品和服务的营销活动。数字化营销将尽可能地利用先进的计算机网络技术,以高效率、低成本的方式完成新市场的开拓和新消费者的挖掘。

数字化营销是使用数字传播渠道来推广产品和服务的实践活动,能够以一种及时、相关、定制化和节省成本的方式与消费者进行沟通。数字化营销包含了很多互联网营销(网络营销)中的技术与实践,因此也称在线营销。数字化营销主要包括了社会化媒体营销、移动营销、微电影营销、虚拟游戏营销、搜索引擎营销和电子商务营销等方式。

数字化营销的范围广泛,包括了很多不需要互联网的沟通渠道。因此,数字化营销的领域涵盖了一整套元素,如手机,短信/彩信,显示/横幅广告以及数字户外广告等。数字化营销赋予了营销组合以新的内涵,其功能主要有信息交换、网上购买、网上出版、电子货币、网上广告、网上公关等,是数字经济时代企业的主要营销方式和发展趋势。

（二）数字化营销的产生

数字技术驱动数字营销平台的产生,数字营销平台的产生使传统营销逐渐被边缘化,催生出数字化营销。数字技术的升级推动营销方式的变革,数字化营销成为数字经济代最重要的营销手段。由于它的生存与发展以虚拟现实为背景,表现出多媒体的存在方式、精准互动的运行方式和内容的丰富多元等特征,所以需要从技术的本质上加以理解。

数字化营销是以数字化技术为基础的一种营销方式,有助于实现企业的产品与服务价值,满足消费者需求与企业盈利的目标。其中数字化作为方法和手段存在,数字化营销的本质依旧是营销,不过是营销理论在新技术背景下的发展与升级。

数字化营销主要有三种途径:第一,通过传统大众媒体如数字电视进行营销;第二,利用数字技术的互联网媒体进行营销;第三,利用基于移动通信网络的手机媒体、移动车载电视进行营销。目前,数字化营销的方式主要集中在第二种和第三种途径,网络媒体和移动媒体成为数字化营销的主战场。

(三)数字化营销的历程

在过去的二十多年里,随着数字技术的不断进步,数字化营销工具和手段也在不断地更新迭代。以标志性的数字技术应用为重要节点,本书将数字化营销的发展历程划分为四个阶段:基于 Web 1.0 的单向营销、基于 Web 2.0 的互动营销、基于大数据的精准营销,以及基于人工智能的智慧营销。

1. 第一阶段:基于 Web 1.0 的单向营销

从技术上讲,Web 1.0 的网页信息不对外部编辑,用户只是单纯地通过浏览器获取信息,只有网站管理员才能更新站点信息,以雅虎、新浪、搜狐、网易、腾讯等门户网站为典型代表。早期的互联网广告以单向传播为特征,即用户只能被动接受广告内容,且广告表现形式较为单一,主要为展示类的横幅广告,广告理念则是以销售产品为主要目的。这一阶段从 1994 年开始,可称为数字化营销 1.0 时代。

中国第一个商业性网络广告出现于 1997 年 3 月,由 Intel 和 IBM 共同出资投放于 ChinaByte 网站,广告表现形式为 468 像素×60 像素的动画横幅广告,IBM 为其支付了 3 000 美元。Intel 和 IBM 因此成为国内最早在互联网上投放广告的广告主,创造了中国互联网广告业的历史。

2. 第二阶段:基于 Web 2.0 的互动营销

与 Web 1.0 单向信息发布的模式不同,以 Facebook、Twitter、博客、微博等为代表的 Web 2.0 的内容通常是用户创作发布的,用户既是网站内容的浏览者,又是网站内容的制造者,这意味着 Web 2.0 站点为用户提供了更多参与和互动的机会。这一时期的数字化营销是依托社会化媒体的兴起而形成的互动营销,企业和消费者在社会化媒体的"桥梁"上平等对话,在建立良好的品牌与消费者关系的基础上达到促进销售的目的。这一阶段从 2002 年开始,可称为数字化营销 2.0 时代。

Web 2.0 时代开启的一个重要标志是 SNS(社交网络服务)热潮的兴起。SNS 的概念随着 MySpace、Facebook、人人网等网站的成熟而逐渐被人熟知。作为社会化媒体重要代表之一,SNS 的兴起和风靡可以看作社会化媒体的崛起。由于社会化媒体具有互动性、社交性、即时性等特点,用户不只是被动地接收信息,还可以随心所地发表自己的观点,与其他用户或商家互动,社会化媒体因此得以大显身手。企业通过与消费者互动,拉近了与消费者之间的距离,企业与消费者在双向传播中更深入地了解对方,从而达到理想的营销效果。

3. 第三阶段:基于大数据的精准营销

随着互联网技术的不断发展,网络内容不断丰富,消费者生活方式日益数字化,消费者在互联网上留下了大量的数据"足迹",大数据时代就这样到来了。随着大数据在各行各业的广泛应用,数字化营销进入了一个新的阶段。这一阶段的数字化营销与前两个阶段的显著区别在于通过对大数据的挖掘,企业可以做到比消费者更了解他们自己。也就是说,基于消费者在门户网站、搜索引擎、电商平台等留下的数据,企业可以分析出他们的消费习惯和偏好,营销可以有的放矢,更加精准,在减少无效营销的同时,极大提升消费者体验和营销效果。

"大数据"并非新词汇,早在 1980 年,未来学家阿尔文·托夫勒在其著作《第三次浪潮》

中就将"大数据"称为"第三次浪潮的华彩乐章"。不过,直到大约2009年,大数据才成为互联网行业的流行词汇。从那时起,学界开始密切关这个领域。英国学者维克托·迈克-舍恩伯格于2013年1月出版的《大数据时代》一书,从思维、商业、管理三个方面解读了大数据所带来的革命性变化。大数据浪潮绝不仅仅是信息技术领域的革命,更是在全球范围内加速营销变革、引领社会变革的利器,企业要抓住大数据的机遇,让营销拓展到大数据领域,挖掘其潜在的大价值,才能获得大发展。2013年被称为"大数据元年"。正是从这一年开始,数字化营销进入了3.0时代。

4. 第四阶段:基于人工智能的智慧营销

从1956年人工智能的正式诞生,到2016年阿尔法狗击败围棋世界冠军李世石,历经半个多世纪,终于在2017年迎来了人工智能的"应用元年"——人工智能向交通、医疗、金融、教育等领域全面渗透。

人工智能这一新技术引发的"智能革命"也波及了营销行业。基于人工智能的数字化营销相较于前三个阶段数字化营销的显著特征在于它拥有类似于人类的智慧。例如,饿了么推出的语音点餐系统依托于智能语音设备,通过语音交互的方式实现点餐流程,以最大限度节省点餐时间和人力成本。阿里巴巴开发的人工智能设计师"鲁班"在"学习"了淘宝和天猫平台上海量的海报作品以后,每秒能自动创作8 000张海报,然后向不同的用户推送不同的海报,实现"千人千面",不论是成本控制还是作业效率都显示出惊人的能力,昭示着人工智能巨大的技术潜能以及对现有营销作业链的冲击力。

基于人工智能的智慧营销除了更加精准之外,还更加智能化和自动化,这让消费者的体验和使用的便利性都得到了巨大的提升。可以说,从2017年开始,数字化营销进入了4.0的新时代。

需要指出的是,数字化营销的四个发展阶段并非后者替代前者,而是叠加式的升级。也就是说,当数字化营销迈入一个新阶段时,前一阶段的数字化营销方式并未消失,而是与后者共同存在,相互补充。企业应根据具体情况恰当地选用数字化营销兵器库里的兵器,互相配合,以达到营销效果的最大化。

(四)数字化营销的发展

在数字技术发展的背景下,互联网传播呈现出个性化的特征,根据消费者的需求,形成多维数据驱动下的精准营销。从传统的大众化"一对多"广播式到如今的"通过消费者属性定位目标受众"的时代;从传统的注重渠道曝光的营销模式,到如今的以消费者需求为中心,通过多维数据驱动,形成精准营销,并在场景化、电商化的背景下,形成完整的营销系统。

数字化营销是通过精准营销准确定位消费者,实现资源的定向投放,避免浪费,从而实现效果最大化。因此,精准性成为数字化营销的一个重要特征。数字化营销就是对大数据进行智能挖掘,将消费者需求与企业的营销目标有效结合,使企业的产品和服务更主动地到达潜在的消费者,满足消费者的需求。

对于消费者来说,数字化营销就是向消费者提供智能化和精准化的信息,以消费者为中心,积极与消费者互动,使消费者更直接地参与企业品牌价值的构建,这是数字化营销的重点。通过数字化营销,改变消费的趋势:由功能导向型转变为参与体验式导向型;由信息告知式转变为参与互动式。所以,相对传统的营销来说,数字化营销就是数字媒体的用户参与的营销。

2021年,中国高星级酒店行业迎来新的发展阶段和转型期。中国高星级酒店经营在经历传统营销时期、互联网营销时期等阶段后进入当前的数字化营销时期。在新的营销机遇中,高星级酒店需要从精准市场定位、吸引更多客群、做好私域流量运营等方面入手探索营销方法。酒店产品数字化将在降低营销和获客成本、提高服务质量及提升消费者复购和客房单价等全面赋能酒店营销。

在行业实际发展中,中国高星级酒店数字化营销规模在2015年产品集中化后进入快速增长模式。在数字化营销规模分层研究中,高星级酒店营收呈现出年GMV(商品交易总额)规模层级越高,酒店数量增长越快的特点,这反映出数字化营销在酒店运营收中的作用越来越大。2021年,中国酒店数字化产品和数字化渠道服务会员均实现了两位数增长。从国内外高星级酒店行业数字化营销整体情况来看,中国目前在应用侧已经走在世界的前列,尤其在移动互联网的普及上要比国外做得更好一些。

(五) 数字化营销的特点

数字化营销具有深度互动性、目标精准性、平台多样性、服务个性化与定制化等特点。

1. 深度互动性

数字技术下的广告营销传播面临转型,对企业而言,广告业需要致力于提供数字营销传播服务;对消费者而言,智能化、精准化的信息管理目标亟待实现。营销大师菲利普·科特勒指出,如今的营销3.0时代,是实现产品中心向消费者中心再向以人为中心转变的时代。如何与消费者积极互动,使消费者更直接地参与品牌价值的构建,是企业在数字化营销时代的营销新中心任务。

(1) 互动性是数字化营销的本质特征。从本质上看,互动即与他人发生关联,这也是数字化营销本质特征的体现。在数字技术的进步与发展下,绝大部分数字媒体都具有互动的功能,信息在其中沟通交互,使消费者能够拥有双向或多向的信息传播渠道。

数字化营销的互动形式分为三种,即人际互动(数字媒介作为界面两端人与人之间的交流中介);人机互动(消费者与日益智能化的计算机、手机等媒介进行信息交换);人与信息互动(消费者与数字终端的内容进行互动,进行信息的生产与传播活动)。

在体验经济的大背景下,参与品牌的信息传播体验,已逐渐成为吸引受众的关键诉求点。建立在经济发展基础上的消费者素养的提高,使其对多种品牌间的分析比较能力较强。商品的基本功能性诉求此时已经无法满足消费者对商品价值的完整性感知,从广告信息传播的角度来说,图文设计的单向传播,也逐渐变成通过给予消费者互动体验来完成双向交流模式。

(2) 强调公众传播与自表达。数字技术的发展赋予公众更多参与传播和自我表达的机会,在数字媒介架构的"公共空间"和"意见平台"上,消费者参与营销传播的门槛被降低,接受与传播之间的界限已经逐渐模糊。亚伦·夏皮罗定义参与互动的用户为"借助数字媒介及技术和企业发生联系的人",这种关联体现在主动性、互动性、参与性及创造性等特征上。

数字化营销更多表现在对参与性和人性化的强调上,让目标用户对品牌的认知上升到思维和行动层面,甚至在传播过程中进一步形成口碑效应。消费者不仅是用户,更是传播者与传播渠道,是整体营销传播互动过程中的建构者与呈现的参与者。

用户在数字化营销中呈现的互动行为,可分为主动(有意)参与和被动(无意)参与两种。主动(有意)参与多指通过创意传播本身的吸引力激发消费者的好奇心,积极主动参与建构品牌价值。有效利用和引导用户的参与心理在整个营销传播过程中相当重要,无论是求知心理,还是娱乐消遣,促进其从心动到行动的过程离不开创意设计本身的拉动力。

被动(无意)参与类型的互动体验强调对旧传播格局的突破,从传播模式上运用全新的媒介语言与用户交流,用户在不经意间潜移默化地参与广告的信息传播,虽然是以被动的形式参与品牌建构,但在广告信息本身和媒介创意巧妙结合的前提下,这种互动方式有助于广告信息的整体传播。

(3)通过互动达成传播效果。无论营销传播如何发展,其最终目标都是促成消费者对产品的最终购买行为或者改变对品牌的态度。在数字技术发展的背景下,消费者参与品牌信息的传播和品牌价值的构建成为可能,这种与品牌传播者自发形成的互动且不可控的行为,颠覆了传统大众传播自上而下的传播机制。在数字化营销的内在逻辑要求下,良好传播效果的达成大多体现在其与用户的积极互动过程中。

首先,互动是推动企业洞察消费者的有效途径。建立在数字媒体基础上的消费者互动行为,会留下可供分析和建构的数据,基于这些数据进行的消费者画像,能够准确捕捉其真实意图与需求,从而形成有效的信息回馈和有价值的市场效应。

其次,互动可探究消费者行为之上的心理层面效果。不同于传统链式效果作用机制,单纯通过媒介和渠道暴露,形成消费者对品牌的认知和购买行为,数字化营销通过互动传播,形成消费者认知基础上的对产品或品牌的动态"元认知",主张消费者的思考与怀疑精神,站在消费者的角度,对广告营销效果进行重新审视与构建,形成对品牌的最佳反应策略。

最后,互动可转化为数字化营销的即时销售效果。随着移动终端的普及,消费者可利用多元化数字设备对产品进行讨论。不同于以往线性的购买方式,消费的购买路径多样,可随时与品牌建立联系,并在此基础上对其进行比对分析。在传统营销中,消费者对产品产生购买意识后,缺乏转化为即时消费行为的途径,这中间的时间差在一定程度上影响整体营销效果。而在数字化营销中,传播营销一体化,大幅降低了消费行为中的不确定因素,消费者的兴趣与关注可在数字媒体的互动中,即时转化为购买行为。

2. 目标精准性

如何通过精准定位消费者,实现资源的方向性投放,避免浪费从而得到效果最大化,逐渐成为广告主追求的目标。因此,精准性成为数字化营销的又一重要特征。国内众多的一站式营销平台,通过对大数据价值的智能挖掘,将消费者需求与广告主的品牌营销目标有效结合,使品牌更积极主动地到达潜在消费者,精准广告的"一键营销时代"正待开启。

(1)基于大数据的精准营销。目前国内众多营销平台借助专业大数据分析技术,通过对渠道的投入产出比进行数据分析,再依据不同品牌推广的需求,对渠道进行再评估及整合优化,实现最大限度的精准营销。精准营销包含需求方平台、用户画像、程序化购买、智能推荐等概念。

精准数字营销可分为两个阶段:第一个阶段是通过精准推广获取更多新客户;第二个阶段是通过精准运营,实现新用户的成功转化,并在形成交易的同时,实现消费者对企业品牌忠诚度的提升。

在数字化营销的精准性上,企业一方面通过融合多渠道的投放优势,对现有媒介渠道进行升级,打通媒体的产品链,根据品牌具体推广场景的不同,匹配广告渠道的投放比例与力量,争取投放渠道策略最优化;另一方面通过对媒体投放渠道进行拓展,洞察营销行业动态,利用大数据对营销的媒体投放场景进行优化,使品牌通过不同属性的媒体影响消费者,从而抵达更多目标消费者。

(2) 根据用户画像匹配目标用户。数字技术在收集和分析消费者信息方面,提供了良好的条件。消费者的消费习惯、媒介接触规律,以及基本的人口统计学信息都能被全方位收集。根据消费者的基础属性、兴趣、产品使用时间、喜好标签等多维度,加上对消费者的短期与长期行为进行比对分析,在技术描绘的用户画像基础上,用户的实际需求、客户的传播要求都被有效整合,从而告别传统广撒网的粗放式传播,实现精准营销。通过技术平台和营销平台的有效对接,将匹配目标用户需求的产品信息准确推送,向其投放相应的定制广告,虽说这在某种程度上存在机械化、精而不准的局限性,但从目前来看,这也平衡了用户的实际需求和客户的产品诉求,达到较大程度的双赢局面。

3. 平台多样性

数字时代,数字化营销的渠道和平台逐渐多样化,除了传统的网站、App、微博、微信等社交媒体,还有各类移动直播平台、短视频等。在媒介融合的生态环境下,数字化信息的承载与表达呈现多样化特征,话语权的下放催生了"人人都是自媒体"的时代来临,消费者在自有的营销传渠道中分享、传播信息。

在这种大背景下,数字化营销在丰富企业营销触角的同时,会带来很多新问题,如多入口、多平台的管理与整合问题,以及各种渠道沉淀下来的数据分析与利用问题等。企业在营销传播的过程中需要关注到每类营销传播的主体和接触点,积极构建全方位的营销传播平台,从而打造品牌独有的信息传播生态系统。

4. 服务个性化与定制化

服务个性化与定制化是伴随着网络、电子商务、信息等现代数字技术的发展而兴起的数字化营销特征。随着市场环境与消费者需求的变化,个性化消费、品牌体验式消费已形成消费升级的局面,企业与产品营销需要与消费者建立更深入的沟通与交流,打造"千人千面"的营销体验。

服务个性化与定制化是在数字技术的大数据分析基础上,从策略层面精准定位网络时代的消费者,从而制定适合消费者的最佳传播方式,以反馈于品牌本身。在数字时代,用户不仅是信息的接收者,而且是信息的传播载体。不同用户发出的需求,正是数字技术在精准形成用户画像之后,制定营销策略的基础。

二、酒店数字化营销的含义

(一) 酒店数字化营销的定义

酒店数字化营销是以国际互联网为基础,利用数字化信息和网络媒体的相互性来达成酒店营销目标的一种酒店新型营销方式。简单地说,酒店数字化营销是以互联网平台为核心,以网络用户为中心,以市场需求认知为导向,整合各种网络资源,从而实现酒店营销目的的一种行为。

酒店数字化营销是基于明确的数据库对象,通过数字化多媒体渠道,如微信、视频、电话、短信、邮件、电子传真、网络平台等,实现营销精准化,营销效果数量化、数据化的一种高层次营销活动。

例如,在形容某个酒店生意很好时,会说该酒店每天有300个客人,每个客人平均房租1 000元,酒店每天收入300 000元……这些数据可以存储在计算机财务软件中,形成报表供管理人员查看和分析,据此制定酒店的营销策略,这是酒店数字化营销最基本的内容;如果再把每天进酒店消费客人的姓名、性别、年龄、职业、爱好、习惯、频率、消费金额也记录下来,这就是客户信息的数字化;如果这些客人都办理了微信会员卡,那就可以对他们进行分析、研究、洞察、推广,有针对性地做广告,进行数字化营销。

(二)酒店数字化营销的内容

随着数字时代互联网的飞速发展,仅仅"以客户为中心"已远远不够,还需要打造"以客户为中心的场景",与客户之间建立一条"快速通道"。酒店需要转变思维,进行数字化营销,积累用户数据,搭建企业私域流量池,利用技术手段实现精准营销,打造以客户为中心的场景,与客户建立更直接、更有温度的连接,从而降低营销成本,提升营销效果。

数字化营销落地需要用对方法,在开展数字化营销的初期,即使产生的成果和效果很微弱,也要让全体工作人员看到和感受到数字化营销带来的变化。只有眼见为实,才能促进思考和理解,进而产生认同。可视化和讲故事可以更有效地提升酒店员工对数字化营销的认知。此外,没有人比员工更了解自己的酒店,酒店在发布营销内容之前一定要咨询一下酒店各主要职能部门主管和主要员工的意见。酒店应该利用好真正接触到酒店产品的这10%~15%的员工,将他们的行业知识转化为内容。

进行酒店数字化营销,流量是关键,流量主要分为公域流量和私域流量。公域流量是指如百度、今日头条、微博、OTA等,通过广告投入或活动方式吸引新用户,只要酒店不断投入,就可以持续不断地获取流量。私域流量是相对公域流量而言的概念,是指酒店自有、低成本、可反复利用、直接触达用户的流量,如酒店的自媒体、微信群、营销小程序等。在私域管理中,酒店可通过小程序提供多种场景、多种玩法,如小程序邀请新用户礼赏、任务/超额积分奖励、客房服务、电子早餐券、分销及裂变等,通过酒店在微信/小程序及各类营销形式的组合,建立不同场景吸引用户,并直接成为酒店的私域流量。

(三)酒店数字化营销的方向

酒店数字化营销的方向是帮助酒店提升工作效率、管理效率和顾客满意度。当前整个酒店行业,不同档次、不同风格的酒店、酒店品牌层出不穷,但面对各自不同的细分市场,一直都存在激烈的同质化竞争,只有不断提高管理效率,持续为客户带来优质服务,才能在同行业中脱颖而出。要做好酒店数字化营销,需要关注以下两个方面。

1. 建立适合酒店自身的会员体系

酒店的会员体系需要健康的多元化发展,一个酒店如果所有顾客都是会员,就等于没有会员,因此酒店需要通过会员分层管理,提升会员营销管理质量。如果营销活动效果不好,很有可能是因为没有针对性地做精准营销。酒店应该先对客户的类别进行细分,包括新客、回头客、核心客等,再根据不同的客户群体,开展有针对性的精准促销。

对大型连锁酒店而言,完善的会员体系对塑造品牌形象、提高管理效率十分重要。在数字化布局的进程中,任务导入中的雅斯特集团一直以来创新求变,高度重视会员体系建设,并根据实际经营需求,在小程序平台上提供一系列线上会员服务。

实际上,会员营销并不是一个新概念,以前很多酒店都会提供实体会员卡,但随着信息技术的发展,大家开始更倾向于"一部手机走天下"的轻便出行方式。实体卡不仅容易遗失,而且无法区分会员等级,无法查看积分数额,无法领取丰富的优惠券,因此逐渐被"电子卡"取代。数字技术赋能下的会员体系优势在于提供一体化会员管理,降本增效,提高酒店的服务能力和竞争力。

2. 进行多渠道管理

酒店利用数字技术,针对不同渠道,提供个性化服务,推广数字化营销模式。目前酒店行业的协议客户仍然没有得到较系统化的管理,因为没有线上实时库存的同步,所以协议客户的管理效率极低。几乎所有的协议客户都会同时签订多家酒店,再根据自身需要从中做出选择,而大部分酒店的协议客户稳定性都是比较差的。

对覆盖多区域的大型连锁酒店而言,协议客户属于长期稳定的客源,在一定程度上保证了酒店的出租率,尤其受到酒店的重视。而传统的协议客户订房方式存在很多缺陷,如流程复杂,需要多次拨打电话;过于依赖销售,受人员变动影响很大;协议客户转化率较低,很难变成酒店的忠实客户。

三、酒店数字化营销的优势

(一)经济性

酒店数字化营销最具诱惑力的因素之一就是经济性。对酒店企业而言,在数字化情况下,有关产品的特征、规格、性能及公司情况等信息都被存储在网络中,顾客可随时查看。这样就省下了打印、包装、存储及运输费用,所有营销材料都可以直接在线更新,无须送回印刷厂修改,更无须专门邮寄。酒店企业通过网络进行销售,无须耗费巨资修建大楼,也无须招聘大量员工。另外,网络一旦建起来,就归企业所有,与利用传统媒介产生的高额费用相比,酒店通过网络进行营销的费用大幅降低。对消费者而言,由于企业降低了成本,减少了销售环节,可以随时更方便地获取企业的信息,购买优质的产品和服务。

(二)快捷性

在互联网上,酒店企业可以及时发布自己的产品信息,获取顾客的反馈。在传统的营销当中,利用传统媒介不可避免地要支付一定的时间成本,但利用酒店数字化营销则可以节约这部分时间成本,获得即时性优势。在互联网上,顾客可以迅速搜索到所需要的任何信息,对市场做出即时反应。企业可以通过电子邮件、在线客服等方式获取顾客的反馈。在网络营销中,由于信息传递的快捷性,企业和消费者之间产生了频繁、迅速、剧烈的交互作用,从而形成了不断强化的正反馈机制。

(三)公开性

在酒店数字化营销中,酒店企业的信息对所有的消费者都是相同的,如能在顾客购买前向顾客提供丰富、生动的产品信息及相关资料,就可以使顾客在比较后做出购买决定。

(四) 全球性

互联网在全球范围内的迅速崛起,给酒店业带来新的商机,使酒店能够在全球范围内寻找目标客户,扩大酒店的影响范围,也使酒店产品销售向着区域化、全国化、国际化、全球化的方向发展,让企业进入一个更广泛、更具有选择性的全球化市场。

任务二　酒店数字化营销的实施

一、酒店数字化营销的职能

(一) 品牌建设

酒店数字化营销的主要目的是在互联网上建设酒店自身品牌,使知名酒店的品牌在网上得以延伸,使一般酒店快速树立品牌形象。

(二) 网站推广

网站推广是酒店数字化营销最基本的职能之一。酒店网站的所有功能都要以一定的访问量为基础。因此,酒店网站推广是酒店数字化营销的核心工作。

(三) 信息发布

酒店网站是一种信息载体,发布酒店信息是酒店营销形式之一,也是酒店网络营销的基本职能。信息发布的目的是将酒店信息传递给目标人群,包括顾客/潜在顾客、媒体、合作伙伴、竞争者等。

(四) 产品销售

酒店数字化营销能够促进酒店的产品销售,酒店可以通过网络及时向客人推广酒店的产品和服务,如酒店的客房、餐饮、康乐、购物等。客人根据自己的出行计划,通过网络查阅酒店的产品和服务,预订需要入住的酒店与客房类型;客人甚至可以通过网站提供的视频、图片和信息,选择具体的房号,在网上办理入住登记手续。

(五) 渠道拓展

酒店数字化营销是酒店销售渠道在网上的延伸,网上销售渠道不限于网站自身,还包括全球分销系统(GDS)、在线旅游专业预订网站(OTA)、供应商直销网站、旅游搜索引擎、团购网站、微博,以及建立在综合电子商务平台上的网上商店、网上店铺、旅行评论网站、限时销售网站、微博、论坛类网站、门户网站旅游频道等。

(六) 顾客服务

互联网为酒店营销提供了更加便捷的在线顾客服务手段,从形式最简单的常见问题解答(frequently asked questions,FAQ),到微信和邮件列表,顾客服务质量对酒店数字化营销效果具有重要影响。酒店网站一般都会设置"联系我们"或"顾客服务"栏目,向客人提供细致的服务。

(七) 关系维护

维护良好的顾客关系是酒店数字化营销取得成效的必要条件,在通过网站的交互功能、顾客参与等方式开展顾客服务的同时,也增进了酒店与顾客之间的关系。酒店能够及时了解顾客需要的信息,为顾客提供满意的产品和服务。对顾客提出的意见或者建议,酒店可以快速给予答复或者回应,从而实现双方的互动。

(八) 网上调研

酒店通过在线调查表或者电子邮件等方式,可以完成网上市场调研。相对传统的市场调研,网上调研具有高效率、低成本的特点,因此,网上调研成为酒店数字化营销的主要职能之一。开展酒店数字化营销的意义就在于充分发挥各种职能,让网上经营的整体效益最大化。

二、酒店数字化营销的步骤

(一) 分析网上顾客

互联网的出现使网络顾客的消费观念、消费方式呈现出新的特点,具体特点如下。

(1) 需求更加个性化。在互联网上,顾客可以购买到满足自己差异性需求的产品,个性化消费成为消费的主流。

(2) 消费的主动性增强。消费者不是被动性地接受商家提供的产品,而是主动上网搜索,甚至通过网络要求商家满足自己的个性需求。另外,网上顾客以年轻人为主,这部分群体消费的主动性很强。

(3) 选择更加自由。网上销售没有库存,不受实体店的货架束缚,可以提供更多的产品。

(4) 购物的方便性。网上顾客可以在足不出户的情况下,通过网络购买到自己心仪的产品,节省了大量的时间和精力。

酒店要分析网上顾客,了解网上顾客的各种需求,同时也要了解自己的产品是否适合网上顾客。酒店可以先通过自己的网站窗口了解顾客群体的基本情况及需求,通过网络获取客户的需求信息,由此确定酒店的哪些客房产品放在网上销售,确定酒店在网上的市场目标,为开展网络营销指明方向。

(二) 建立顾客网络

网络技术使连锁酒店加盟企业可以建立自己的顾客网络。很多企业网站鼓励访问者注册,甚至有些网站要求访问者必须注册,注册时一般都有访问者的姓名、职业、电子邮箱等信息。通过注册,企业可以获得顾客或潜在顾客的部分信息。在顾客消费时,可以跟踪顾客的消费过程,记录顾客的消费偏好、消费模式等,及时向消费者提供产品信息。

酒店数字化营销的主要对象是针对可能在网络虚拟市场上产生购买行为的顾客群体。根据自身的产品特点情况,酒店可以确定营销主要对象,并通过网站的内容制作吸引这些群体访问。

对酒店来说,顾客群体大致分为年轻顾客群体、商务顾客群体、休闲度假型顾客群体等。在确定酒店数字化营销的主要对象时,酒店必须了解和关注网络用户的群体分布,即通过关注网络上的顾客群体,结合酒店的产品特点,确定酒店数字化营销的主要对象群体。

顾客在购买后,可以对商品和购买过程进行评价、反馈,企业可以长久地保留顾客的资料,还可以对顾客关系进行有效的管理。明确的目标市场、完善的顾客网络是其他企业不可模仿的信息资源,对企业的发展具有重要的意义。

(三)宣传酒店产品

酒店数字化营销的目标是宣传酒店产品,提高酒店知名度,形成一定的客户群,并使其近期能通过网络预订酒店的客房。客户对酒店客房的预订欲望是一个复杂和多阶段的过程,营销内容应当根据客户预订的决策阶段和酒店产品周期的不同阶段来决定。每一个客户对酒店的网络订房都经过了解阶段、试用阶段和使用阶段。酒店经营者必须注意每个阶段的营销内容,精心培育网络客户群,使酒店的网络订房顺利通过培育期、成长期,并进入良性循环的成熟期。

(四)组合酒店数字化营销产品

酒店数字化营销必须通过产品组合增强营销力度,增强酒店在网络上的知名度。酒店数字化营销活动有网络广告和酒店网站,具有宣传、提醒、收集信息的作用。酒店可以利用多媒体网络组合产品进行酒店数字化营销,根据经营情况及网络订房情况组合使用这两种方法,使酒店数字化营销达到最佳效果。该出击的时候就通过网络广告推出去,以稳定网络客户群体;同样通过精心制作网站的信息内容,把潜在的客户群体吸引过来,在网络上树立起良好的酒店形象。

(五)管理酒店数字化营销渠道

酒店要通过数字化营销取得成功,科学地管理营销渠道是非常重要的。酒店不仅要建立自己独立的订房系统和酒店网站,还要寻求并采用更多的渠道开展网络订房和营销。随着互联网技术的迅速发展,出现了越来越多的网络推广资源,为挖掘潜在顾客商业信息提供了更多的机会,这些有价值的网络推广资源扩展了酒店数字化营销信息传递的渠道,增加了酒店数字化营销成功的机会。酒店为了在网络上树立良好的品牌形象,必须不断地对各营销渠道进行信息沟通和协调,保证酒店在网络上营销的一致性和连续性。这是保证酒店数字化营销取得最佳效果的必不可少的管理内容,也是建立和维护酒店的网络形象所需要的。

(六)调整产品价格

价格不是决定消费者购买的唯一因素,却是消费者购买时肯定要考虑的重要因素。相对于传统的商业模式而言,网上商品在面对消费者市场时,产品价格会趋于较低水平。以洲际酒店集团为例,该集团宣布可为所辖各家酒店提供55%以上的直销渠道客源,与去哪儿旅游网建立了长期稳定的合作关系,由于交易环节的减少,以及随之带来的交易费用的节省,在网上购买其产品的价格要低于门市价。

万豪国际宣布常客计划新名字——万豪旅享家

万豪国际集团2019年1月16日宣布其旗下常客计划将正式更名为万豪旅享家(Marriott Bonvoy),取代万豪礼赏、丽思卡尔顿礼赏及SPG俱乐部,继续为会员提供丰厚的礼遇、遍布全球的酒店阵容及众多精彩体验。万豪旅享家的理念是相信旅行让人生充盈,也让世界精彩丰盛。自2019年2月13日新名字万豪旅享家正式启用起,万豪国际也将在全球市场投入超过数百万美元,展开全媒体营销推广。届时,万豪旅享家将在全球市场包括万豪国际旗下酒店店内、市场营销及销售渠道、网络、移动平台和联名信用卡等平台,以全新的品牌形象与消费者见面。

万豪旅享家代表着行业革新,它不仅是传统意义上的常客计划,也是一个旅行计划,旨在整合万豪国际在全球129个国家和地区的酒店品牌资源,从而为会员提供有关旅行的丰沛灵感,并帮助他们追寻和实现个人爱好。万豪旅享家使用简洁、大胆和现代的品牌标识,希望能够借此传达给消费者热情好客、积极乐观的品牌精神。自此,全球约1.2亿的会员可以用优惠的价格预订酒店,享受非凡卓越的会员礼遇。

万豪旅享家将推出全新的移动体验。万豪国际建议目前使用SPG俱乐部或丽思卡尔顿礼赏应用程序的会员尽快下载万豪国际手机应用程序,2019年2月13日该应用程序会自动更新成为万豪旅享家手机应用程序。

三、酒店在线市场调研

在线市场调研的主要目的是了解酒店的目标市场并收集客人的反馈意见和建议,这是酒店数字化营销的一项重要内容,并日益成为酒店获取有价值市场信息的重要手段。在线市场调研需要经过五个步骤:明确调研的问题、确定调研计划(如调研方法、设计样本等)、收集数据、分析数据、提供调研结果并形成数据库。

(一)调研途径

酒店在进行调研的时候,常用的途径有两种。一种是利用酒店本身的网站,如果酒店网站已经拥有固定的访问者,就可以利用自己的网站开展网上调研。不过,目前酒店很少采取网上问卷调查的形式,一般是借助酒店优惠活动和会员积分进行营销,如万豪国际酒店集团的网站主页上有各种精选住宿优惠,还有针对会员积分的万豪旅享家。另一种是借助代理类网站,如通过携程网用奖励积分鼓励预订酒店并入住的客人对酒店产品、服务等各方面做出评价,携程网在统计评价后,给酒店推荐星级并列出具体客人评价内容,为以后在线预订的客人提供参考。

酒店网站可以分为以下四类。

（1）代理类网站：有比较成熟的订房中心、票务中心作为链接。当酒店知名度不高，资金、技术力量不够，不能进行有效的数字化营销，甚至无法建立自己的网站时，便会愿意加入代理类网站。通过加入代理类网站，酒店不仅可以省一大笔技术支持费用和营销费用，还能实现网上订房、成交后支付佣金，比较容易控制收入与支出。

（2）咨询类网站：只提供酒店的相关情况，如地址、前台电话、客房价格等，没有预订、付款功能。

（3）门户类网站：提供信息平台，供酒店、旅行社等相关企业开展网上业务，如携程网、春秋旅游网等。

（4）酒店官方网站：网站信息可靠、总量大，有较大影响力的官方网站一般是具有较强实力的连锁型国际酒店集团。

（二）调研技术手段

1. 设立网站调查网页

由于互联网不受时空限制，调查网站可以全天候、不间断地接收调查信息，成本极低，易于操作，被调查者也不受地点限制，可以主动浏览作答。中国互联网信息中心（CNNIC）就采取过这种调查方法。调查网站可以对访问者设置"过滤网"，在问卷填写前设置问题来确认其是否符合调查对象的要求，对不符合的程序将自动判断拒绝其填写问卷，防止生成无效的问卷。另外，配合赠送礼物和抽取幸运被调查者的活动，提高参与率。

2. Email 问卷调查

用 Email 发送问卷调查比传统的邮寄问卷方式在操作上更加简便，这些问卷可以同时向多个接收者发送，无须耗费大量人力进行问卷的发送和回收，不仅能节省传统的问卷调查中调查员的交通、住宿花费，而且调查对象的范围更大、样本更多，可以使调查结果更符合实际市场情况。

3. 网络会议或网络实时交谈

网络会议或网络实时交谈特别适用于专家和行业领袖的意见调查，可以让被调查者在各自独立的环境中进行，相互之间一问一答引出有价值的深度探讨，对敏感性问题也不会回避。调查者可以随时调阅结果，大幅缩短了调查周期，调查者反馈的信息质量也很高，减少无效或虚假的信息介入。

4. 计算机辅助调查

计算机辅助调查基于互联网用户的全景测量，根据 ICP/IP 进行，调查结果不仅记录了被调查者访问的网站，而且记录了其上传和下载邮件、收发电子邮件、聊天及计算机游戏等全部网络行为，可以为调查者提供广泛和全面的资料，形成被调查者—调查者—数据用户之间的有效循环，大幅缩短了从数据收集到数据编辑的过程，增强了时效性。

5. QQS 系统

QQS(quality & quick survey)系统是一套将在线调查和在线平台管理结合在一起的在线调查软件。这个系统可以省略传统调查中很多必不可少的环节，如问卷的印刷、调查员的培训、问卷的回收、数据录入等,大幅缩短调研周期。而且传统调查不管是入户调查、街头拦截访问还是电话调查,合适的被调查者的拒答率很高,高端人群用这些传统方式也很难接触到;而拥有大量高质量数据源的在线调查可以很快速和轻易地访问到目标人群,如城市白领、专业技术人员、高收入者等。

6. 酒店市场营销调研

酒店市场营销调研的内容应该包括客人和竞争对手两方面的内容。客人办理离店手续后,酒店营销部可以通过酒店营销调研系统生成的记录,了解客人的背景信息和行为信息,如人口统计学方面的年龄、学历、客源地,还有客人的消费项目明细、消费偏好和特殊要求等消费行为信息,这些数据通过系统处理后存储分类,形成客人信息库,特别是VIP客人的相关信息更加完整。酒店营销部在这些不断更新的信息基础上制定营销战略将事半功倍。该系统利用导航台锁定具体区域,设定与自己产品相同或相似的关键词来寻找竞争对手,仔细查看竞争对手的网址,借鉴其特色,不仅可以了解竞争对手是否做过类似的市场调研,还可以收集竞争对手的信息进行对比分析和趋势预测。

任务三　酒店数字化营销的策略

酒店数字化营销策略不仅包括传统"4P"营销理论中的产品策略、价格策略、渠道策略、促销策略,还包括品牌策略、客户关系管理策略、市场细分策略、沟通策略、便利策略、成本策略等。

一、产品策略

酒店产品不属于实体性产品,对第一次预订酒店产品的客人来说,只能通过酒店或中间商的网页来了解酒店的客房,进而做出预订决策。因此,网页设计和虚拟客房建设是酒店产品策略的重点。

(一)网页设计

酒店网页设计的吸引力主要表现在两方面:一是具有酒店独特的风格;二是方便客人的预订。网页设计具体应做到:首先,酒店的主页符合酒店宣传的一贯风格和品牌形象,如果有子品牌应该加以明确区分定位,应能够给客人比较一致和突出的印象;其次,网页重点突出、设计合理、逻辑清楚,即使是第一次访问网站的客人,也可以轻松地找到自己感兴趣的内容,避免页面的烦琐;再次,网页的内容要全面,尽量涵盖客人普遍需要的信息;最后,保证网页传输和图片下载的速度,没有无效链接、调不出图形等情况存在。

网页设计的原则是尽量缩短客人成功预订酒店的时间。另外,可以通过对酒店周边环境、交通线路和交通方式的考察,在网站上呈现客人所需的交通指导,甚至把酒店建筑、路段、交通状况及附近餐馆、便利店、购物中心等用3D图直观地展现在客人眼前。

（二）虚拟客房建设

从消费者行为学的角度来讲，客人往往在看到产品后才会放心购买，尤其是中国客人习惯在接触产品后再购买，但不管是旅游目的地还是酒店客房，都属于无形产品，客人只有在使用后才能确定或鉴定其质量，无法事先检验。按照信息经济学对产品的划分，酒店客房产品被称为经验性产品。

技术的进步和互联网的普及使客人的这种需求可以通过虚拟客房的形式得到满足。虚拟客房给客人主动权，以客人的视角、从客房的各个角度将客房一览无余，为订房提供更加真实的参考。客人在酒店主页的醒目位置用鼠标单击按钮，网页会立刻从平面图像进入立体空间。客人选择进入房间的类型，进入后点选各种观赏角度，此角度的客房图像随之呈现出来。画外音来自一位虚拟的酒店服务员，为客人做客房介绍，包括设计风格、家具设备、房间装饰、地板花纹等。

客人还可以移动鼠标查看新的服务项目，了解客房按钮的使用方法，甚至还可远眺窗外景色。酒店可以把虚拟客房放在自己网站和中间商的网站，让顾客不仅能够对即将预订的客房有一个全方位的了解，还能通过请客人设计自己喜爱的客房，了解本酒店客人对客房的设计偏好，持续改进客房设计和服务。

如果条件许可，酒店甚至可以推出"自由设计客房"，如果客人觉得有些地方不满意，如窗帘的颜色、屏风的摆放、楼层的高低等，只要把自己的要求输入计算机，将有机会受邀再次进入虚拟客房——不过，这一次客人所看到的将是自己设计的客房，客房内的一切都是按照自己的意愿设计的。客人到店时，就拥有了一间充满自己设计元素的客房，成就感和满足感将使客人持续关注这家酒店，成为回头客，口碑效应十足。

二、价格策略

价格是酒店经营特别是营销过程中最为敏感的问题，也是酒店客人最为关注的问题，而酒店数字化营销使酒店客房的价格展现在客人面前的同时，也暴露在竞争对手酒店面前。因此，应增加客房定价的透明度，建立合理的价格解释体系，不要在不同销售渠道如酒店主页和中间商网站上定价不一致。

（一）免费

免费邀请客人试用酒店产品是引发客人好感、促使客人主动认识酒店产品和服务的常用手段。数字化营销中最早使用这种方法的是软件制造商，他们主要通过免费吸引消费者下载和试用，但试用有时间期限，或者使用进一步功能就要收费。前些年我国各地旅费券的发放也起到了刺激旅游经济的良好作用。酒店餐饮部也经常推出有限制条件的试吃券来吸引客人来餐厅，带动其他餐饮消费。

（二）折扣和优惠

在互联网上客房价格随时都可能受到同行业酒店的冲击，酒店应在网上建立客房价格自动调节系统，按照旅游的淡旺季、市场供需、其他酒店的价格变动等情况，自动进行实际的价格调整,并且定期提供优惠、折扣等形式以吸引客人。

(三)价格歧视

从经济学上来说,价格歧视是指一家厂商在同一时间对同一产品或服务索取两种或两种以上的价格。对酒店客房来说,存在挂牌价、网站价、会员价、公司价、团队价、超级优惠价等不同价格,挂牌价是针对酒店散客;网站价是让利给中间商网站以扩大客源;会员价是对老客人的回馈;公司价是为了留住经常到来的商务客人;团队价是酒店争取旅游大批量客人的价格;超级优惠价是酒店极淡季时的最低价;对广州的酒店来说,还有一个偏高的广交会价。

酒店通过价格歧视能平衡淡旺季的客源,使旺季利润最大化,淡季保本经营。但酒店应尽量避免客人知道与他住同一档次甚至是同一时间客房的其他客人所支付的价格不一样,尤其忌讳给不同的网络中间商不同价格,有时某些网络中间商为了吸引客人,宁愿损失一部分佣金来降低酒店客房的直观价格,导致客人在搜索引擎上得出五花八门的价格,从而感到无所适从,对酒店客房价格产生不信任感。

(四)合理定价

当一家酒店拥有如 GDS(全球分销系统)、酒店订房中心、携程、艺龙、公司直接订房、上门无协议散客等多个营销渠道时,渠道管理的重要性就体现了出来。而这其中最关键的就是酒店的价格控制,不让客人由于对价格等信息感到混乱而对酒店失去信心。如酒店上门无协议散客的房价应与订房中心的正常预订价一致,而不是给某个订房渠道特殊价格,造成某个订房渠道订房量上升。

良好的定价策略通常是根据不同的细分市场和不同预订方式制定相应的价格。应根据酒店自身的定位、产品优劣及市场的接受程度和顾客对价格的不同敏感度做相应的定价。在多种渠道并行、多种价格变动复杂的同时,要确保酒店价格转化良好,避免出现价格的互串,这需要酒店的相关管理系统具有极强的联动性和可操作性。

三、渠道策略

从销售渠道来看,互联网成为酒店营销的主要渠道,因此,酒店应不断完善和改造这一渠道,可以采取多种方式,如建立会员制,为会员提供免费的服务和产品,以吸引众多的消费者。下面,我们就以组建会员网络为例,具体说明酒店应该怎么做。

会员网络是企业在虚拟组织的基础上建立的网络团体,可以免费享受会员服务。通常来说,酒店的会员网络由来酒店住过的消费者与常客组成,酒店为他们交流方便而专门建立了会员网络,通过消费者与常客的交流,培养他们对酒店的忠诚度,并以此形成用户黏性。在酒店营销过程中,每一位消费者都参与进来,共同促进酒店的发展。

在售后服务上,当顾客离开酒店后,酒店的相关人员会通过顾客入住的登记信息,发邮件或微信询问顾客对酒店的意见和建议,以表示对顾客的关心和重视。酒店会对消费者的信息进行分类,如从事相同的职业、来自相同的城市等,为他们提供彼此的联系方式,促进顾客之间的交流沟通。

在节假日,酒店会通过互联网向顾客发送节日祝贺及精美的贺卡。在平时,酒店也会通过电子邮件与顾客联系,如发送酒店最新推出的服务项目、征求顾客的意见、对酒店重新设计等。酒店以这种方式表达对顾客的尊重和重视,从而为顾客留下深刻的印象。

四、促销策略

(一)发送电子邮件

电子邮件是互联网传送的个人信件,酒店可以把本酒店的广告通过电子邮件直接发送给客人。电子邮件具有成本低、信息发布及反馈速度快等优点。虽然酒店可以通过多种渠道获得大量的个人电子邮件地址,但顾客不一定需要酒店所投寄的信息,从而容易导致顾客对本酒店产生不良的印象。这就要求营销人员认真分析和严格审查,根据顾客的资料进行取舍,同时提高所投电子邮件的质量,包括措辞、文字设计、背景图案等各方面的内容。给酒店会员发送电子邮件是较为常用的一种方法。

(二)搜索引擎、门户网站和旅游专业类综合网站

著名的搜索引擎雅虎、百度、谷歌和门户网站搜狐、新浪等专门为公众提供网站查询检索服务,但客人往往不会在这些网站上预订酒店产品,而是期望在输入关键字后便可找到自己所需的酒店信息。由于同一搜索主题一般涉及的酒店数量非常多,酒店的网址有被淹没的危险,因而要求酒店的网址具有相对易查询性。

而外出旅游的客人或者出差的商务客人习惯于在旅游业综合网站上进行酒店查询预订,一般访问此类专业综合网站的客人都带有较为明确的目的——预订客房,客人只要输入旅游地名称,根据所需酒店的等级、价格,网站会列出一系列酒店名单,客人通过价格比对和品牌选择,便可以迅速地完成预订。但这种促销方式最大的问题是酒店的信息很容易淹没在一系列酒店信息中,酒店应争取此类网站的特殊推荐机会和加入网站的主要优惠套餐。

(三)进行事件营销

事件营销(event marketing)是酒店通过策划、组织和利用具有名人效应、新闻价值及社会影响的人物或事件,引起媒体、社会团体和消费者的兴趣与关注,以求提高酒店产品和服务的知名度、美誉度,树立良好的口碑,并最终促成产品或服务销售目的。传统的事件营销需要借助多种媒体和邀请名人,造势过程较长、花费很高,但通过网络进行事件营销的成本则低得多。

五、品牌策略

品牌是一种名称、术语、标记、符号或设计,或是它们的组合运用,其目的是借以辨认某个销售者或者某群销售者的产品和服务,并使之与竞争对手的产品和服务区别开来。在网络中,域名是由个人、企业或组织申请的独占使用的互联网标志,并对提供的服务或产品的品质进行承诺,提供信息交换或交易的虚拟地址。域名的知名度和访问量就是酒店形象在互联网商业环境中的具体体现,酒店品牌的知名度直接决定了酒店能否在网络营销中胜出。

上海佘山世茂洲际酒店

上海佘山世茂洲际酒店(又名世茂深坑洲际酒店),位于上海市松江佘山国家旅游度假区的天马山深坑内,一反向天空发展的传统建筑理念,由地表下探88米开拓建筑空间,依附深坑崖壁而建,是世界首个建造在废石坑内的自然生态酒店。

上海佘山世茂洲际酒店与迪拜帆船酒店同时入选世界十大建筑奇迹中的两大酒店类奇迹,并被美国国家地理频道"世界伟大工程巡礼"、美国Discovery探索频道"奇迹工程"等连续跟踪报道,被誉为"世界建筑奇迹"。

酒店总建筑面积为61 087平方米,酒店建筑格局为地上2层、地平面下15层(其中水面以下两层),共拥有336间客房和套房,酒店利用所在深坑的环境特点,所有客房均设有观景露台,可欣赏峭壁瀑布。酒店设有攀岩、景观餐厅和850平方米宴会厅,在地平面以下设置有酒吧、SPA、室内游泳池和步行景观栈道等设施,以及水下情景套房与水下餐厅。酒店旁还配有上海世茂精灵之城主题乐园。

六、客户关系管理策略

客户关系是酒店最重要的资产,它以酒店产品和服务为基础,通常是面对面发生的。酒店与客人的关系除了包含财务利益外,也会涉及情感的、社会的或心理的利益。有远见的酒店一定会开发、保护、维系自己的客户关系,这是酒店市场营销的核心任务。在互联网时代,如何在酒店数字化营销中植入信任感、亲切感等情感体验,显得日益重要和迫切。因此,酒店要重视客户关系管理,其内容如图1-1所示。

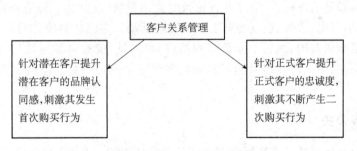

图1-1 客户关系管理的内容

七、市场细分策略

市场细分是酒店根据顾客愿望、顾客需求、顾客爱好、购买动机、购买习惯、购买能力和购买行为等各方面因素,把酒店市场分为若干个需求不同的市场部分,其中任何一个市场部分都是一个在需求、习惯和行为方面相似的购买群体。

市场学家把市场分为同质市场和异质市场。同质市场是指消费者对商品(如汽油、食盐等)的需求及企业的经营策略基本上没有明显的差异。然而,现代市场绝大部分的产品需求都是有着很明显差异的,可替代性强,即异质市场。在异质市场上,没有任何两个消费者的需求是相同的,差异永远存在。酒店市场就是异质市场的典型代表。

酒店市场细分就是营销人员根据顾客对酒店产品需求的差异性,将一个错综复杂的酒店异质市场划分成若干个具有相同需求的子市场,从而确定酒店目标市场的活动过程。它可以使酒店有效地分配和使用有限的资源,并进行各种营销。

酒店市场是一个复杂而庞大的整体,由不同的顾客和群体组成,这些顾客和群体在地理位置、资源条件、消费心理、购买习惯等方面的差异性,在同类产品市场上会产生不同的购买行为。因此,针对酒店的每一个顾客群体,都要有一个合适的市场营销方案。

市场细分的目的是通过对顾客的需求差异予以定位,来取得较大的经济效益。但是对企业而言,增加产品的差异化必然导致生产成本和推销费用的相应增加。因此,市场细分必须在所得收益与所需成本之间权衡,有效的细分市场必须具备以下特征。

(1) 差异性。各个细分市场存在差异,能够被识别并对不同营销方案有不同的反应。

(2) 规模性。各个细分市场具有一定的购买力和规模,其市场容量足以使企业获利。

(3) 可进入性。细分市场之后的目标市场选择必须与企业自身状况相匹配,企业有优势进入目标市场,具体表现在信息进入、产品进入和竞争进入。

市场细分调研的结果是企业对目标消费者或目标消费者市场的选择,之后就要进行产品定位。产品定位是对目标市场选择与企业产品结合的过程,也是将市场定位企业化、产品化的工作。产品定位的目标是使产品在潜在顾客心目中占有一定的位置。

八、沟通策略

沟通策略的重点在于与消费者建立双向信息渠道,这就要求酒店数字化营销的沟通策略以市场调研为手段,了解目标消费者的网络浏览习惯,关注消费者在各种网络渠道发布的有关酒店产品与服务的评论,并对这些评论及时反馈与响应,以及掌握消费者的需求变化趋势,结合市场竞争状况,适时、适度地开展网络促销活动。在酒店数字化营销中,消费者的信息渠道类型包括酒店官网、酒店中介预订网站、门户网站、搜索引擎网站、大众社交网站、专业或专题论坛网站、个人博客与微博。酒店数字化营销沟通策略的组合因素则主要包括以下四个方面。

(一) 网络公关

网络公关的目标是通过虚拟网络在真实消费群体中营造企业形象。网络信息技术突破了酒店公关活动的时空限制,扩大了公关活动受众面,以多渠道、即时性、娱乐性、个性化和互动性等特点增强了公关效果,并且更加人性化,受众在信息传播中具有平等地位,其参与具有更强的主动性和目的性。网络公关常用方法有以下四种。

1. 新闻媒体传播

在大型门户网站等第三方权威媒体平台发布有关酒店、产品与服务的新闻稿,可以借助门户网站的知名度和强大流量来提升酒店品牌知名度与曝光度。

2. 论坛社区传播

潜在受众群体在大型论坛社区的相关板块对酒店产品与服务话题进行相互的讨论和分

享,其结果往往是相约去体验酒店产品与服务,并继续分享心得。因此,网络公关可以通过论坛软文进行引导传播。

3. 问答平台传播

通过在百度知道、新浪爱问、天涯问答、腾讯问答等问答平台发布相关的信息,对酒店的产品与服务及知名度进行精准营销。

4. 博客营销

博客已成为展现企业和个人的主要网络平台,从大型门户网站建立并经营博客,有可能成为意见领袖并获得网友关注,从而合理利用博客平台使酒店的产品与服务、知名度更加深入人心。

除了上述四种网络公关方法外,企业还可继续细分网络公关技术,还可以分为图片公关、论坛签名档公关、网络即时通信工具公关(如 QQ 群公关)、SNS 社区公关等方式。

(二)网站推广

网站推广的目的是让更多客户知道网站所在位置,吸引尽可能多的潜在用户访问网站,从而实现向用户传递营销信息的作用,并为其最终购买产品与服务的决策提供支持。针对网站筹建期、发布初期、增长期与稳定期的不同特点,有必要制订不同的网站推广计划。网站推广常用方法有以下三种。

1. 搜索引擎优化

面对网络的海量信息,网民习惯使用搜索引擎查找自己所需的信息。因此,如何让雅虎、百度、谷歌等搜索引擎顺利地抓取网站的内容,让网站在搜索结果中排名靠前,是网站推广的首要问题。搜索引擎优化是针对搜索引擎对网页的检索特点,让网站建设各项基本要素适合搜索引擎的检索原则,从而使搜索引擎收录尽可能多的网页,并在搜索引擎自然检索结果中排名靠前,最终达到网站推广的目的。

2. 竞价排名

对搜索引擎优化效果不满意的企业,可以采用竞价排名方式使推广信息出现在搜索结果中(一般是靠前的位置),并且按点击量付费,即如果在检索结果页面中没有被用户点击,则不用支付推广费。因此,在搜索引擎推广中,竞价排名具有以下特点:①出现在搜索结果页面,与用户检索内容高度相关,增加了推广的定位程度;②竞价结果出现在搜索结果靠前的位置,容易引起用户的关注和点击,因而效果比较显著;③按效果付费,费用相对较低。

3. 友情链接

友情链接是常用的一种网站推广方式。网站通过与一些流量大、信息量大的网站交换链接,从而实现推广自己网站的目的。除了外部的网站推广,还有必要对网站内部进行整体优化。例如,对网站架构进行优化,包括结构、分类和网站地图等;对网站页面优化,包括页面布局、页面设计和页面用户体验等,以及导航设计、链接整理与标签设计等方面。

(三)网络广告

网络广告一般能够取得品牌宣传、网站推广、促进销售,以及收集市场调研与顾客关系维护数据等方面的效果。与传统媒体(报纸、杂志、电视、广播)广告及户外广告相比较,网络广告具有以下优势。

(1) 覆盖面广,受众群体庞大,传播范围广泛。
(2) 针对性强,直达产品与服务的核心消费群体。
(3) 互动性强,通过多种方式实现互动。
(4) 效果可衡量,可以统计受众数量,准确分析、评估广告消费。
(5) 广告费用相对低,多种广告计费方式有利于选择合适的方式节省成本。

常见的网络广告形式有以下四种。

1. 网幅广告

网幅广告发布在网页显著位置(横幅、竖边、按钮、移动等),使用 GIF、JPG 等格式的图像文件,还可以使用 JavaScript 等程序语言产生交互性,用 Shockwave 等插件工具增强表现力。

2. 文本链接广告

文本链接广告发布在网页的首页、重点频道等页面推荐位置,使用文字超链接方式进入相应的广告页面,属于对浏览者干扰最少,但效果较好的网络广告形式。

3. 电子邮件广告

电子邮件广告是通过电子邮件发送的广告,具有针对性强、费用低廉,并且广告内容不受限制等特点,但是也容易肆意滥发,成为扰人的垃圾邮件。

4. 弹出式广告(插播式广告)

弹出式广告是在网页浏览者正常登录网页时,强制弹出的广告窗口或广告页面,虽然可以选择关窗口,但这种广告总是打断正常浏览,带有强制观看的性质。

网络广告的形式层出不穷,比如视频广告,即在线视频打开之前或结束之后的广告信息。

(四) 网络促销

网络促销是对在线顾客购买行为的短程激励活动,属于通过利益驱动刺激购买。网络促销与网络广告的区别在于,网络广告属于信息传播的形式;网络促销是信息传播的内容(即短程消费激励活动),是针对在线消费特征,各种传统促销方式在网络市场环境中的种种演化。

常见的网络促销方式有以下四种。

1. 折扣促销

折扣促销是对目标顾客在购买产品与服务时所给予的优惠待遇。例如,优惠券方式,即在券票上有原价、折价比例、购买数量及有效时间,凭券购买即获得长期有效的优惠凭证,即会员卡和消费卡,根据会员级别与消费累积总额等给予目标顾客不同程度的优惠;现价折扣,即在现行价格基础上打折销售,如特卖会、清仓卖、捆绑销售等形式。此外,还有对目标顾客在购买产品时优惠一定数量赠品的形式,如"买一赠一"的惠赠,"加1元送××产品"的换赠,"满300元退100元"的退赠等,以及无偿附赠(小包装)、无偿试用(试用样品)等优惠方式。

2. 服务促销

服务促销是为顾客提供某种优惠服务，从而便于顾客购买和消费的促销手段。常见的方式有：销售服务，即销售前的咨询与销售后的服务；承诺销售，即对顾客给予某些承诺，如不满意退换货、退款、承诺正品销售等方式促使顾客增加信任感、放心选购；以及信用卡支付、免费送货等增加客户附加值的服务内容。

3. 竞赛促销

竞赛促销是利用人们的好胜心和好奇心，通过举办各种竞赛吸引目标顾客参与促销。例如，刮卡、摇号、拉环、包装内藏奖等形式的抽奖与摸奖；广告语、商标、体验作文等征集活动或有奖问答的竞赛；猜谜等竞猜活动；选星、形象代言人等竞选活动；印花（商标、标贴、瓶盖、印券、票证、包装物等）积点竞赛。

4. 双赢促销

双赢促销（联合促销）是两个及两个以上的企业为了共同获利而联合举办的促销活动。

九、便利策略

酒店可以综合运用多项网络信息技术为顾客提供便利。例如，根据酒店产品与服务的售前、售中与售后三个销售环节，可以将酒店顾客消费划分为搜索评估、购买消费、反馈分享三个环节。

（一）搜索评估环节的便利

在顾客的搜索评估环节，消费者多关注酒店的地理位置、交通条件、品牌形象、产品与服务的供给设施及特色，价格及团购优惠、连住优惠、赠代金券、房型免费升级、免费接送、送水果与饮料、免费洗衣、按时计费、延迟退房，以及订房中心返现等优惠措施。此外，酒店周边的美食、景点、休闲娱乐设施、重要交通枢纽的条件也是消费者关注的内容，酒店可以运用电子地图、图片与文字点评等技术向顾客传播信息或互动沟通。

（二）购买消费环节的便利

越来越多的消费者选择多渠道购买消费，传统、标准化的预订模式很难吸引年轻的新用户。例如，年轻消费者喜欢在酒店官网预订、通过酒店免费电话预订、参与网络团购活动，甚至是通过手机在线预订等多种方式。因此，酒店需要为消费者提供多样化的购买消费方式。

（三）反馈分享环节的便利

在购买消费完成后，消费者的体验并未结束。根据马斯洛的需求层次理论，消费者在购买消费完成后会产生更高层次的内在需求，期待通过各种网络渠道表达对消费者的个人体验，传播对产品与服务质量的个人评价，与其所属网络社群形成更紧密的联系。同时，这种反馈分享不仅是其他消费者搜索评估酒店的重要信息源，还是酒店发现顾客需求、解决消费投诉，以及完善产品与服务质量的互动沟通渠道。因此，酒店数字化营销需要在目标消费者常用的信息渠道中构建反馈分享频道。

十、成本策略

随着各种专业垂直搜索引擎网站的发展，消费者的比价门槛进一步降低，产品与服务的在线价格越来越透明。酒店数字化营销需要以消费者所愿意支付的成本为定价依据，这种成本除了酒店依据市场定位与品牌战略制定的价格外，还包括因为消费而产生的心理压力，以及为化解或降低相关风险而耗费的时间、精力等诸多方面。酒店数字化营销的成本策略主要包括两个方面，一是减缓消费者的心理压力，二是节约消费者的消费时间成本，主要包括以下内容。

（一）口碑效应

酒店在专业网站、论坛、酒店官方网站上，关注客人对酒店产品与服务的正负面评价，并对所有评价及时反馈，尤其是对不满意、投诉等负面评价及时反馈、补救与处理。总之，酒店要对具有口碑效应的网络渠道进行有效管理，优化产品与服务的质量，提高消费者满意度。

（二）专业认证

酒店可以申请国内外行业管理机构的专业认证，如通过酒店星级评定标准、绿色旅游饭店评定标准、国际食品安全认证，以及 ISO 9000 质量认证体系等国际通用标准，以此表明酒店产品与服务所处的水平，增强消费者的信心。

（三）网页打开速度

酒店数字化营销可以通过加快网页打开速度、优化网页内容布局与站内搜索等方式，节约消费者的消费时间成本。

有研究表明，用户最满意的网页打开速度是在 2 秒以内，能够忍受的最长等待时间为 6～8 秒，如果等待时间超过 12 秒，那么 99% 以上的用户会放弃这个网页。但是，如果在网页载入等待期间能够显示反馈消息，比如一个进度条，那么最长等待时间可以延长到 38 秒。总之，网页打开速度越快，用户感觉网站质量越高、越可信，反之则会恶化用户的使用体验。

还有研究显示，宽带用户愿意忍受的网页打开最长等待时间是 4～6 秒。比窄带用户更没有耐心，在宽带条件下 3～5 秒就能载入的网页，在窄带条件下可能需要 20～30 秒打开。因此，网站制作有必要控制每个网页的大小。此外，网页打开速度不宜过快，否则用户会增加在网站的互动频率，这可能增加服务器出现错误的概率。

（四）网页内容布局

杰柯柏·尼尔森（Jakob Nielsen）在通过测量光聚集的热度分析网页浏览者模式时，发现网页浏览为 F 模式，即浏览者首先水平浏览网页最上部（①区域），其次目光下移，水平浏览更短长度的区域（②区域），最后沿网页左侧垂直浏览（③区域），其浏览热区如图 1-2 所示。在搜索引擎结果页面中,由于网站标题、网页摘要较宽,浏览者第二次水平浏览的区域更长,但是仍然属于F模式。

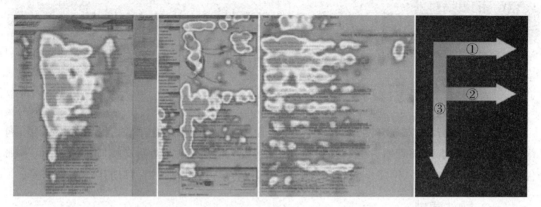

图1-2 F模式浏览热区

因此,可依据F模式的阅读行为进行网页设计。

(1) 用户并不会浏览页面上的所有内容(F热区之外的大片空白区)。

(2) 将最重要的信息放在头两段(F热区中①、②两个横向热区)。

(3) 在后续的内容中,将关键词和信息放在段首,使用户在左侧纵向浏览③区域时能更容易关注到。

根据网页浏览F模式,网页内容布局应遵循最重要信息放置于红色区域,次重要信息放置于黄色区域,其他信息放置于蓝色及灰色区域的原则。这样有利于提高信息发布的效率,以及消费者获取有用信息的效率。此外,还要从网站信息架构角度,设计组织分类和导航结构,从而让用户可以提高浏览网站的效率、有效获取信息内容。上述措施都有助于节约消费者的时间成本。

(五) 站内搜索

站内搜索是所有网站都不可或缺的功能,尤其是在内容丰富的网站中,当用户无法直接从网站首页或导航页中获得目标信息时,就会求助于站内搜索。用户在站内搜索使用的短语或关键词往往能体现更细节层面的需求,直接体现用户最关注的内容或期望获取的信息。为此,站内搜索需要更好地匹配搜索关键词与网站内容的关系,帮助用户找到相关的内容。

通过分析用户每次搜索的订单转化率、交易完成率,以及每次搜索所能获取的收益等指标,可以评估内部搜索对网站的价值,以及进一步分析哪些关键词带来最大的收益。在站内搜索的分析结果基础上,可以对网站的搜索功能进行针对性的优化。例如,提供搜索结果排序的可选方式有相关性、最高评分、最新发布、最近更新和最热门等,或者组合排序方式。

此外,站内搜索还可以提供搜索结果筛选的功能,以及同义词与结果推荐的功能(用户在输入搜索关键词时可能出现拼写错误,或者用户输入模糊定义的短语)。总之,站内搜索优化是一项专业的任务,需要专门的队伍或者专业的公司来研究和改进站内搜索功能。

任务四　酒店数字化营销的方式及新趋势

一、数字化营销方式

酒店数字化营销方式有网站营销、App 营销、中间商网络营销、微博营销、博客营销、网络口碑营销、网络论坛营销、视频营销、搜索引擎营销、微信营销、网站交换链接营销、电子邮件营销、电子杂志营销、网络广告营销、网络公共关系营销、团购营销、移动互联网营销等。

（一）网站营销

酒店网站被广大消费者注意、被广大消费者认可是酒店数字化营销的基础。酒店可以通过以下方法来提高自己站点的知名度：在搜索引擎注册，为目标用户提供方便的进入网站的途径；与其他网站建立互换链接，提高站点被访问的概率；在自己的网站上建立有吸引力的网络社区、聊天室和 BBS，吸引广大用户参与相关活动，或者酒店以个人身份登录和参与其他网站网络社区、聊天室和 BBS，通过参加讨论达到宣传、推广自己网站的目的。

一个好的网站会增加用户对酒店的信任度，是用户了解酒店的直接途径之一。因此，酒店在网站建设时要注意以下要点。

1. 首页设计有特色

首页的设计要突出酒店行业的特殊性，具体要求如下。

（1）在设计上尽量个性化，并以动画来展示酒店的整体形象，方便浏览者多方位了解酒店。在首页上可以简要说明酒店的概况、特色、接待能力和服务宗旨，还可以介绍酒店的一些成功案例及接待过什么样的人物与举办过的某些大型活动。

（2）在房间介绍中，可推荐几个不同档次的房间来满足不同层次的消费者。

（3）在方案实现上，可结合图文效果更直观地展示酒店产品与服务。

2. 慎重设计域名

酒店网站的域名，就像每个家庭的门牌号码一样，既要好记，又要好听，可以采用数字、拼音、英语、缩写的形式。一个好的域名应该具有简洁性，避免过长的字符导致记忆的困难。设想一下用户想浏览你的网站，但是域名记不牢导致反复输入也无法准确访问，那样用户就会失去兴趣，转而选择同行酒店网站好听、好记的域名去满足需求，那样就得不偿失了。

此外，域名还应该考虑到网络的国际性，兼顾国际用户。域名具有唯一性，一个域名一旦注册成功，任何其他机构都无法注册相同的域名。域名是酒店网站重要的网络商标，在数字化营销中具有酒店网站标识的作用，在进行域名的命名时，要考虑域名与酒店网站的名称、标识相统一。

3. 具有行业共性

建设一个网站，首先考虑酒店所属的行业特点。例如，我们随意在网上搜索酒店行业，会发现同一个行业的网站或多或少都存在着共同之处,有的是网站的设计风格类似,有的是版面、布局类似,有的是栏目架构类似。这些共同点象征着同一个行业的共性,也是用户对这一行业所熟悉的部分,是酒店在建设网站时需要借鉴和参考的。酒店网站建设的根本需求有以下三种。

(1) 有的酒店把网站作为网络品牌的形象,注重品牌的塑造,重视页面的设计感。

(2) 有的酒店用网站来销售产品和服务,在网站设计上不强调浓重的设计感和创意,而是重点突出产品的展示和销售。

(3) 有的酒店突出网站与用户的互动性,采用 Flash 游戏、360 度全景、3D 等效果增强网站的趣味性等。

总之,每个网站都有自身的行业特点及酒店网站本身的建站需求,想要建设一个适合酒店自身的网站,就需要在建站前明确好网站建设的主题方向,不要过于求大求全,也不要盲目追随,要根据酒店自身的实力做出相应判断,为酒店网站建设准确定位。

(二) App 营销

随着智能手机与移动上网设备的普及、5G 的到来,移动互联网已经成为人们日常生活工作中不可或缺的一部分,人们已经习惯使用 App 客户端上网,获取信息,互动交流。移动互联网交流互动平台已经成为众多行业营销的必争之地,酒店行业也迎头赶上,积极寻找市场新契机。

1. App 营销的概念

App 是英文 application 的简称,由于智能手机的流行,现在的 App 多指智能手机的第三方应用程序。最初,App 只是作为一种第三方应用的合作形式参与到互联网商业活动中去的,随着互联网越来越开放化,App 作为一种盈利模式开始被更多的互联网商业大亨看重,如新浪的微博开发平台、百度的百度应用平台都是 App 盈利模式的具体表现,一方面可以聚集各种不同类型的网络受众,另一方面可以借助 App 平台获取流量,其中包括大众流量和定向流量。App 营销是品牌与用户之间形成消费关系的重要渠道,也是连接线上、线下的重要枢纽。

2. App 营销的优点

(1) App 是移动 O2O 的载体,用户可以通过 App 随时随地发现产品价值、优惠信息等,而便携式移动终端的功能、用户身份和用户可追踪字符位置的唯一性,将促进移动 O2O 发展。

(2) App 营销符合当下年轻消费群体的阅读习惯和购物习惯,但需要解决购买后的黏性和口碑良性传播的挑战。

(3) 目前 App 还在呈几何级数增长,App 的市场空间不可估量,酒店行业趁早布局手机 App 将对占领市场起关键作用。

3. App 营销的亮点

App 是目前全新的精准营销方式,主要为酒店提供全面的营销战略服务,帮助酒店达成品牌传播、精准营销、门店销售、售前售后服务,从而提升产品销量。

(1) 品牌传播体现在以下方面。

① 实现对酒店的形象展示与宣传,从而有效提升酒店的形象价值。

② 对酒店的经营/服务理念进行宣传展示,有效增强现有客户及潜在客户对酒店的黏度。

③ 产品移动展厅,可对比查询产品信息及图片;最大化地营造漏斗效应,达成(店面/产品)品牌自上而下的推广需求。

(2) 精准营销体现在以下方面。

① 帮助酒店筛选、锁定目标客户群,实施有针对性和选择性的宣传诉求重点。

② 售前可通过 App 平台将产品/活动信息推送给目标客户群。

③ 24 小时绑定潜在客户群。

(3) 门店销售体现在以下方面。

① 突破传统形式,通过图片和表格文字全面展示产品的卖点。

② 使用手机、平板电脑向顾客介绍产品性能、分享图片和可提供的选择。

③ 工作人员带着移动端,使销售更简便、更高效。

④ 更能增强消费者的用户体验,提高检索量。

(4) 售前售后服务体现在以下方面。

① 建立完善的移动售前售后服务,方便客户,提高酒店的作业效率。

② 客户可通过手机查询个人档案及在线提交订房预约。

③ 客户使用手机即可在线续约,便捷快速。

④ 客户可通过 App 平台快速拨打酒店网点电话,简化程序。

⑤ 第一时间把酒店的最新活动资讯、促销信息推送给客户,更快捷、精准地完成信息推广。

酒店 App 的主要功能

1. 礼宾服务

酒店在行业运营的过程中,最重视的是服务质量及客户的满意度。App 的出现,不断满足客户的体验感。用户在下载、安装 App 之后,就可以通过 App 查询周边的景点信息、美食信息等,同时还能通过 App 自助办理入住、离店手续等,为用户带来更多的便利性。

2. 预订功能

在酒店的服务中,预订功能是较为重要的因素。酒店通过 App 为用户推送相关的产品信息、促销信息,用户一旦产生需要,就能够在第一时间通过简单的操作进入预订模式。这种线上预订的方式,符合用户的消费习惯,能够有效地为酒店带来更多的销售额。

3. 周边服务

酒店 App 还提供各种附加的周边效劳功能,用户能够了解酒店周边的各种旅游景点、特色小吃、风土人情等。

4. 移动在线支付

用户预订之后可以选择移动在线支付,酒店在为用户提供便捷支付环境的同时,能够便于酒店对资金的管理,可以直接将资金转到酒店,形成便捷、安全、稳定的资金链。

5. 与用户互动

酒店通过 App 软件开发可以与用户产生互动,将酒店近期的优惠信息、打折促销信息推送给用户,在节日里为用户送上温馨的祝福,以及通过收集用户反馈的信息,调整营销战略和优化服务体系,使得营销更具有针对性。

4. App 营销推广方式

App 营销对酒店来说已是大势所趋,它是一种全新的精准营销方式,当酒店有了一款用户体验感极佳的 App 后,如何更高效地推广酒店的 App,吸引用户的下载,得到用户的喜爱,是 App 营销中需要解决的难题。目前 App 推广主要有以下几种方式。

(1) 将 App 发布到各大应用市场,用户在移动市场中找到相关应用并下载。

(2) 运用二维码技术,在一切可显示图文的平台上添加二维码。

(3) 优化应用搜索渠道,将网站访问率转化为应用下载量。

(4) 通过专业媒体、电视广告、网络广告,提高 App 的曝光率。

(5) 微博营销,给 App 注册微博账号,近距离地与用户进行沟通,提高影响力。

(6) 口碑营销,通过口口相传,提高 App 的关注度。

5. App 营销技巧

App 营销的优点在于切合了目前流行的无线应用、虚拟社区等,消费者的时间日趋碎片化,它能无时无刻、无孔不入地将"植入"进行到底,无形地伴随手机、无线终端等入侵消费者生活的分分秒秒。因此,酒店要做好 App 营销,也要讲究一定的技巧。

(1) 灵活趣味促进销售。酒店所属品牌的 App 就像是一个迷你版的官网,产品信息、企业信息、动态信息、预约功能、积分查询等内容都可以在 App 上得到完美展现,被誉为酒店自营销的重要"阵地"。在这个灵活丰富的平台上,可以实现如图 1-3 所示的销售流程,促进酒店销售转化。

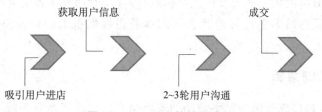

图 1-3 App 平台的销售流程

(2) 多种利益手段引爆用户群体消费行动。酒店 App 可以实时地为目标消费群体进行一对一的推送品牌、产品及活动信息,对消费者进行利益刺激和引导。通过 App,酒店可以有效地把握目标用户,广告的曝光率、到达率更为精准。

根据酒店所属品牌的消费人群设定具体的利益刺激方式,可以是实实在在的物质利益刺激,如优惠促销、诱人的奖品、丰厚的酬劳回报等,也可以从情感利益的诉求入手,如乐趣、成就感等,通过酒店 App 传达给目标用户,从而留住更多目标用户,提高销售转化率。

(3) 优质互动改善用户体验。在互联网领域的"互动"在手机移动网络同样适用。良好的互动不仅为品牌的提升带来了巨大的效果,还可以极大改善用户获取终端服务店服务的体验。酒店 App 本身就是一个良好的互动平台,既可以免费将各种信息推送给客户,又能直接通过手机实现订房预约服务，还可以提供集会员礼遇、旅游、订车、买卡等多功能为一体的服务。酒店 App 可以解决传统电话预约的诸多问题，提升服务的及时性，避免客户的流失，还可以减少人工成本，让酒店的服务重心转移到对现场宾客的关注上，是真正的多赢。

（三）中间商网络营销

中间商网络是酒店的重要销售渠道之一。客人不可能随时都有充分的时间和精力在网上浏览、收集信息，比质、比价，设计、组合自己的旅行线路。所以他们会经常光顾旅游中间商的网站，向旅游中间商咨询，以便做出比较满意的决策。这要求酒店与旅游中间商建立长期互惠互利的网上营销伙伴关系。

（四）微博营销

微博营销是指通过微博平台为商家、个人等创造价值而执行的一种营销方式，也是指商家或个人通过微博发现并满足用户的各类需求的商业行为方式。酒店以微博作为营销平台，每一个关注者都是潜在的营销对象，酒店通过更新自己的微博向网友传播酒店信息、产品信息，树立良好的酒店形象和产品形象。该营销方式注重价值的传递、内容的互动、系统的布局、准确的定位，微博的火热发展也使得其营销效果尤为显著。

酒店可以通过微博倾听客户的建议，参与交流，这样更加有利于酒店的营销工作。北京丽晶酒店、嘉里中心酒店等都以官方身份进入新浪微博，成千上万的消费者在微博中聚集起来，关注酒店的最新动向。

（五）博客营销

博客营销是酒店通过博客网站或博客论坛接触博客作者和浏览者，利用博客作者个人的知识、兴趣和生活体验等传播酒店商品信息的营销活动。酒店利用博客这种网络交互性平台，发布并更新酒店的相关概况及信息，密切关注并及时回复平台上客户对酒店的相关疑问及咨询，通过较强的博客平台帮助酒店零成本获得搜索引擎的较前位置，从而达到宣传目的。

（六）网络口碑营销

网络口碑营销是口碑营销与网络营销的有机结合。口碑营销分为线下、线上两种，线下营销投入较大，效果监控难。网络口碑营销通过网络的快速传播、标准定位等优势，越来越为酒店所重视。网络口碑营销包括策划专业的话题，结合百度营销、互动营销、博客营销、论坛营销、信息平台营销、B2B 电商平台营销、邮件营销、QQ 群营销、微博营销和微信营销等模式，把酒店品牌信息传播效果标准化。网络口碑营销旨在应用互联网的信息传播技术与平台，通过消费者以文字等表达方式为载体的口碑信息（包括酒店与消费者之间的互动信息），为酒店营销开辟新的通道，获取新的效益。

（七）网络论坛营销

网络论坛营销是酒店利用论坛这种网络交流的平台，通过文字、图片、视频等方式发布酒店的产品和服务的信息，让目标客户更加深刻地了解酒店的产品和服务，最终达到宣传酒店的品牌、加深市场认知度的网络营销活动。

网络论坛营销与传统营销模式的不同在于它特有的互动方式,传统营销模式中人与人之间的交流十分重要,营销手法比较单一;网络论坛营销则可以根据酒店产品的特性,根据特定的目标客户群、特有的企业文化来加强互动,节约开支,形式新颖多样,避免了原有营销模式的单一化。

网络论坛营销的产生为传统营销模式注入了新鲜血液,特别是为酒店营销者开辟了一种新的营销思路,是一种如何在创业初始阶段占领市场、推广品牌、营销产品、获得利润的模式。网络营销的兴起使得更多的酒店能够在节省开支的情况下,以一种新颖的方式将产品营销出去,避开了资金不足、品牌弱势的弊端,使酒店不断壮大,获得营销成功。

(八) 视频营销

视频营销是指酒店将各种短视频以各种形式放到互联网上,达到一定宣传目的的营销手段。网络视频广告的形式类似于电视短片,平台却在互联网上。"视频"与"互联网"的结合,让这种创新营销形式具备了两者的优点。

随着网络成为很多人生活中不可或缺的一部分,视频营销又上升到一个新的高度,各种营销手段和手法层出不穷,视频与互联网的结合,让这种创新营销形式具备了两者的优点:它既具有电视短片的种种特征,例如感染力强、形式内容多样、创意十足等,又具有互联网营销的优势。很多互联网营销公司纷纷推出及重视视频营销这一服务项目,并以其创新的形式受到客户的关注。如优拓视频整合行销,是用视频来进行媒介传递的营销行为,包括视频策划、视频制作、视频传播整个过程。

视频营销形式包括影视广告、网络视频、宣传片、微电影等多种方式,通过把产品或品牌信息植入到视频中,产生一种视觉冲击力和表现张力,借助人们的转发实现自传播,达到营销产品或品牌的目的。因为网络视频营销具有互动性、主动传播性、传播速度快、成本低廉等,所以网络视频营销实质上是将电视广告与互联网营销两者集于一身。

视频具有视觉影响,可以嵌入人们的头脑中。在看视频时,人们感觉更轻松,这是短视频的优点之一。此外,视频能够更灵活地传达品牌形象和产品的效果,给人们留下深刻的印象。视频营销不同于一般的网络营销,在营销策划上更加专业化。

(九) 搜索引擎营销

搜索引擎营销(search engine marketing,SEM)是一种网络营销的模式,是根据用户使用搜索引擎的方式,利用用户检索信息的机会,尽可能地将营销信息传递给目标用户。其目的在于推广网站,增加知名度,通过搜索引擎返回的结果,来获得更好的销售或者推广渠道。

搜索引擎营销就是基于搜索引擎平台的网络营销,利用人们对搜索引擎的依赖和使用习惯,在人们检索信息的时候将信息传递给目标用户。搜索引擎营销的基本思想是让用户发现信息,并通过点击进入网页,进一步了解所需要的信息。酒店通过搜索引擎付费推广,让用户可以直接与酒店客服进行交流,进而实现交易。

因此,搜索引擎营销所做的就是以最小的投入在搜索引擎中获得最大的访问量,并产生商业价值,网络营销人员和专业服务商对搜索引擎的目标设定基本与此相关。搜索引擎的发展趋势有三个方面:一是将成为企业网络营销的重要组成部分;二是搜索引擎营销方式多样化;三是对提升网络营销效果有更积极的作用。

(十) 微信营销

微信营销是酒店利用微信开展的一种市场营销活动,也是酒店进行市场营销的重要战略工具。酒店微信营销包括在微信公众平台上进行酒店营销活动,如利用OTA在微信上的服务平台进行营销活动,利用微信图文推送进行营销,个人微信号营销,微信小程序营销等。

相对传统营销来说,微信营销作为一种新兴的市场营销手段,具有一定的竞争优势。微信已经覆盖了国内九成以上的智能手机用户,而且发展势头迅猛,酒店使用微信营销可以使营销传播规模最大化。由于微信信息的准确性,酒店可以随时了解客人的信息、爱好、地理位置等,便于酒店进行精准营销。微信具有很强的交互性,公众平台上的商家可以随时与客户进行交流,有利于推广酒店的产品和服务。

(十一) 网站交换链接营销

交换链接(link exchange)又称友情链接、互惠链接、互换链接等,是具有一定资源互补优势的网站之间的简单合作形式,即分别在自己的网站上放置对方网站的Logo或网站名称,并设置对方网站的超级链接,使用户可以从合作网站中发现自己的网站,达到互相推广的目的。网站交换链接营销是一种常用的网站推广手段,其主要作用有以下两点。

(1) 通过和其他站点的交换链接,可以吸引更多用户点击访问。

(2) 搜索引擎会根据交换链接的数量、交换链接网站的质量等,对一个网站做出综合评价,这也是影响网站在搜索引擎排名的因素之一。

(十二) 电子邮件营销

电子邮件营销(Email direct marketing,EDM)是在用户事先许可的前提下,通过电子邮件的方式向目标用户传递价值信息的一种网络营销手段。电子邮件营销有三个基本因素:用户许可、电子邮件传递信息、信息对用户有价值。三个因素缺少一个,都不能称为有效的电子邮件营销。

电子邮件营销是酒店利用电子邮件与受众客户进行商业交流的一种直销方式,是酒店和现有客户沟通的常用渠道之一,电子邮件营销成本低、投递速度快、具有精准性和个性化、易操作,许多酒店会选择使用这个沟通渠道。

电子邮件营销使营销人员能长期与订阅者保持联系。订阅者连续几年看同一份电子杂志是很常见的。互联网上的信息令人眼花缭乱,数不胜数,酒店能数年保持与同一个订阅者的固定联系,在当今的互联网上是十分难能可贵的财富。酒店以这种方式建立的强烈信任和品牌价值是其他网络营销方式很少能够达到的。酒店有任何新产品,或有打折促销活动,都能及时传达给这批长期订阅者,销售转化率相对较高。

(十三) 电子杂志营销

电子杂志营销是酒店以电子杂志为载体的一种营销方式,电子杂志是一种非常好的媒体表现形式,它兼具平面与互联网两者的特点,并且融入了图像、文字、声音等相互动态结合起来呈现给读者,是很享受的一种阅读方式。

电子杂志作为一种网络营销方式，传播的是一种智慧与文化，而且在网络信息化的今天，看电子书的人也越来越多。酒店可以通过品牌联播将自己的产品在各大网站上发表，吸引读者的关注并购买。产品最终的目的是要实现利润、创造价值，因此就要通过一系列的推广方式将自己的产品推销出去，使读者在自由的时间内以一种主动阅读的心态接触电子杂志的广告。

电子杂志是一个精准、快捷的传播媒体，能直接把资讯以网络传播的速度呈现给目标群体及可能的客户。权威公正的访客流量统计系统能精确统计出酒店电子杂志的下载量，以及这些用户查阅的时间分布和地域分布，从而有助于酒店正确评估广告效果，审定广告投放策略。

（十四）网络广告营销

网络广告营销是配合酒店整体营销战略，发挥网络互动性、及时性、多媒体、跨时空等特征优势，策划吸引客户参与的网络广告形式，选择适当的网络媒体进行网络广告投放。

借助于网络和计算机技术，网络广告迅猛发展，形式丰富多彩。网络广告是网络营销重要的手段之一，它的优势是目标群体受众广，能有效提升品牌知名度。对酒店企业而言，应该使用嵌入式或者植入式广告，将产品、品牌或者具代表性的品牌元素融入一些电影、娱乐节目、网络游戏、小说等媒介当中，让消费者在不知不觉中接受产品的广告或者品牌的宣传。

（十五）网络公共关系营销

网络公共关系是指以计算机网络即互联网为传播媒介，来实现公关目标的行为。网络公共关系思维就是公共关系意识，也可以理解为公共关系观念、公共关系思想，是一种现代化经营管理和危机公关管理的思想、观念和原则，是一种开明的经营和管理观念，是一种全新的思维方式和交往方式。

公共关系是一种树立形象的双向的交流和沟通，网络公共关系和传统的公共关系相比较更具优势，可以帮助酒店将产品介绍给更多的顾客，在目标市场中建立和维护自己良好的形象，提供信息并创造新的需求，建立和巩固与顾客的关系。

酒店可以通过以下方法开展网上公关活动：一是及时监控公共论坛对酒店的评论，特别是对酒店不利的言论，并采取措施；二是与网络媒体合作，及时发布自己的新闻；三是通过虚拟社区推广产品，建设一些类似于社区性质的新闻组和广告栏，以多种方式介绍酒店的产品，及时关注社员对产品的评价和讨论，并采取措施应对突发事件；四是建立沟通的渠道，如利用虚拟社区的公告栏、新闻列表、Web页面等方式建立酒店的沟通渠道。酒店通过互联网的交互功能，及时了解顾客的需求和倾向，加强与顾客的关系。

（十六）团购营销

随着电子商务的快速发展，团购已成为时下人们热衷的一种新的购物方式，酒店团购也随之悄然兴起。团购（group purchase）就是团体购物，是将认识或不认识的消费者联合起来，加大与商家的谈判能力，以求得最优价格的一种购物方式。根据薄利多销的原理，商家可以给出低于零售价格的团购折扣和单独购买得不到的优质服务。

团购作为一种新兴的电子商务模式，通过消费者自行组团、专业团购网站、商家组织团购等形式,提升用户与商家的议价能力,并最大限度地获得商品让利,引起消费者及业内厂商,甚至是资本市场关注。

1. 团购的优势

与传统购物相比,团购具有以下优势。

(1) 消费者可以获得较低的价格折扣。这是团购的最明显的优势,团购的商品相对商场价格都是相对较低的,大量的消费者参与团购主要是期望通过集体购买得到较低折扣的商品。

(2) 消费者可以自由选择商品。消费者可以根据自己的喜好在合适的时间选择自己喜欢的商品。很多导购类团购给消费者带来更多的便利,其信息覆盖广,相对一般的团购网站具有比较大的功能,因此有更加明显的优势。

(3) 商家可以在短时间内获得更多的销售额和利润。网络团购中聚集了大量的消费者,购买数额较大,可以加快经销商的出货速度,降低厂商的库存,提高存货的周转率和现金的周转率,从而提高企业的利润空间。

2. 团购的特征

酒店团购的特征如下。

(1) 价格实惠。团购网站标示的酒店产品价格十分诱人,有些团购产品折扣甚至低于1折。如此低廉的价格,为团购酒店吸引了成百上千的消费者,也为酒店赚得了更多的利润。

(2) 时间有限定。只要登录酒店团购网站,就会发现团购产品都有限定的购买和使用时间,通常购买时间为2~20天,消费时间为12个月。然而,随着团购市场的激烈竞争,很多团购网站甚至推出了秒杀活动,其秒杀价格有时会远远低于团购价。

(3) 数量有限制。许多酒店会限定团购产品的最低团购人数,以确保达到薄利多销的效果。倘若购买团购产品的人数达不到最低人数标准,那么就意味着此次组团交易行动失效。

(4) 交易较便利。网络团购酒店产品是一种新的潮流和时尚,只需要几分钟的时间就可以完成交易。简便的交易流程,使消费者足不出户就能购买酒店产品,不仅打破了传统的交易模式,还大幅缩短了交易时间,广泛受到当今社会的白领、大学生、年轻人的青睐。

3. 酒店团购的策略

(1) 低价也要限量。酒店团购的成功之处在于通过数量控制,让更多的用户传播和推广以低价体验的高品质的产品。酒店可以把部分宣传费用补贴到团购售价与实际售价的差额上,最终实现多赢的局面。酒店管理方可以通过收益管理的方法,通过市场细分,对团购市场的消费者行为进行分析、预测,确定最优价格和最佳存量分配模型,实现收益最大化。事实证明,无限制的团购只会给酒店带来灾难。

(2) 应做打包价而不是超低价。在国外团购网站上,我们常常可以见到高级豪华酒店的身影,在我国的酒店团购网站,见到最多的往往是经济型酒店。酒店团购并不能一味地追求低价,这样容易造成"价低质低"。在中国,酒店业对团购这一促销方式更强调的是成本控制,而不是运用收益管理的方式和方法来促销,这显然是错误的。要知道,价格便宜不是吸引消费者的唯一因素。对酒店来说,团购超低价可以适用于服务单一的酒店,如经济型酒店。对完全服务型的酒店而言,团购应该使用打包价,即通过打包让酒店闲置的资源有效地利用起来,为酒店创造更多的价值。

(3) 应注重团购的差异化。不少酒店服务产品单一,甚至雷同,虽然加入了团购的战团,却不容易被顾客记住。如果团购网站上同类型的酒店太多,则容易混淆客人对酒店的选择,因此,酒店团购需要独辟蹊径,寻找不容易被模仿的团购模式。

(十七) 移动互联网营销

移动互联网营销为人们提供了一种全新的酒店预订入住体验。洲际酒店集团推出了基于苹果和安卓智能手机端的应用程序,在上线仅一年的时间里,通过移动设备预订的房间量就增长了近10倍,酒店从中获取的收益也从最初的不足100万美元升至10倍以上。洲际酒店的移动互联网营销取得了巨大的成功,对整个酒店行业来说具有战略性的意义。

在运营方面,移动互联网营销在酒店行业的应用体现在以下几个方面。

1. 在酒店行业建立直销模式

移动互联网的应用,拉近了酒店和终端客户之间的距离,让酒店可以更详细地了解客户的需求,为他们提供人性化、个性化的服务。

移动互联网可以实现上网和通话双功能,用户不仅可以与酒店进行直接沟通,也可以实现随时通话,了解酒店最新的产品优惠信息,向酒店传递自己的服务要求。这样一来OTA这个中间商就没有作用了,而酒店也建立了一个直接通往终端客户的直销渠道。

例如,W酒店推出的智能手机客户端除了提供客户预订功能之外,入住酒店的客户也可以通过客户端预订送餐服务和购买客房用品。这是酒店从传统的互联模式走进移动互联网时代实现的一大创新和进步。

2. 减少或消灭库存房量

使用传统的订房网站寻找附近的酒店空房比较困难,而利用智能手机不仅可以搜索到附近空房,而且更为方便和快捷。酒店通过移动互联网向会员客户发送当天"最后一分钟"房价,不仅可以让客户享受更多的优惠,降低空房率,而且不破坏OTA等渠道合作伙伴的商业规则。

3. 提升客户的活跃度和参与度

在PC时代,由于客户不能随时随地在线,酒店也很难与客户之间实现实时互动。而移动互联网的出现,可以让用户实现时时在线,酒店也可以通过各种应用加强与客户之间的联系。例如,7天连锁酒店通过"点行社区",利用"签到"获取"点币"的奖励方式鼓励客户参与,增强了与客户的互动。

4. 提升客户的满意度

酒店可以直接与客户建立联系,并利用移动互联网的社交属性,了解客户的消费习惯及爱好,从而以此为依据提供高度定制化的酒店服务,让客户获得一种更极致的服务体验,增强客户对酒店品牌的忠诚度。中国可以称得上是移动互联网时代的引领者,在国内外酒店客户中,智能手机用户占大多数,而且在上面耗费的时间也比较多。因此,移动互联网领域的服务将成为未来酒店行业的竞争焦点,酒店要想在竞争中抢占先机取得胜利,关键在于谁能最早切入移动互联网领域,开发出更好用、更人性化及服务功能更强大的智能手机客户端。

（十八）其他方式

酒店也可通过秒杀促销、网上积分促销、免费促销等方式，扩大酒店的知名度，提高酒店产品的销售量。需要注意的是，网络促销手段不是独立使用的，更多时候，酒店需要同时选择多种形式，灵活运用，才能达到吸引不同层次的消费者，提高客户满意度的效果。

二、酒店数字化营销的新趋势

随着网络用户的迅速膨胀，数字化营销已成为酒店市场营销的重要方式，它代表着酒店业在信息时代生存发展的必然方向。酒店数字化营销的广泛运用，不仅可以提高酒店产品的销量，降低酒店的运营成本，扩大酒店的市场规模，还能为顾客提供更优惠、高质量的服务体验。

（一）营销型网站将成为网站建设的主流

营销型网站是指具备营销推广功能的网站，网站在建设之初就以日后的营销推广为目的和出发点，并贯彻到网站制作的全过程，使每一个环节、每一步骤都考虑到营销功能的需求，使网站一上线就具备营销功能或利于优化推广的特征。

营销型网站是为了实现某种特定的营销目标，将营销的思想、方法和技巧融入网站策划、设计与制作中的网站。最为常见的营销型网站的目标是获得销售线索或直接获得订单。

一个好的营销型网站就像一个好的业务员一样，应当了解客户，具有非常强的说服力，能抓住访客的注意力，能洞察客户的需求，能有效地传达自身的优势，能解除客户在决策时的心理障碍，并顺利促使目标客户留下销售线索或者直接下订单，更重要的是它24小时不知疲惫，全时空地运转。

营销型网站是对网站的发展，整合了各种网络营销理念和网站运营管理方法，不仅注重网站建设的专业性，而且注重网站运营管理的整个过程，是网站建设与运营维护一体化的全程网络营销模式。

营销型网站是为了满足企业网络营销，包括以客户服务为主的网站营销，以销售为主的网站营销和以国际市场开发为主的网站营销。营销型网站实质是企业的销售平台，是能赚钱的网站，无论线上直接交易与否，都能够获得销售线索、销售机会甚至成交。

（二）搜索引擎成为重要的营销工具

搜索引擎已成为人们上网获取信息必不可少的工具之一。据统计，有超过七成的用户每天都会通过搜索引擎寻找自己需要的信息，这使搜索引擎成为互联网上最大的流量集散中心。因此，在没有出现更好的网络方式前，搜索引擎营销无疑仍将是最主流、最重要的网络营销方式。

搜索引擎营销的实质就是通过搜索引擎工具，向客户传递他所关注对象的营销信息。搜索引擎营销和其他网络营销方法最主要的不同点在于，这种方法是用户主动创造了营销机会，用户主动地加入了这一营销过程。搜索引擎操作简单、方便，客户容易掌握，这也是为什么搜索引擎营销比其他网络营销方法效果更好的原因。

搜索引擎不仅是企业网站推广的常用手段之一,在网络广告市场中的地位也日益重要。搜索引擎营销将成为企业营销和网络营销的一个重要组成部分,形成产业化的发展趋势,可能发展成为一个相对完整的网络营销分支,也将产生更多的市场机会。

(三)网络视频广告迅速增长

网络视频广告是采用先进的数码技术将传统的视频广告融入网络中,构建企业可用于在线直播实景的网上视频展台。网络视频广告正在被越来越多的广告主和广告代理商所重视,随着网络技术的发展,网络视频广告的效果不断增强,网民数量的不断增长等复合性因素,都激发着广告主在网上做视频广告的信心,网络广告的营业额将不断增长。

网络视频广告将与营销更加全面地结合,其最大的特点就在于它的定向性,把适当的信息以适当的形式发送给适当的人,实现广告的定向。这种理想的营销方式提高了广告传播的效率。

一些视频网站的忠实客户群越来越大,吸引了不少广告主的目光。与传统的网站相比,视频网站中的广告更直接、更有效。把广告安放在视频当中,当客户在观看视频的时候,自然就会看到里面的广告,而不会像其他普通网站那样,客户可以选择忽略广告或使用某些软件屏蔽广告。

5G 技术让互联网上的内容传播体验更好,超高清的视频画质让消费者观看更具吸引力与冲击感,视频营销与传播不局限于图文,而是能亲身感受到直观视频。以视频为主的内容营销与传播会成为网络营销领域的主阵地,特别是抖音、快手这类的短视频营销与传播市场,将会持续增长。

(四)博客、微信、网站和视频深度发展

如今,博客营销已经取得了快速发展,微博营销成为酒店数字化营销的重要组成部分。未来酒店的网络营销还是在微博、微信、抖音、网站等。微博和抖音日均活跃用户都在 1.3 亿以上(来自官方数据显示),目前这两大流量平台跟酒店的匹配度也很高,被这两大平台吸引来的酒店顾客数不胜数。酒店微信网络会引领数字化营销进入全员营销时代。

视频网络广告将成为新的竞争热点,网站视频可以全方位地展现酒店整体形象、客房设施,通过生动的宣传广告吸引更多顾客前来享受。在不久的将来,将有大量视频类网站爆发性发展。

(五)VR(虚拟现实)、AR(增强现实)等新型营销方式大行其道

VR 技术产生于 20 世纪,在 21 世纪终于迎来了爆发性的应用热潮,未来通过虚拟现实技术,酒店也可以在网络营销、个性化服务、增值服务、创意设计等方面表现出更多的创造力,满足客户的潮流需求,实现"VR+酒店"。

传统酒店网站制作简单,仅提供一些酒店或客房图片,缺乏酒店的详细信息,如星级、功能、房间设施、房间大小、服务标准等;另外,酒店网站仅支持浏览功能,缺乏与客户互动的平台和渠道,客户无法通过网站相关信息进行高效选择判断。

借助虚拟现实技术,客人可以通过网络仿真体验酒店,酒店通过虚拟现实技术给客人提供酒店内部和客房服务设施的三维实景信息,让客人能提前了解酒店的室内外分布,更有室

内实景 AR/VR 效果展示，实现全景看房，不仅能让客人身临其境地了解室内设施，直观地了解酒店房间内的各个细节情况，还能一键切换四季昼夜场景，在看客房内光照效果的同时，也能欣赏到客房外昼夜景观和场景，进而满足客人对光照要求、观景角度、无烟层等各种个性化的需求，更直接地选择心仪的楼层和房间，让选择的过程也变成一种享受。

会议和宴会活动是酒店服务的重要组成部分，将 AR/VR 技术与场景相结合，打造 AR/VR 酒店会议室、宴会厅，可以自由调节切换会议、宴会的风格及分割会场，适应不同活动对场地的需求，为客户提供更多的选择。这样可以为酒店节省成本，丰富服务内容，提升酒店消费档次；会议设施采用 AR/VR 技术，洽谈双方实现三维立体式全息投影方式的跨空间会谈，结合立体声和立体显示技术、环境建模技术，打造专业"一站式"VR 会议及宴会服务；同时在举办婚宴或是大型会议时，酒店可以利用 AR/VR 全景拍摄技术记录下婚宴或会议现场；此外，酒店将这些活动素材存储到 AR/VR 里面，让酒店的销售人员随时带在身边，在向客户展示时，可以充分营造出现场体验感。

未来，酒店可以为客户提供更便捷、快速的服务。客人有服务需求，只要一个按钮或脑中一个念头就可以解决，酒店客房配备的 VR 系统会自动投射服务部门的客服人员的全息影像，面对面、一对一地解决客人住店过程中遇到的所有问题，省去客人等待服务的时间，同时提升服务质量和效率。酒店还可以增设 VR 体验项目，丰富酒店娱乐，包括虚拟场景游戏、素质拓展项目、一站式 VR 购物等，满足客人的多方面需求。另外，酒店可以增设心理疏导和感情陪护服务，相信未来的 VR 技术都能实现这些功能。

（六）数字化营销多元化

随着多元化的网络新媒体形式不断出现，品牌广告形式也继续向多元化的方向发展，富媒体化成为未来广告发展的趋势，视频广告则将成为未来的主流形式。

传统门户网站不再是网络营销的唯一选择，网络广告载体正在向多元化的方向发展，桌面软件、下载工具、网络游戏、电子杂志、即时通信、影音播放器等都是很好的广告投放载体。

互联网技术的迅速发展，加速了酒店在线预订的迅速提升，酒店移动客户端发展潜力巨大，点评对客户预订酒店的作用越来越大，社交、攻略等旅游媒体在市场中的地位进一步加强。酒店自助预订等在线预订进入快速成长期，各种在线旅游平台将会进一步规范化，OTA 分销、旅游平台、在线直销将出现三足鼎立的局面，酒店数字化营销将进一步规范和完善。随着酒店业的发展，数字化营销将成为酒店经营发展的新趋势。

项目小结

本项目主要介绍了数字化营销理论的定义和发展；解释了酒店数字化营销的概念；分析了酒店数字化营销的优势、酒店数字化营销的方向、酒店化数字化营销的职能和酒店数字化营销的实施；论述了酒店数字化营销的策略，即产品策略、价格策略、促销策略、品牌策略、市场细分策略、沟通策略、便利策略、成本策略、客户关系管理策略等；详细介绍了酒店数字化营销的方法，如网站营销、App 营销、中间商网络营销、微博营销、博客营销、网络口碑营销、网络论坛营销、视频营销、搜索引擎营销、微信营销、网站交换链接营销、电子邮件营销、电子杂志营销、网络广告营销、网络公共关系营销、团购营销、移动互联网营销等；最后总结了酒店数字化营销发展的新趋势。

案例分析

香格里拉酒店集团同步全球销售系统启用虚拟现实

香格里拉酒店集团率行业之先，在2016年就把虚拟现实体验引入全球酒店销售渠道，购置了三星Gear VR虚拟现实设备，并为旗下94家超过四分之一的酒店制作了360度全方位视频影像供体验者观赏。从此，旅游顾问、会议策划者和潜在公司客户可以佩戴VR虚拟现实设备，体验新科技的冲击力，真切地感受酒店全方位的服务设施和酒店当地景色，酒店也可以更完善地安排宾客的入住、餐饮或会议行程。

沈阳香格里拉大酒店着眼于未来，也应用了这一技术，以满足新一代具有独立思想的商旅客人和休闲客人的需求。酒店提供的免费高速无线网络无时无处不在；各处安置的手机充电站也可以随时为电子设备充电，方便快捷；此次VR技术的全面上线更加迎合了年轻旅客对尖端技术服务的关注。

观看沈阳香格里拉大酒店的视频时，体验者仿佛置身于酒店大堂，感受身边穿梭而过的人流和礼宾人员的迎宾问候；进入全新装修的客房，体验客房设计师轻轻勾勒出的时尚感和舒适感；踱步至"辽咖啡"，眼底尽收不限量的美食美酿，仿佛可以嗅出食物的鲜香；下一秒转身来到沈阳最大的宴会厅——奉天大宴会厅，感受奢华与美丽，以及设施先进的健身房、室内泳池与具有亚洲设计风格的水疗室带来的至尊享受；夜幕下，再次回到酒店所处的繁华商业街，在路边看车水马龙和斑斓霓虹……城市的美好之处，尽收眼底，入住酒店之余，也可以轻松规划一次城市探索之旅。

酒店的虚拟现实技术也将应用于路演巡展、行业活动、销售推广等用途。旅游专家们还可以通过与他们的客户分享这些360度视频影像。用户可以通过在线360度播放器播放这些视频，也可将它们下载到内置Oculus平台的虚拟现实设备中观看。

香格里拉酒店集团首席市场官Steven Taylor表示："香格里拉素来在科技方面不吝投入，引领旅游概念新趋势。正因如此，我们才大规模引入虚拟现实技术。虚拟现实设备将改变我们的销售方式，科技的进步使它更加轻便易携带，也不再价格高昂。虚拟现实正在成为当今时代的主流。"

Taylor还表示："旅游顾问在旅行者的决定方面起着至关重要的作用。因此我们的虚拟现实设备将首先为他们服务。客户会倚重他们的意见制订度假、商务和会议计划。香格里拉的虚拟现实体验可让他们更直观、更真实地了解我们的酒店，从而能够更好地介绍给他们的客户。"

"我们要将高新科技恰当地应用在为行业伙伴和客户所提供的服务中。香格里拉的全方位360度视频不仅将有助于旅游专家们更好地了解香格里拉的产品和服务，而且将延伸出更多用途。例如，会议组织者可以在行前为公司CEO展示酒店的宴会厅情况，以便他能更充分地做好会前准备；可以为客人展示目的地的美妙景致，让他们对即将展开的旅行更加期待。"

请根据以上案例，回答以下问题。

香格里拉酒店集团为什么要把虚拟现实体验引入全球酒店销售渠道？

项目练习

一、判断题

1. 酒店网站推广的目的是在虚拟网络中塑造酒店企业的形象。（　）
2. 提出"4P"营销理论的是托夫勒。（　）
3. 产品定位是潜在顾客心目中对产品的印象。（　）
4. 网络广告不能达到促进销售的效果。（　）
5. 去哪儿旅行网的搜索策略是水平搜索。（　）
6. 双赢促销（联合促销）即两个以上的企业为了共同获利而联合举办的促销活动。（　）

二、简答题

1. 简述数字化营销的概念。
2. 简述酒店数字化营销的特点。
3. 简述酒店数字化 4P 营销理论。
4. 简述酒店数字化营销的优势。
5. 简述酒店数字化营销的职能。

三、思考题

1. 什么是酒店数字化营销？
2. 营销理论的"4P"是什么？
3. 酒店数字化营销的功能有哪些？
4. 酒店数字化营销的策略有哪些？
5. 酒店数字化营销的方法有哪些？

四、运用能力训练

训练目的：实际体验与认知酒店数字化营销的运营和管理，了解酒店数字化营销的具体应用与实践。

内容与要求：

(1) 把学生分为若干个小组，每个小组 5~10 人。
(2) 分组参观当地一家不同的星级酒店。
(3) 了解各星级酒店数字化营销的运营和管理。
(4) 分析各星级酒店数字化营销的运营和管理。
(5) 由教师点评总结。

项目二

微信营销

知识目标

1. 了解微信营销的概念。
2. 了解微信营销的优势。
3. 熟悉微信营销的方式。
4. 理解微信公众号营销。
5. 理解个人微信号营销。
6. 理解微信小程序营销。

能力目标

1. 能够掌握微信营销的策略。
2. 能够运用微信营销。
3. 能够掌握微信公众号营销的技巧。
4. 能够熟悉微信小程序的应用场景。

任务分解

任务一　微信营销的概念
任务二　微信公众号营销
任务三　个人微信号营销
任务四　微信小程序营销

> **任务导入**
>
> **微信营销的领头羊**
>
> 喜达屋酒店通过两大阶段实现招募粉丝到口碑分享、优化服务目标，占领了同类型酒店微信营销的先机。
>
> 第一阶段：资源整合，立体招募价值会员
>
> 用喜达屋酒店的自有资源（酒店内宣传物料、酒店官网、官方微博、百度搜索品牌专区等），以二维码作为导入口，吸引品牌关注者；同时借助微信的周边功能，覆盖酒店附近的高价值用户，成为微信平台第一个同时运用"摇一摇""附近的人"功能的企业。微信用户一旦与酒店微信号建立友好关系，不仅可以收到最新活动信息、酒店优惠、在线预订等服务，还有机会抽奖赢得免费酒店住宿以及参与"欢乐之夜"预订酒店赢取积分活动。
>
> 第二阶段：动静结合，智能维护
>
> 静：内容吸引，口碑分享。喜达屋酒店提供的营销内容符合酒店会员尊贵身份和阶层品位，软性传递酒店和会员活动，让每一条信息做到具有价值而不是打扰，让微信好友获得利益信息的同时，不断增强对酒店的品牌好感。为了更好地激发会员在微信分享内容，酒店在前期的招募期通过免费酒店住宿大奖吸引、刺激和激发用户主动分享给自己的微信朋友。
>
> 动：真人客服。酒店官方微信实现与喜达屋酒店强大的客服中心对接，率先实现真人化专业客户服务，让尊享服务始终伴随用户。
>
> 除此之外，喜达屋酒店还开展了定制化技术开发，智慧管理数据，包括以下内容。
>
> （1）官方会员注册引导：开放官方微信接口，用户通过微信即可注册成为酒店会员，让潜在需求在第一时间实现转化。
>
> （2）关键词自动应答：基于微信公众账号的自定义接口开发，实现关键词自动应答信息的菜单式管理设置，实现精准便捷的客服响应，优于现有公众账号后台手动管理。
>
> （3）数据智能化管理：基于微信的消息接口开发，实现客人咨询提问批量导出、好友分组管理等多重数据管理技术，为品牌后续推广提供数据化支持。
>
> 喜达屋酒店的微信运营模式上线54天内，微信好友增加超过2万人，酒店会员活动网站访问量超过6万人，吸引新会员注册达5 930人，用户微信咨询超过6 000次，共达成1 192份意向订单。该酒店成为最早使用微信营销的国际酒店集团，明显提升了顾客的品牌忠诚度、美誉度、体验度和参与度。

任务一　微信营销的概念

一、微信营销的定义

微信（WeChat）是腾讯公司推出的一个为智能终端提供即时通信服务的免费应用程序，

支持跨通信运营商、跨操作系统平台通过网络快速发送免费(需消耗少量网络流量)语音短信、视频、图片和文字。微信提供公众平台、朋友圈、消息推送等功能,用户可以通过"摇一摇""搜索号码""附近的人"、扫描二维码方式添加好友和关注公众平台,还可以随时随地将精彩的内容分享给好友或朋友圈。

截至2021年6月30日,微信月活跃用户达12.51亿人,同比增长3.8%;用户覆盖200多个国家、超过20种语言。此外,各品牌的微信公众账号总数已经超过800万个,移动应用对接数量超过85 000个,广告收入增至36.79亿元,微信支付用户则达到了4亿人左右。

微信是一个基于用户关系的信息分享、传播及获取平台的社交媒体软件,具有信息及时性、媒体大众性和互动性的特点。微信不仅是一种便捷的沟通交流的工具,而且是一种新型的信息传播渠道,可以广泛应用于酒店产品和服务的宣传推广,提升酒店的市场竞争力。

微信营销是网络经济时代企业或个人都可以使用的营销模式,是随着微信的普及而兴起的一种网络营销方式。微信不存在距离的限制,用户注册微信后,可与周围同样注册的"朋友"形成一种联系。用户会订阅自己需要的信息,商家则通过提供用户需要的信息,推广自己的产品,从而实现点对点的营销。微信营销还体现在区域定位营销,商家通过微信公众平台,结合微信会员管理系统,展示商家微官网、微会员、微推送、微支付、微活动,已经形成了一种主流的线上线下微信互动营销方式。

二、微信营销的特点

1. 低廉的营销成本

传统的营销方式(如电视广告、报纸广告、宣传海报等)通常要耗费大量的人力、物力和财力,微信营销是基于微信这平台进行的,微信的各项功能都可供用户免费使用,使用过程中仅产生少量的流量费。与传统营销方式相比,微信营销的成本极为低廉,几乎接近于零。

2. 强大的用户支撑

微信已成为人们普遍使用的互联网交流工具,多年的发展积累了广泛的用户基础。在互联网行业中,用户的使用带来流量,流量进而带来红利,微信与腾讯固有用户关联是微信用户数量如此庞大的一个重要原因。在此基础上开展营销活动,可触及数量众多的用户。

3. 精准的营销定位

在微信公众平台中,通过一对一的关注和推送,酒店可实现点对点精准营销。酒店不仅可以向用户推送相关产品及活动信息,而且可以建立自己的用户数据库,使微信成为有效的用户关系管理平台,通过用户分组和地域控制,针对用户特点,将信息推送至目标用户。此外,在朋友圈信息流广告中,企业可以依据微信后台的标签化用户数据进行推送,使目标用户的触达更加精准。

4. 高效的信息互动

微信的载体是智能手机,这意味着只要拥有智能手机,酒店无论何时何地都可以与用户进行互动,了解用户的需求,进而满足其需求。微信点对点的产品形态使其能够通过互动的方式将普通关系发展成强关系,从而产生更大的价值。酒店通过互动与用户建立联系,可以解答疑惑、讲故事甚至"卖萌",与用户形成朋友的关系,赢得用户的信任。

5. 有效的信息传播

酒店利用微信公众平台向用户推送信息,保证用户全都能接收企业推送的信息。另外,用户是因为对产品或酒店感兴趣而自愿扫描企业二维码或输入账号添加官方微信,当接收来自酒店官方微信的信息时,他们能有兴趣关注所接收的信息。

6. 多元的营销模式

微信营销拥有位置签名、二维码、开放平台、朋友圈信息流广告、漂流瓶、微信公众平台、微信小程序、LBS(location based services)竞价广告等多种营销模式,酒店可以针对不同的营销目的选择不同的模式组合。另外,微信支持多种类型的信息,不仅支持发送文字、图片,而且可以发送语音信息,这使酒店可以利用微信完成与客户的全方位交流和互动。

三、微信营销的模式

1. 草根广告式:查看"附近的人"

(1) 产品描述:微信中基于 LBS 的功能插件"附近的人"可以使更多陌生人看到强制性广告。

(2) 功能模式:用户单击"附近的人"后,可以根据自己的地理位置查找周围的微信用户。在这些附近的微信用户中,除了显示用户名称等基本信息外,还会显示用户签名档的内容。酒店可以利用这个免费的广告位为自己的产品打广告。

(3) 营销方式:营销人员在人流最旺盛的地方后台 24 小时运行微信,如果"附近的人"使用者足够多,这个广告效果会随着微信用户数量上升,这个简单的签名栏也许会变成移动的"黄金广告位"。

2. O2O 折扣式:扫一扫

(1) 产品描述:二维码发展至今,其商业用途越来越多,可结合"扫一扫"展开 O2O 商业活动。

(2) 功能模式:扫描二维码获得成员折扣、商家优惠或一些新闻资讯。

(3) 营销方式:让用户通过扫描二维码关注企业账号或添加好友,用折扣和优惠来吸引用户,开拓 O2O 营销。

此外,酒店还可通过微信公众号、个人微信号、微信小程序进行营销,这些模式分别会在本项目任务二~任务四中详细阐述。

四、微信营销的价值

1. 传播符号多样化,能立体地展示企业信息与形象

作为一种新兴媒体,微信的信息传播符号具有多样化的特点,语音、文字、图片、视频、表情等一应俱全。其中,语音通信功能的加入意义重大,它改变了互联网用户以往单纯依靠文字和图片进行社交的状态,使人与人之间的交流回归至语音。多元化的信息传播方式,对企业品牌营销具有重要的价值。企业可以利用微信提供的基本的会话功能,通过语音、文字、图片、视频等与目标用户进行交流,传播品牌信息,展示企业形象。

2. 社交功能强大,有利于扩大社交网络,开展多样化营销

作为移动互联网社交工具,微信最初的社交群体是以手机通讯录里的熟人为代表的强关系社交圈。后来,微信逐渐把社交圈扩展到陌生人层面,相继推出了"摇一摇"和基于LBS的"附近的人"等功能,以拓展弱关系链(即陌生人)。微信的系统插件也打通了QQ邮箱、微博好友等通道,让用户获得了更多的沟通和交流方式,形成一个庞大的社交网络。企业可以通过微信的"位置签名""二维码"等多样化的营销方式向数量庞大的用户群推送信息。

3. 信息传播迅速,信息推送的时效性更强

微信的信息传播具有高效、即时的特点,用户可以通过微信随时随地与人交流,对信息进行快速接收和反馈,商家可以很好地利用这一特点,在展览馆、社区、商圈、学校等特定商品对应人群点开展促销活动,利用微信的查看"附近的人"和向"附近的人"打招呼功能,即时推送促销信息,以引起"微友"的围观。

4. 可以精确定位目标人群,实现精准营销

微信公众平台为企业实现精准营销提供了可能。企业可以开通微信公众号,与目标用户展开互动。从企业的角度看,通过公众平台推送的信息到达的都是主动关注认证账号的潜在用户。用户的主动关注和选择意味着企业目标人群的精确定位,这为企业进行精准营销提供了可能。企业可以利用微信公众平台的认证账号,通过后台的用户分组和地域控制,有针对性、有区别地向某一分类用户发送特定的信息,实现精准的信息推送。这样做既可以让目标用户看到合适的信息,又可以避免目标用户受到无关信息的干扰。

5. 点对点深度沟通,有利于客户关系管理

作为一个以用户关系为核心建立起来的社交平台,微信能在客户关系管理(CRM)中起到很大的作用。微信的沟通方式是点对点的,这有利于在用户间建立有效的深度沟通机制,便于企业更便捷地了解用户的个人特征,同时针对这些特征展开相应的客户关系管理活动。通过对后台的用户资料和特征加以分析,企业可以建立有针对性、个性化的客户管理机制,利用微信展开客户服务,通过聊天、答疑解惑等互动形式加深与消费者之间的沟通联系,将普通关系发展成强关系,为企业的微营销奠定良好的客户关系基础,从而产生更大的价值。

五、微信营销的策略

1. 推送"完美"内容,提升用户忠诚度

微信是一个深社交、强关系、弱媒体的移动平台,企业不能频繁地推送信息,因为如果用户收到无用信息的干扰过多,可能会取消关注。同样,如果企业长时间不与用户沟通或互动,也会有被取消关注的可能。因此,企业必须努力推送"完美"的内容。这里的完美主要体现在质、量、形式、推动时间等方面。

(1)质的完美。微信公众号的订阅号每天可以群发一条信息,服务号每月可以群发4条信息。在这些有限的信息中,企业更多的是与用户保持一种联系,培养用户对品牌的情感,而不是让用户感觉到账号是一个单纯的广告媒体。因此,企业在推送信息时必须注重信息的质量,如内容的知识性、语言的风趣性、表情符号的丰富性等,让用户有兴趣阅读和转发信息。

(2)量的完美。为了让用户及时了解企业的产品和品牌,可以不断推送相关的信息,但

轰炸式的信息推送会造成用户的极大反感。如果用户一天接收数条来自同一官方微信的推送信息,甚至是内容相似的信息,可能迫使用户取消对官方微信的关注。企业推送信息的频率为两三天一次为宜,应保持适当的活跃度。

(3) 形式的完美。信息以何种形式进行推送也会影响用户的接受程度。企业应该努力使推送内容的形式多样化,加强与用户的互动,提高用户参与的兴趣,让用户体会到不同的乐趣,从而提高对品牌的忠诚度。

(4) 推送时间的完美。微信公众号发送的消息以发布的时间顺序进行排列,以"标题+头图"的形式直接展示。根据统计,21:00—22:00是推送信息的高峰时段,也是"10W+"文章分布比例最高的时段。移动端的用户阅读时间非常碎片化,运营者应当以公众号的定位、目标用户的属性、文章内容的特性为前提,以公众号各时间段点击率统计数据为支撑,适当错峰推送,找到契合自身的完美推送时间。

2. 塑造服务形象,增强用户黏性

微信作为一种强关系的通信工具,到达率高,用户数量多,转化率也高。但如果企业一味地把用户当成盈利的目标,就很容易造成用户反感,取消对公众号的关注。如果没有了关注,一切便化为泡影。因此,做好微信营销的关键就是做好服务。

微信营销具有信息交流互动性强的特点,用户和企业可以随时交流互动,这就要求企业的微信客服具有良好的亲和力,耐心地回答每一位用户的问题,并提供相关的建议。在公众号的系统开放和升级上,也要从服务用户的角度出发,增强用户对品牌的黏性。只有把微信当作为用户提供有价值服务的工具,才能留住用户,也只有将微信做成企业的拟人化交流工具,才能激活用户的主动传播意愿,吸引更多的消费者关注。

从微信营销要遵循的基本原则来说,可以从"5C"出发,按顺序逐级降低使用频次。

(1) 贴身客服(close service):手机作为一种移动通信工具,可以随时随地进行信息沟通,成为企业与客户全天候的即时通信工具,延伸客户服务体系,满足客户对产品咨询服务的需求。

(2) 客户关怀(care):可以借助微信丰富的表达方式(文字、声音、视频、位置、超链接等),以友好的方式向客户传递产品使用提示及客户关怀活动信息,增加客户黏性。

(3) 语音咨询(consulting):面对潜在客户对产品或服务的咨询,企业可以发挥自动应答、即时回复等功能,解答潜在客户的问题,完成对潜在客户的服务。

(4) 新客户关系发展(client):通过微信转发、"摇一摇"等功能传递优惠及互动信息,可以与微信用户建立新的关系,配合二维码、移动互联网广告可实现更多新客户的关系链接。

(5) 企业主信息发布平台(center of information diffusion):可以向客户简短地传递新闻、优惠、营销活动等信息,并结合微信LBS功能引导消费者产生线下行动,以便将潜在客户转化为真正的客户。

3. 挖掘精准客户,做好精准营销

微信有强关系性,企业可以利用这种强关系做好精准营销。精准是基于对客户的准确把握,挖掘精准客户是关键,一般有以下做法。

(1) 利用QQ挖掘用户。结合企业自身的行业属性,在QQ群中进行关键词检索,能更好地找到精准属性的潜在用户群。同时,QQ账号与微信的连通大大提高了用户转化的便捷度。通过QQ邮件、好友邀请等方式，能批量导入QQ用户，这种方法对企业来说有一定的可行性和回报率。

（2）通过微博群、行业网站及论坛用户导入。这些平台上聚集的都是属性相同的用户群体，他们大多有相同的爱好，对行业产品及服务具有同样相对强烈的兴趣及需求，通过推广相应企业公众号，能获得一定比例的有效用户，虽然数量有限，但用户忠诚度往往较高。

（3）做好精准营销客户关系管理系统。企业要建立科学的客户关系管理系统，通过用户分组和地域控制有针对性地向目标客户推送信息，而不是对所有用户发信息。随着业务的发展，用户的数量可能大幅增加，企业需要完善其客户关系管理系统。

4. 利用朋友圈构建全新的社交关系链

微信的朋友圈功能激活了微信的私密社交能力，为分享式的口碑营销提供了良好渠道。移动社交分享在移动商务中一直是热门话题，通过与开放平台的对接，用户无须离开聊天窗口就能看到大图、价格、购买链接、企业社区等信息，既得到了朋友分享的信息，又可以轻松地继续聊天。用户通过微信把企业的商品一个接一个地传播出去，达到社会化媒体最直接的口碑营销效果，其灵活性受到用户、企业与商家的喜爱。加上朋友分享功能的开放，微信用户可以将手机应用、PC客户端、网站中的精彩内容快速分享到朋友圈，并支持网页链接方式打开，这为企业的口碑营销提供了一种全新的方式。

有些商家利用朋友圈的"点赞"功能来宣传自己的活动，通过公共账号发布活动信息，让用户通过集齐"点赞"的方式来获得商家的优惠，如可以获取礼品或者电子优惠券等。同样，利用好友助力，也可以促进微信信息的裂变传播。用户在参与活动时需要在活动页面上输入姓名、手机号码等个人信息，如果想要赢取奖品，则需转发朋友圈并邀请好友助力，获得的好友助力越多，获奖的概率也就越大。例如，"砍价0元看电影"活动在朋友圈较为常见，这个活动选取的是当下最热的电影，用户只需点击"砍价0元得"按钮，并将相关链接分享到朋友或者微信好友群邀请好友助力砍价，在规定时间内砍价达到额定价格即算是砍价成功。

5. 利用定位功能开拓销售新渠道

与传统网络媒体相比，微信的地理位置服务是一大特色，"附近的人"和"摇一摇"等功能均是以LBS为基础的，企业可以利用这些功能开拓销售新渠道。用户点击"附近的人"后，可以查找到自己的地理周围的微信用户。通过这些微信用户的资料就可以看见基本的信息。企业可以利用其中的名档，将自己的位置信息、促销信息等内容填入，这就相当于把微信的名档转换成一个免费的广告位，而且随着微信用户的增加，这也可能变成移动的"黄金广告位"。

企业也可以依托QQ和手机通讯录可与微信同步的优势，通过点对点的关注和推送，提高对目标用户群的企业文化信息发布、新产品功能信息推广、节假日优惠活动信息宣传、售后服务信息提示等多项服务信息的发送效率。如今，微信的使用已经突破了传统交流工具的界限，开始向更广阔的领域延伸，这给企业销售带来了新渠道。

6. "O2O+二维码"促使品牌快速传播

"O2O+二维码"功能能够促使品牌快速传播，成为打通企业线上和线下的关键入口。用户可以通过扫描二维码或在其他平台上发布二维码名片，便捷地拓展微信好友。微信的社交特征与二维码的便捷性相结合，使更多用户可以充分享受移动互联网带来的便捷与实惠。另外，二维码这一小小的标志还让活动变得时尚轻松，增加了趣味性。利用O2O进行营销，把不同地区的人连在了一起，突破了地域的限制，扩大了活动经营的覆盖面，提高了用户的参与度。因此，企业可以通过设定自身品牌的二维码，用折扣和优惠吸引用户关注，探索O2O新营销模式。例如，消费者在结账后可以扫描店内的打折信息，将二维码分享到朋友、微博等社交平台，由此可获得商家的优惠，这样企业就能较好地实现品牌的传播。

7. 依托熟人网络打造微商、微店新世界

微商是基于微信生态，集移动与社交于一体的新型电商模式，起源于2013年兴起的朋友圈代购，它以区别于传统营销模式的新型营销机制迅速占领"微用户"的朋友圈并蓬勃发展。微商主要分为B2C与C2C两种类型，基于微信公众号的微商称为B2C微商，基于朋友圈开店的微商称为C2C微商。

微商营销通过对用户进行有针对性的引导来销售产品，这一营销模式是建立在信任的基础之上的。从根本上来说，一切商业交易的核心问题都是信任问题，微商则强化了这一点，依靠熟人关系，利用朋友圈销售产品，即使是微信公众号中的微信小店、微信商城，也是依靠企业与用户之间建立的相互信任得以长期发展。

8. 活用小程序，打通线上线下销售渠道

2017年1月9日，运行在微信上的轻量级App微信小程序正式上线，小程序在线上打通了微信个人号、订阅号、服务号、微信群、朋友圈，在线下则通过小程序码、微信卡券、微信支付连接服务业和商业，凭借无须下载注册直达服务的属性脱颖而出，成为企业营销矩阵中的又一利器。目前，企业使用小程序的营销模式有以下几种。

（1）关联小程序和公众号。在公众号的推文中嵌入文字跳转、图片跳转等模块，用户可直接点击这些模块进入小程序，公众号借助其多元化的功能实现与用户的深度交互，增强公众号的服务属性，有效提高购买转化率。

（2）挖掘小程序功能。小程序中有拼团、分销、砍价、拼手气红包等多款营销插件，和微信社群的社交属性相契合，通过挖掘小程序功能可帮助企业实现品牌推广，促进达成购买行为。例如，社交电商拼多多就是通过完美结合"微信＋小程序"，将电商的交易服务体验推向极致，它运用分享传播和拼团砍价的精细运营策略，形成开红包领现金、一分抽奖等日常运营体验，刺激了小程序保持较高的日常活跃度，保证用户留存和沉淀。

（3）增加品牌信息曝光。用户在移动设备上搜索关键词或者附近的小程序时，可以看到企业的签名档和产品信息，此营销方法具有目标受众精准、信息反馈及时、推广宣传成本低的特点。

9. 挖掘用户特征，精准投放广告

微信信息流广告的内容穿插在用户阅读的资讯中，和朋友圈中的其他内容一样可以点赞、评论，具有"润物细无声"的广告效果。信息流广告基于海量的微信用户，抓取其社交关系、兴趣图谱、信息定位、浏览页面等数据，生成个性化标签，实现对不同标签用户的精准投放，在提高用户体验的同时，为品牌提供了更加优质的服务。信息流广告投放后用户的反应均会被记录下来，成为日后推送活动的重要依据。

任务二　微信公众号营销

一、微信公众号的运营

酒店微信公众号不仅能够增强酒店与客户间的互动与沟通,而且可以使酒店信息在客户社交圈中得以分享。可以说,微信公众号营销做得好不好,直接关系到酒店的声誉与利润。酒店要做好微信公众号的运营,应该按照以下要求来操作。

1. 明确功能定位

酒店需要制定出行之有效的营销战略,根据微信公众平台的实际特点,确定微信公众号在营销体系中的应用范畴。在使用微信公众号之前,一定要对其有一个全面的认知,并将酒店特色充分融入其中,明确其运营的实际功能,确定微信公众号在酒店营销体系中所扮演的角色。从根本上讲,微信公众号的运营目标就是发展客户,因此酒店必须将服务放在经营的首位。

2. 重视营销特色

营销特色是酒店吸引客户的关键,在运用微信公众号进行消息推送时,需要在满足客户需求的基础上,打造自身独特的风格,无论是界面设计,还是信息内容,都需要将酒店特色凸显出来。酒店可以抛弃传统的图文推送方式,运用视频动画等新颖方式来使信息更具有趣味性,从而达到吸引客户的目的。

3. 成立专业团队

实际上,微信公众号的经营是一项非常专业的工作。酒店想要做好这项工作,就需要成立一支专业的经营团队,而且要配备专业的运营人员经营酒店的微信公众号。经营团队不仅需要了解客户的消费心理,及时与客户进行沟通,还需要对酒店的特色与经营文化非常熟悉,从而确保公众号的风格与酒店风格相同,从而为酒店吸引更多客户。

4. 实行平台互动

互动性是微信的一个主要特点,微信公众号实际上也具有很强的互动性。酒店可以将这一特点充分利用起来,通过微信联系用户,实现与客户之间的实时互动。人工后台服务是实现这一功能的关键,能够让酒店的微信公众号更加人性化,帮助客户解决实际问题,并将客户提出的建议传达给酒店。让酒店的服务更加完善。另外,酒店还可以通过客户关系主任(GRO)定期回访一些重要客户,了解客户的需求,反馈客户的信息。

二、微信公众号的创建

微信公众号根植于微信平台中,其流程简单、易操作,可相应降低普及、推广难度,而且在沟通、互动、服务、收集客户信息和客户关系管理方面有不可比拟的优势。微信公众号分为订阅号和服务号,两者的区别如表 2-1 所示。

表 2-1 订阅号与服务号的区别

项　　目		订　阅　号	服　务　号
概念		为媒体和个人提供一种新的信息传播方式,构建与读者之间更好的沟通与管理模式	给企业和组织提供更强大的业务服务与用户管理能力,帮助企业快速实现全新的公众号服务平台
适用范围		适用于个人和组织	不适用于个人
基本功能	群发消息	1 条/天	4 条/月
	消息显示位置	订阅号列表	会话列表
	基础消息接口	有	有
	自定义菜单	有	有
	微信支付	无	可申请

由表 2-1 可以看出,订阅号与服务号有很大区别,那么酒店行业创建公众号应该选择订阅号还是服务号呢?对酒店来说,创建微信公众号的主要目的是通过推广酒店产品,提升酒店实际收益,树立企业品牌形象。作为服务者的酒店企业,应该更加注重用户服务和管理,而不是一直推送酒店单方面想要推送的资讯。酒店企业微信公众号的用户需求更加偏重服务与交互,如获取酒店的趣味体验机会、特价产品等,酒店在选择公众号注册的时候,大多会选择服务号。

三、微信公众号的营销策略

在酒店营销过程中,应当以微信公众号为基础不断扩大品牌的影响力,从而吸引更多客户,具体可采取以下营销策略。

1. 进行品牌式营销

酒店可借助多种方式确保微信用户对酒店微信公众平台予以认可和关注,进而提升公众对于微信公众平台的认知和认同感,确保将网络的关注转化为现实购买。酒店在进行品牌式营销时采取的策略有以下几种。

(1) 不断拓展公众平台的推广渠道,通过朋友圈关注、微信文章扫描二维码关注以及物件关注等多种方式进一步增加微信公众平台的关注数量。

(2) 选择更加简单和容易查找的公众号名称与图像以及位置签名等,从而确保其与酒店名称相符合,确保其具有较强的识别性,更需要保证微信公众号的独特性和不可复制性。

(3) 进一步提升公众平台界面的友好性和美学效果,保证广大用户在实际使用过程中能够更加便捷地获取相关资讯。

(4) 对潜在用户群体进行主动定位,借助位置服务技术,对潜在用众进行搜索和定位,通过主动定位等方式将产品和促销的相关信息精确送到周围用户,最终实现酒店的营销目标。

2. 推动体验式营销

体验式营销是在充分满足广大用户信息获取和产品消费的同时,进一步提升体验服务的基本层次。在全面了解用户基本特征的同时,应当对用户和酒店的接触界面进行全面设计,从而充分借助微信公众平台为用户创造美好的消费体验。在确定接触界面的同时,应当形成微信公众平台的业务实现情景,确保平台相关功能的实现。酒店可从以下几个阶段来展开微信体验式营销。

(1) 营销推广阶段。在营销推广阶段,应当借助优惠卡和特定优惠产品以及特色餐饮品尝等多种方式促使广大受众关注微信,并在微信官网多媒体上完成公司产品服务的展示,与此同时更要设置微信抽奖环节,促使大家完成购买。

(2) 实际购买支付阶段。在实际购买支付阶段,以公众平台为基础对酒店的实际位置进行查询和导航,并提供实景看房功能,以确保受众能够更加真实清楚地了解酒店的相关信息。

(3) 完成购买之后。在完成购买之后,酒店应当以订单信息为基础,提供服务交付之前的信息通知。对全新顾客应当通过微信了解其实际爱好,提供个性化的服务套餐。对老客户应当通过微信为其设计科学的服务方案,在客户确认之后为其提供个性化和针对性的服务。

(4) 入住酒店之后。酒店应当通过扫描二维码或者推送信息的方式,使客户在极短的时间内了解入住的基本流程。客户在进入酒店房间之后,如果需要投诉,可通过微信平台将编辑好的文字和图片发送到前台,使问题得到快速处理。

(5) 酒店住宿阶段。在酒店住宿阶段,一些酒店服务也可以通过微信完成。当前,多个知名酒店已经形成了以微信商城为基础的床上、卫浴以及家具等多种体验式家具消费电商平台,客户产生购买意愿后,可以通过扫描二维码的方式完成下单,并快递送货上门。

(6) 离开酒店阶段。客户离开酒店时,可以通过微信公众平台办理结账、离店手续、发票领取等多种手续,酒店查房的相关情况也可以通过微信告诉客户。

3. 借助红包式营销

微信红包实现了货币的电子发放和提取,实际操作简单,金额由个人进行设定,具有较强趣味性和吸引力。微信红包符合用户的心理需求,能够在网络上快速发展,获得了广大受众的认可。因此,酒店可借助微信红包进行公众号的营销,具体策略如下。

(1) 在营销过程中,如果关注数量达到一定的数量,则可以给予红包奖励。

(2) 在实际购买阶段,酒店可通过微信红包的方式吸引客户完成酒店产品的购买。

(3) 在完成购买后,可将微信红包作为折扣直接返还给客户。

(4) 在客户入住后,酒店可在公众平台通过抽奖和有奖竞猜等多种方式,提升客户在酒店中住宿的趣味性。

(5) 在客户离开后,酒店可以在节假日向客户发放红包,从而提升客户对酒店的好感度,确保客户再次入住酒店。

四、微信公众号的引流技巧

对酒店来说,微信营销的第一步就是有数量众多的关注者,通过在关注者中推广营销来扩大受众,增加潜在客户。当微信公众号有了一定数量的"粉丝"之后,营销计划才可能会有效果。

用户可以经过扫描二维码来关注酒店微信公众号。酒店可以设定本品牌的二维码,用折扣和优惠来吸引用户重视,拓宽微信营销的推广形式。

1. 吸引关注者

酒店要利用微信吸引更多的关注者,可以采取线上线下结合的方法进行,尽量争取更多的用户,并努力将他们发展成自己的客户,具体技巧如下。

(1) 丰富推广渠道,形成线上线下互动的推广渠道。

(2) 借人传播,借物推广,酒店的任何产品与服务都可以用来推广。

(3) 在线促销活动必不可少,有优惠有折扣才能吸引顾客眼球。

(4) 挖掘互动新形式,提升用户互动量。

(5) 紧抓亮点,关注业界最新话题,形成时事效应。

2. 线下推广

线下推广是吸引微信精准用户的最佳渠道。因此,酒店一定要做好线下用户的积累,而不是盲目地利用各种渠道去推广公众号和二维码。微信营销的重点不是客户数量,而是客户质量,只要有精准的关注者,就算只有几百人,都能把关注者非常有效地转化为消费者。线下推广的具体方式如下。

(1) 在酒店前台(不限于前台,任何聚集客流的地方都可以)放置二维码。

(2) 在酒店用品上加贴二维码(如在床头、纸巾盒等位置印刷二维码)。

(3) 印发带有二维码的宣传单(可配合相关促销活动进行)。

(4) 赠送带有二维码的纪念品。

(5) 在相关人员的名片、服饰上印刷二维码。

3. 线上推广

酒店也可以通过线上推广的方式获取更多的用户,具体方式如下。

(1) 利用公众号互推(请关注者多的公众号帮助推广)。

(2) 利用微博、博客推广。

(3) 利用微信"摇一摇"推广(需个人辅助)。

(4) 利用相关行业 App、网站推广(包含酒店预订服务的一站式网站)。

(5) 利用即时聊天工具推广。

(6) 利用 SNS 社交推广(论坛、QQ 空间)。

在完成最初的用户积累后,通过对微信的日常维护,可以将优惠信息推送给用户,刺激其二次消费;可以通过微信和用户互动,提升顾客活跃度;可以推送美文,通过软性的营销手段,塑造企业品牌形象,提升品牌在顾客心中的形象。

五、微信公众号的推送技巧

要做好微信营销,所推送的内容除了要与酒店特点紧密结合外,还应该从用户的角度去着想,而不是一味地推送乏味的酒店信息。因为微信公众号不是为酒店服务的,而是为用户服务的。用户只有从微信公众号中获得想要的信息,才会更加忠实于它,接下来的销售才会变得顺利。

1. 推送原则

酒店利用微信公众号向用户推送图文信息时,对推送时间及内容应把握好以下三点原则。

(1) 对酒店准确定位,根据酒店主题特色和用户群特点确立文章风格。

(2) 根据用户休闲时间,确定微信文章推送时间,及时互动可提高用户黏性。

(3) 定期进行图文分析、用户分析、为后续文章的推送和客户群关系的维护提供参考。

2. 推送的注意事项

向用户频繁地推送消息,可以提高酒店的曝光率,但也可能招致用户的反感,导致用户取消关注。因此,酒店在推送内容时需要经过仔细选择,及时分析微信数据,根据数据调整微信推送的内容、频率及时间。

酒店推送图文消息不可忽视的细节

一、推送时间要与客人休闲时间吻合

文章的推送周期最好是每周1次,这样不会打扰客人。如遇节假日推送促销活动信息等,可增加推送次数,或以多图文形式推送。

每周推送的时间最好能固定,利用休闲或碎片化时间,培养客人的阅读习惯,且不会被网络信息快速覆盖。推送公众号文章最好的四个时间段为 7:00—8:00、12:00—13:00、18:00—19:00、21:00—22:30。

二、文章标题要吸引人

标题分为主标题和副标题,在海量的信息中,要让客人在3秒内就决定是否打开该文章,标题的重要性在50%以上。

1. 标题形式

(1) 标题越简洁,越能快速被人解读。

(2) 标题字数尽量控制在13个字以内。

(3) 标题可添加"【】"来凸显关键字,或简洁的"|",但不要有过于烦琐、奇怪的符号。

2. 标题类型

(1) 以"悬"引人。标题埋下伏笔,增加趣味性、启发性和悬念感,引发客人阅读正文的欲望,如"酒店人职业病到底有多可怕?"

(2) 以"利"诱人。在标题中直接指明利益点,如"注册酒店会员即可享受99元特价房"。

(3) 以"情"动人。文章标题抓住一个"情"字,用"情"来感动客人,如"3年的辛苦付出,一份让她泪流满面的礼物"。

(4) 借"热点"。抓住热门事件、节假日热点,吸引客人关注,如"春节客房预订火爆的酒店居然是这家!"可以借助百度搜索风云榜、搜狗微信搜索来捕捉热点。

(5) 列数字。数字给人可靠、权威的感觉，可以营造视觉冲击力，吸引眼球，如"2天时间，这家酒店预订额超过×万元！"。

三、文章内容要符合酒店特色

文章避开敏感、带有政治色彩的词汇，将积极、阳光、健康的内容推送给客人。

1. 文章的类型

酒店推送文章的类型可包括以下几类。

(1) 酒店推出的促销、优惠、打折等活动，提高客人黏性。
(2) 客人住店体验，真切的感受更打动消费者。
(3) 当地景区、美食、娱乐等介绍，丰富公众号的趣味性。
(4) 酒店经营中的小故事，提升酒店形象，扩大影响力。

文章要层次清楚、简洁流畅，可融入一些趣味元素。开头要有代入感，激发客人阅读的兴趣；中间部分简明扼要地向客人传达信息；结尾呼应开头，刺激客人预订酒店等；文章底端设置酒店二维码，提醒客人扫码关注；"阅读原文"里可设置酒店预订页面链接，引导客人快速下单。

2. 文章的排版

文章排版风格要统一，简洁美观。可以直接利用微信后台的编辑器进行排版，还可利用第三方平台排版工具，复制编辑好的内容直粘贴到微信后台。

四、及时互动可提高用户黏性

微信公众号有两个窗口可以与客人互动：消息管理和留言管理。消息管理中的信息是客人直接在公众号输入的信息(48小时内回复，过期将无法回复)，留言管理是客人在推送的公众号文章后进行的留言。

酒店前台可担任客服的工作，互动时要为自己起一个好听好记、亲切感强的名字，如"小呼"，在轮班时对客人信息进行回复。

五、定期分析效果，让运营更精准

每周对公众号图文和用户的数据进行统计分析，为后续文章推送内容、时间等提供优化指导。

(1) 用户分析。分析用户增长量，包括最近7天内新增、取消关注人数，净增、累计人数和用户属性(男女比例、省份和城市分布情况)。

(2) 图文分析。可分析客人阅读文章是通过公众号直接打开，还是通过好友转发，以此来调整文章标题和内容。

任务三　个人微信号营销

微信作为人们重要的交流工具，使用率在不断提高。在微信上与常态客户或者潜在客户交流，无论是平常的闲聊或是介绍产品、商谈交易，都是很好的营销方式。酒店营销人员做好个人微信号的营销，可以按图2-1所示的策略。

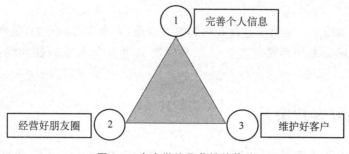

图 2-1 个人微信号营销的策略

一、完善个人信息

(1) 选择正确的头像。个人微信号营销需要先塑造个人形象,再推销服务,营销人员可以将真实的自己展现给对方。真实的头像能够在添加陌生人时增加通过率。最好不要使用卡通图片、美颜后的自拍、宠物作为头像。

(2) 起合适的名字。与头像一样,名字也能将最真实的自己展现给对方,所以理想的方式就是大方地将自己的真实姓名设为微信名。也可以使用自己的英文名以及小名,这样会更有亲切感,且容易记忆,前提是英文名或者小名在生活中、工作中是广为人知的。另外,虽然加上"AAA"在名字前很容易将自己的联系方式放在通信录靠前的位置。但是这种方式特别容易被客户屏蔽。某些字母客户根本不知道什么意思,而"销售"字样在加好友时则容易被拒绝。

(3) 用个性签名来做广告。个性签名在微信设置中比较不起眼,但是对营销型的微信来说,却可利用文字给自己做广告,同时将自己的联系方式、简介直接展示出来。在平时维护中可以定期更新个性签名,发布酒店最新活动以及优惠信息。

二、经营好朋友圈

个人微信号营销时,经营好朋友圈至关重要。一般来说,适合朋友圈发布的主要有以下内容。

(1) 生活、娱乐。这类内容是希望让对方多了解自己,并让对方真切地感受到与其微信聊天的是一个人而不是一个销售机器。

(2) 产品常识。这类内容是希望给对方带来比较专业的感觉。

(3) 个人销售业绩或个人荣誉。这类内容可以让对方感觉到营销人员专业可信,通过被对方认可,获取对方信任。

(4) 客户服务经历。这类内容是指亲自帮客户处理问题的经过以及结果,最好配上图片,塑造有服务精神、能提供优质服务的形象。

(5) 客户的感谢短信。这类内容是指将客户的感谢短信截屏后发布在朋友圈,配上自己的感言,并在回复中写明客户感谢的内容,用更多的服务故事打造自己服务周到的专业形象。

(6) 最新行业资讯。这类内容是本行业的政策变化、市场前景,体现自己在行业中比较资深的形象。

(7) 活动促销信息。这类信息旨在引起客户兴趣,带来沟通的机会,进而促进销售。

(8) 新闻热点话题及其他。这类信息希望增加微信个人号的趣味性,增加对方的关注度。

三、维系好客户关系

酒店营销人员在维系客户关系的过程中常出现的几种情况与对策,如表 2-2 所示。

表 2-2　维系客户关系的对策

情　　况	对　　策
客户开了微信也知道你有微信,互为好友却很少联系	说明你们关系很一般,没有沟通的欲望,这时就要多做努力,节日发一些祝福,平常发一些关怀的信息,拉近双方的关系
你主动加客户,也报了姓名,但没有回应	说明你对他是可有可无的,不用心急,不必频繁跟其联系,常关注其朋友圈,储备好知识,找一个好的时机跟他讨论分享的内容
对方很在意你的朋友圈分享,常点赞,但从不说话	这时如果你主动沟通,得到积极回应,说明其对你是无防御的;否则,说明你目前处于弱势,可向他分享一些有价值的信息
你经常关注对方朋友圈,会点赞或评论他的分享,每次或多次都有及时回应	说明他不厌烦你,并尊重你,但若得不到顾客的及时反馈,说明对方并不希望与你有过多联系,可等待机会与其联系
如果对方从未对你有点赞与评论	说明他对你重视不够,或不愿与你有瓜葛,以免不必要的麻烦,此时不要频繁联系,提高自己的信息发布质量
如果给对方发信息,弹出身份验证	说明你已经被对方从微信通讯录里删除,在对方眼里你已经是一名陌生人,回想一下是不是过于频繁骚扰客户,甚至在顾客提醒之后依旧我行我素
如果你发给对方的信息被拒收	说明你已经被对方拉入黑名单,成为不受对方欢迎的人,这可能是因为骚扰、发广告的频率太高。想要把客户的钱放入你的口袋,需要建立强大的信赖感

个人微信号如何与客人私聊

个人微信号,顾名思义就是个人的联系号码,酒店和客人之间是一对一的私人交流方式,又称私聊。

开展私聊可参考以下内容。

1. 私聊前的准备

在准备与客人私聊的时候,可以根据自己对客人的判断,先对目标客人的信息和备注进行了解,然后浏览对方的朋友圈,确定近期的生活情况、工作状态、兴趣爱好等。

2. 从关心对方开始

私聊开始的关心与问候是不可或缺的,可以从对方的近况切入,适当聊聊对方感兴趣的话题。聊天也能聊出对方需求,让客人感受到我们的真诚与耐心。

3. 输出价值提供"干货"

私聊到一定阶段,可以围绕出差、住宿等话题输出价值,产生共鸣后逐步提供有价值的"干货"。一对一的私聊互动虽然看起来很慢,但效果非常好。

任务四 微信小程序营销

一、微信小程序的特点

微信小程序的兴起对酒店行业来说又增加了一个营销推广的有效渠道。微信小程序是一种不需要下载安装即可使用的应用。全面开放申请后,主体类型为企业、政府、媒体、其他组织或个人的开发者,均可申请注册小程序。微信小程序、微信订阅号、微信服务号、微信企业号是并行的体系。

微信小程序是一项创新,经过这几年的发展,已经构造了新的微信小程序开发环境和开发者生态。据统计,微信小程序应用数量超过了100万个,覆盖200多个细分的行业,日活跃用户达到2亿人。

微信小程序的特点包括无须安装、触手可及、用完即走、无须卸载。用户扫描二维码或搜索关键词即可打开应用,不用担心是否安装太多应用的问题。

二、微信小程序的优势

微信小程序的优势如表2-3所示。

表2-3 微信小程序的优势

优 势	具 体 说 明
体现酒店主题或特色	以一键连WiFi接入服务界面,增加酒店关注度、美誉度,最终达到客人增加停留时间,增加酒店收益的目的;少量广告费投入,获得更高回报;随时可以调用适合酒店当下场景的合作伙伴,提高酒店经营业绩
增加在店客人平均消费	酒店可将客房、餐饮、SPA、娱乐、健身、特产等,在小程序中通过精美的图文促销点评、捆绑打包、免费试用等方式,提升曝光度和转化率,提高客房平均消费
满足客人个性化需求	如酒店微服务提供客房布草、睡眠测试、灯光音乐等个性化服务,客人可根据自身的喜好选择合适自己的枕头、小电器、智能硬件等,销售客房时可作为卖点,打造个性化房型,提升客户满意度和产品价值
实现设备资源共享,降低采购成本	可对空气净化器、干衣机、电暖机、耳机、加湿器等非标配设备实现资源共享,客人通过服务软件通知服务员即可选购,避免大量采购增加客房成本

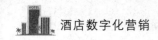

续表

优　势	具体说明
体验式购物,额外增加收入	供应商提供样品给客人免费体验,客人体验好可购买回家,厂家负责发货,酒店得到分成
客人服务请求迅速响应	客人无须拨打电话,酒店无须接听电话,特别是在入住高峰时期,通过楼层、物品、时间匹配,服务员能在手机上及时接收客人服务请求,并安排处理,提升运营效率
更环保,更及时实现酒店O2O	电子化菜单,可根据市场需求随时修改促销政策,节省大量纸质宣传册损耗,让客人在线上下单,店内得到服务
记录客人喜好,收集客人反馈	后台自动记录客人消费记录及喜好,以便下次客人到店时做好个性化服务,提升客人对酒店服务的认同感

三、微信小程序的应用场景

在酒店微信小程序功能丰富、市场普遍认可及乐意接受的环境下,酒店的小程序可以布局以下实际应用场景。

(1) 酒店介绍,展示酒店相关文化、场景布置的照片、酒店发展的历程等,全方位展示酒店文化,获取客人的进一步认可,树立良好的形象,有利于更好推动活动。

(2) 品牌介绍,介绍酒店的品牌历程以及酒店的相关特色,向客人清晰展示酒店品牌故事,加深印象,宣传酒店品牌,增强用户黏性。

(3) 建议反馈,对酒店提供的产品和服务进行意见反馈,并留下客人的联系方式,听取客人的意见,改进运营方案,与客人形成良好的互动关系,重视客人意见,提高客人体验。

(4) 在线咨询,直接在小程序页面展示酒店的微信和客服电话,与客人直接联系,一触即达,及时捕捉客人需求,解决客人疑惑,展现高度专业的优质服务。

(5) 位置导航,展示酒店位置信息,包括门店分布、具体位置及详细布局等,客人直接点击即可实现导航。客人可根据小程序提供的地址信息选择交通工具,选择可迅速到达酒店的路线。

(6) 预约入住,客人可以预约入住时间段,还可以对预约所选的房间套餐等进行自由设定,为客人提供了灵活的时间准备以及日程的有效安排,提高客人体验。

如何打造一款有用的酒店小程序

1. 设置附近的小程序,宣传酒店企业文化

设置附近的小程序,让客人可以快速查询酒店的基本信息和具体位置,快速了解酒店的风格和设施。

2. 一键操作,提高效率

设置预定、入住、退房一键操作功能,客人可在小程序办理手续,在线支付费用,无须在前台办理登记,省去排队的时间。可通过小程序,利用手机的蓝牙功能打开房门,方便客人,

也提升酒店的管理效率和办事效率。

3. 增加客人可消费范围，提高酒店收益

酒店可将餐饮、SPA、零食、饮料、生活用品、枕头、菜单等服务，以及酒店周边美食、活动、娱乐、特产等，在小程序通过精美的图文、促销点评、捆绑打包、免费试用等方式提升曝光度及转化率，提高客房平均消费额。

4. 收集客人住店感受和喜好

客人退房后可在小程序上发表自己的入住感受和酒店需改进的建议，增加与客人的互动，并且后台自动记录客人消费记录及喜好，以便下次客人到店时做好个性化服务，提升客人对酒店服务的认同感。

5. 会员＋积分＋优惠券

客人使用一次酒店小程序入住酒店即可成为会员，后续在酒店小程序任何的消费都会累计积分，积分可兑换相应的优惠券（入住酒店时可使用），引导客人日后多次消费。

6. 服务指南，满足需求

客人第一次进入酒店的时候，对酒店的很多地方都不是特别了解。酒店小程序内的服务指南功能，可以让客人在最短的时间内了解酒店，熟悉酒店内的每一个事物。酒店小程序内的服务指南能够大大减少酒店人员的工作量，也能够更方便客人，满足需求。

7. 一键呼叫，快速响应

对有急事的客人来说，酒店小程序内的一键呼叫是特别有用的一个功能。让客人在最短的时间内获得想要的服务，是设置一键呼叫的原因。最大可能满足客人需求，提高客人满意度，是酒店小程序一键呼叫的设置宗旨。

项目小结

本项目主要介绍了微信营销的定义；列举了微信营销的优势；介绍了微信营销的方式；分析了微信营销的价值和策略；解释了微信公众号运营的要求；阐述了微信公众号营销的策略；推荐了微信公众号的引流技巧；说明了微信公众号图文推送的原则；介绍了个人微信号营销的策略；论述了微信小程序的应用场景；总结了微信小程序的特点和优势。

案例分析

维也纳酒店的微信营销

维也纳酒店很早就看到了微信服务号强大的智能服务接口，果断升级服务号，申请并使用微信各大高级接口开发功能服务客户。移动端注重的是客户体验，维也纳酒店通过自定义菜单的深度优化和闭环管理思维，不断提升平台的客户体验，有效激活了平台会员的消费黏性和活跃度。

首先，开发预订系统，与PC官网打通，实现微信预订，通过"微信预订立减20元"差异待遇进行流量引导和转化。其次，设计每日签到闭环系统，娱乐和让利双重驱动，让维也纳酒店的会员留在微信平台上，并得到愉快和实惠。微信的自助服务使维也纳酒店订房各环节实现信息一体化和智能化，有效提高客户体验和平台消费黏性。目前维也纳酒店通过微信日均订房超过1 000间，结合维也纳酒店服务号的关注量来讲，这一转化率在业内是名列前茅的。

请根据以上案例,回答以下问题。

维也纳酒店通过微信营销取得了什么效果?

项目练习

一、简答题

1. 简述微信营销的定义。
2. 简述微信营销的优势。
3. 简述微信营销的方式。
4. 简述微信营销的价值。
5. 简述微信营销的策略。

二、思考题

1. 微信公众号有哪些营销策略?
2. 微信公众号有哪些引流的技巧?
3. 微信公众号有哪些图文推送的原则?
4. 个人微信号有哪些营销策略?
5. 微信小程序的特点有哪些?
6. 微信小程序的优势有哪些?
7. 微信小程序的应用场景有哪些?

三、运用能力训练

训练目的:实际体验与认知酒店微信营销的运营和管理,了解酒店微信营销的具体应用与实践。

内容与要求:

(1) 把学生分为若干个小组,每个小组 5~10 人。
(2) 分组参观当地不同的星级酒店。
(3) 了解各星级酒店微信营销的策略和方式。
(4) 分析各星级的微信营销的策略和方式。
(5) 最后由教师点评总结。

项目三

微博营销

知识目标

1. 了解微博的定义和特点。
2. 了解微博营销的概念和作用。
3. 了解微博营销的分类和特点。
4. 理解微博营销的策略。
5. 熟悉微博营销的技巧。
6. 熟悉获得关注的技巧。

能力目标

1. 能够理解微博营销的概念。
2. 能够运用微博营销的策略。
3. 能够掌握微博营销的技巧。
4. 能够掌握获得关注的技巧。

任务分解

任务一　微博营销的概念
任务二　微博营销的策略
任务三　微博营销的技巧

酒店数字化营销

> **任务导入**
>
> ### 郑州山西乔东家酒店微博营销
>
> **主题切入，引发关注**
>
> 山西乔东家开业活动的主题是"来乔东家，我做东"，其中微博活动主题为"和谁一起晚餐"。看到这两个主题，我们会想起"谁来一起午餐""免费的午餐"等我们熟知的一些词语，这个活动主题给我们的第一个感觉是不陌生的，在微博上传播可以引起关注。同时，这两个主题可以引发我们的想象，如"我做东"中的"我"到底是谁？有人做东我们是不是可以免费去吃？活动主题和微博活动主题可以有效引起关注者的联想，吸引他们转发、评论。在微博营销中，有一个富有创意、主旨鲜明的活动主题非常重要。
>
> **挖掘品牌特色，传播山西美食文化，微博送醋预热**
>
> 在活动前十天开始，山西乔东家酒店官方微博以"来乔东家，我做东，邀您品尝山西美食"为微博内容编撰主题，讲述莜面栲栳栳、榆次蒸酥鸡、浑源凉粉、平遥牛肉、过油肉等山西特色美食的渊源，配上诱人的图片，传播山西美食，做好活动的前期铺垫。
>
> 同时，山西乔东家酒店以"和谁一起晚餐"为主题，邀请网友以"收听＋转发写评论＋@好友"的方式开展有奖转发活动。微博活动中最常见的形式便是有奖转发，规则简单，易参与。在这个过程中，山西乔东家酒店的官方微博的关注人数快速增长，同时挖掘山西美食文化——山西陈醋为传播点，有效引发大家的转发与讨论。这个活动也成功地吸引山西水塔醋进行合作。
>
> **借力微博名人，定位郑州区域传播**
>
> 山西乔东家酒店新浪微博在活动开始前只有几百"粉丝"量。大家都知道，微博的被关注量直接影响信息传播的广度，那么山西乔东家酒店是如何有效传播开业信息的呢？山西乔东家酒店围绕"和谁一起晚餐"活动主题，在"谁"这个节点上做文章，成功邀请了郑州微博圈的多位名人，每个微博名人的专场晚餐前三天，山西乔东家酒店的官方微博会发出微博名人专场晚餐的主题帖，然后邀请微博名人对主题帖进行评论转发，借力微博名人的微博影响力，扩大了信息传播范围。微博传播范围越广，被转载的可能性就越大，因转载而形成的第二次阅读甚至第三次阅读的可能性也就相应变大。山西乔东家酒店借力这次活动，提高了信息后期传播的广度和影响力。这六位微博名人分属郑州不同行业，他们的"粉丝"大部分都是郑州的，在传播上既可以覆盖郑州地区，又保证了人群的广度。同时，每场的十位幸运"粉丝"也有效做到了活动信息及山西乔东家特色美食的二次传播。

任务一　微博营销的概念

一、数字化营销环境下的微博

（一）微博的定义

微博是微型博客的简称，是一种基于用户关系信息分享、传播以及获取的，通过关注机制分享简短实时信息的广播式社交媒体、网络平台。用户可以通过 PC、手机等多种终端接入微博,以文字、图片、视频等多媒体形式,实现信息的即时分享、传播互动。

微博作为一种分享和交流平台,非常注重时效性和随意性,使用户更能表达每时每刻的想法和最新动态,而博客则更偏重于让用户梳理在一段时间内的所见、所闻、所感。用户可以通过客户端组建个人社区,以 140 字(包括标点符号)的文字发布信息,并实现即时分享。微博的关注机制分为单向、双向两种。2014 年 3 月 27 日晚间,在中国微博领域一枝独秀的新浪微博宣布改名为"微博",并推出了新的 Logo 标识,新浪色彩逐步淡化。微博包括新浪微博、腾讯微博、网易微博、搜狐微博等,但如若没有特别说明,微博就是指新浪微博。

(二) 微博的特点

1. 便捷性高

目前,国内各大微博服务商的微博客户端都免费供用户下载使用,客户端低门槛的使用权限奠定了微博高速扩散的基础。用户在使用微博的过程中,不需要运用太多的逻辑思维来组织文章内容,不需要复杂高端的技术操作,只要会使用智能手机、会发短信就能使用微博,随时随地,一句话、几个字、一张图片、一条链接就可以实现互动交流,便捷性显而易见。另外,随着手机、平板电脑等智能终端的普及,网络覆盖面的扩大,以及微博客户端的日趋人性化,用户对微博移动客户端的下载需求日益增长。通过使用微博移动客户端,用户能充分利用碎片化时间来浏览、发布信息,这给用户带来了便捷地浏览社交信息的优势。

2. 互动性强

大量微博以"转发"或"转发+评论"的方式进行互动和传播。用户间单向的关注与被关注身份,决定了大多数用户在事件或信息传播中扮演围观者和倾听者的角色。任何人都可以在围观的过程中添加评论,让自己的评论成为源信息的一部分。这些评论由于附加在源信息上,也会得到一定的关注,获得相应的围观者与倾听者。这样既能保证个人即时发布信息,又能通过互动评论把外界信息引导进来。微博还能在传递中不断增加信息量,吸引更大数量的关注。

3. 开放性强

微博面向用户的开放程度很高,用户只需拥有智能手机,会简单的文字输入即可参与;从传播内容的角度来看,微博传播的内容兼具开放性与包容性,覆盖范围极广,从国际关系到国家政策,从资源分配到金融财经,从社会民生到娱乐趣闻,无所不包,无所不有;用户通过点赞、评论与转发进行互动,不论是否关注企业的官方微博,用户均可在其微博下方自由表达观点,也可随时随地点赞和转发,这也在一定程度上增加了信息再传播的可能性。

4. 内容碎片化

新型网络媒介的崛起使信息传播渠道激增,信息量呈现爆炸式的增长,人们的思考和表达方式也相应发生改变,不再要求信息的完整性,转而接受一种更加碎片化的表达方式。微博本身短小的篇幅恰恰迎合了这种需求,它不需要深厚的文字功底和表达技巧,可以随时随地用简短的话语表达心情、发布消息。微博的内容呈现碎片化的特点,用户不用过多地考虑谋篇布局,就可以畅所欲言,一句话、几个字都可以成为一条微博。

5. 高速的传播模式

在开放的微博平台上,每个人都有一个社交圈,在这个社交圈中的每个人都有各自的社交圈。一条微博可以通过一个人传给他的社交圈,这个社交圈的任何一个人都有可能将信息传给他的社交圈。微博将传统的"1 to n"模式推向高层的"1 to n to n",一人传给多人,再以多人中的每一个人为中心呈放射式高速传播。在这种模式中,每个人既是信息的发布者,又是信息的接收者,在生产信息的同时又消费信息。

6. 信息的即时性

微博用户可以在最短的时间内,以最少的字符随时随地发送所见所闻所感,微博与移动设备(如手机,平板电脑等)的绑定,使用户可以不受时间和空间的限制,赋予了微博无与伦比的即时性。由此,微博不止一次地走在传统媒体的前面,最先将消息公之于众,并为新闻提供线索。信息的即时性让微博成为新闻发布的重要阵地。

二、微博营销的定义及分类

(一)微博营销的定义

微博营销是借助微博这一平台进行的包括品牌推广、活动策划、个人形象包装和产品宣传等一系列的营销活动。

微博营销是指通过微博平台为商家、个人等创造价值而执行的一种营销方式,也指商家或个人通过微博平台发现并满足用户的各类需求的商业行为方式。微博营销以微博作为营销平台,每一个用户都是潜在的营销对象,企业利用更新自己的微博向网友传播企业信息、产品信息,树立良好的企业形象和产品形象。

企业每天更新微博内容就可以跟大家交流互动,或者发布大家感兴趣的话题来吸引关注,这样就可以达到营销的目的,实现微博营销。微博营销注重价值的传递、内容的互动、系统的布局、准确的定位,微博的火热发展也使其营销效果尤为显著。微博营销涉及的范围包括认证、有效"粉丝"、朋友、话题、开放平台、整体运营等。

(二)微博营销的分类

1. 个人微博营销

很多个人微博营销是由个人本身的知名度来得到别人的关注和了解的,以明星、成功商人或者是社会中比较成功的人士为例,他们运用微博往往是通过这样一个媒介来让自己的关注者进一步了解自己和喜欢自己,微博在他们手中更多的是抒发感情,功利性的目的并不是很明显,他们的宣传工作一般是由其他人转发评论来达到营销效果的。

2. 企业微博营销

企业一般以营利为目的,它们运用微博往往是想通过微博来增加自己的知名度,达到能够将自己的产品卖出去的目的。企业微博营销要难许多,因为知名度有限,短短的微博不能给消费者一个直观的理解商品的机会,而且微博更新速度快,信息量大,企业进行微博营销时,难以建立起自己固定的消费群体。这需要企业与消费者多交流,多互动,多做宣传工作。

3. 行业资讯微博营销

行业资讯微博是发布行业资讯为主要内容，往往可以吸引众多用户关注，类似于通过电子邮件订阅的电子刊物。行业资讯微博内容是营销的载体，订阅用户数量决定了其网络营销价值。因此，运营行业资讯微博与运营一个行业资讯网站在很多方面是类似的，需要在内容策划及传播方面迎合用户的需求。

三、微博营销的特点

1. 成本低

微博发布门槛低，成本远小于广告，效果却很好。微博营销只需要发布简短的信息，远比博客容易，对同样效果的广告来说更加经济。与传统的大众媒体（报纸、流媒体、电视等）相比，微博受众广泛，前期一次性投入，后期维护成本低，节省了推广费用，节约了人力和时间成本。在微博上，企业可以发布相关的文稿、图片、视频或者网站链接，免费进行产品宣传。

2. 广泛性

微博信息支持各种平台，包括手机、计算机与其他传统媒体。同时，微博的传播方式具有多样性，转发非常方便，影响非常广泛。另外，利用名人效应，微博能够使事件的传播量成倍放大，传播效果好，速度快，覆盖范围广。

3. 立体化

消费者购买产品前往往需要了解产品，在传递产品信息时，谁能做到将信息具象呈现，谁就可能激发消费者的购买欲望，进而使消费者坚定购买信心并采取购买行动。微博营销可以借助先进的多媒体技术手段（如文字、图片、视频等）对产品进行描述，具有视觉上的直观性和冲击力，使消费者能够全面地了解有关产品和品牌的信息。

4. 便捷性

微博操作简单，信息发布便捷，只需要简单的构思，就可以完成一条信息的发布。这比发布博客方便得多，构思一篇好博文要花费很多时间与精力。微博只需要编写好140字以内的文案即可发布，节约了大量的时间和成本。

5. 互动性

微博营销的互动性首先体现在给消费者提供发言的机会，其次可以直接为特定的潜在目标消费者量身定制个性化的信息，使企业的网络营销活动更富有针对性和人情味。微博具有社交网络的开放性，用户可以对企业微博进行评论、转发等，企业则可以通过对用户的回复，让用户感受到企业的人情味和趣味性，增强营销效果，及时获得用户反馈。

6. 高速度

微博最显著特征之一就是其传播迅速，一条微博在触发微博引爆点后短时间内就可以通过转发抵达微博世界的每一个角落，迅速获得大量阅读者。

四、微博营销的作用

微博作为一个即时共享、传播及获取信息的平台和即时社交的网络媒体形式，影响力不断扩大。对酒店来说,微博营销具有以下作用。

1. 顾客关系管理的新方式

信息的即时性使微博在顾客关系管理方面具有得天独厚的优势,酒店可以利用微博回应客人的需求,处理客人的投诉和建议,及时消除客人的不满,树立酒店的正面形象。

2. 产品发布与形象展示的新途径

微博作为一种新的沟通工具,具有人性化的特点。酒店可以将品牌个性融入官方微博中,对酒店的品牌价值和特性进行深度诠释,使酒店微博具有独特的性格特征,让客人感觉更亲近、更亲切。

3. 产品预订的新渠道

目前国内已经有部分酒店通过微博私信和客人互动,实现了初步的微博线上订房、订餐功能。但微博预订需要考虑市场细分定位,由于年轻人使用手机访问微博的频率比较高,经济型酒店可以考虑该渠道。

五、微博营销的模式

微博的火热预示"移动互联网的 SNS 时代"已经到来,传播方式的变革已经到来,众多企业开始关注、摸索微博营销,如何有效利用这一火爆的网络工具成为各大企业关心的核心问题。微博营销是一项系统工程,以下简要介绍微博营销的 8 种操作模式。

1. 品牌及产品曝光

一些比较大企业经营微博的目标是希望通过微博来塑造品牌。这些企业通过微博发布品牌信息,与客户建立关系,为品牌服务。例如,某咖啡品牌在微博上发布近期的活动以及新品等品牌信息,开展金秋咖啡季、有奖问答、咖啡体验等活动,注重客户关系维系,和网友的互动:"咖啡的七种香气,品尝不同咖啡时,总有几种香气会强烈地窜出来""咖啡的七种香气,你能说出几种",诸如此类的巧妙互动数不胜数,引发大量网友的转发评论。

2. 互动营销活动

互动是微博营销的精髓。在微博上,人情味、趣味性、利益性、个性化是引发网友互动的要点。例如,进入某咖啡品牌的微博,博文是和咖啡生活相关的图文,或是温情慰问,如"早上好,早餐综合咖啡开启清新一天,你的清晨从什么开始",就像是朋友的慰问一样,容易激发大家评论、转发的热情。

在广告和传播学中,人情味分数 = $3.365 \times$ 每百字中的人称词数目 + $0.314 \times$ 每百句中的人称词数目,人情味分数越高,广告或者新闻传播就越广泛迅速。所以,在微博上,企业一定要体现人性化,与用户进行"朋友式的交流"。

3. 在线客户服务

微博具备全天候、即时性、一对多等服务特性,为酒店客服打开了一个全新的窗口。酒店在进入微博的第一时间就需要建立一个客服账号,这个账号是酒店的权威发言人。利用客服账号,酒店可以进行售前咨询、售后咨询、产品调查等。客服账号是快速响应的账号,酒店名称出现在哪里,这个账号就应该出现在哪里。

4. CRM 顾客/用户关系管理

微博相较于传统的 SNS、BBS 和博客,传播速度、传播范围和影响力都大得多。酒店可以通过微博和用户建立联系,加强沟通,提高用户关注度,服务用户,提升用户体验等。微博客服可以每天分享自己的心情和用户,用户会通过与自己喜爱的客服保持联系,与酒店形成更亲密的关系。

5. 硬广形式

微博允许个人用户通过在个人页面中插入广告获利,用户可以自主邀请广告主购买个人网页的广告位,双方协商投放时间和收取费用;还可以请明星、名人代言品牌,转发产品广告,获得较高关注度。

6. 搜索引擎优化

现在百度搜索引擎已经把微博的内容放到了搜索结果页,说明微博的影响力正在扩大。对日访问量 10 000 以下的小型网站来说,要吸引相同数量的陌生访客,微博营销的成本比搜索引擎优化和搜索引擎广告投放低很多。利用微博进行搜索引擎优化的方法是把某篇值得关注的新闻,发布到需要营销的网站,提炼新闻点,做成微博。在微博里附带上该篇新闻在目标营销网站上的链接,使用热门微博 ID 发出,在有经验的流量优化人员操作下,一篇这样的微博可以为网站带来较高的访问量。

另外,酒店应在短短 140 个字的微博文章中,有重点地突出微博站内搜索、文章阅读性、站外搜索引擎搜索各项因素,如名称一定要使用酒店名称或产品名称,这样微博链接、微博标题会有排名加分。

7. 植入式营销

微博是植入式广告的最好载体之一,通过一幅照片、一个话题、一个故事,可以立即引发成千上万个网友的关注和讨论,而在这些照片、话题、故事中植入品牌或产品,便能在不知不觉中影响消费者的选择。

8. 舆情监测

社会化媒体的到来,使每个草根用户都拥有了自己的发声渠道,每个人都是一个媒体。微博最可能成为引发舆情的信息源,在企业的口碑监测和危机公关方面具有极大的利用价值。企业需要实时监测受众对品牌或产品的评论及疑问,如企业遇到危机事件,可通过微博对负面新闻进行及时的、正面的引导,使搜索引擎中的有关负面消息尽快淹没,使企业的损失降至最低。

知识拓展

微博曝光高端酒店卫生问题

微博博主花某曝光了 14 家高端酒店的卫生问题,包括上海璞丽酒店和北京王府半岛酒店在内的 14 家酒店公开致歉,承认保洁工作存在问题。

上海璞丽酒店回应称,事发至今,酒店进行了深入的调查。对于此次事件,酒店诚挚致歉,酒店内部将加大监督力度,并一如既往地严格遵守国家规定的公共场所卫生管理条例,严格执行符合标准的内部流程制度。

王府半岛酒店称,酒店第一时间着手内部调查,愿意接受公众建议和政府监管,并对此次事件造成的纷扰表示歉意,愿意继续一丝不苟地落实服务标准程序,以此确保各方面符合半岛酒店的既定品质。

对于酒店的回应,花某认为,重要的是酒店发现问题后能不能整改,例如把杯具回收清洗消毒,希望酒店不要把此次事件仅当成公关危机处理,而是要让规则得到落实。

六、微博营销的价值

(一)提升酒店品牌知名度

微博营销作为数字化时代的一种重要营销形式,逐渐成为企业进行品牌形象塑造,宣传酒店产品的重要途径。微博营销具有重要的价值,在酒店市场同质化的竞争中,唯有传播才能够创造出差异化的酒店品牌竞争优势。微博是树立、推广酒店品牌最好的平台。当酒店企业在微博上以官方身份出现时,本身就是一次在大众前的自我曝光和宣传。当然,酒店在微博上介绍新产品,推出新服务,或者利用品牌代言人的微博来发布产品介绍,也是企业进行营销和推广的方式。

借助独一无二的交互方式和多渠道的传播方式,微博能够实现企业与用户之间的对话。微博上的"粉丝"往往是主动跟随者,酒店企业获得用户的认同、取得关注,不仅能够增加用户的信任感,保证对话的质量,而且能提高产品和品牌的知名度与美誉度。

(二)维护和管理客户关系

微博的直接性和互动性使酒店企业可以很好地获得客户反馈,增加获取客户需求的机会,与客户建立密切联系。酒店可以通过微博平台开展售前和售后的服务,以此来优化客户体验,同时节省服务成本。微博不仅是酒店和客户之间沟通的桥梁,而且是客户与客户之间互相交流、沟通、分享的平台。

随着信息获取渠道的多元化,客户的反馈意愿也逐渐增强,这迫使酒店企业由以往的引导式沟通向倾听式沟通转变。微博所具有的互动性,使客户可以在微博上畅所欲言,酒店可以利用微博收集大量真实的客户反馈,可以通过搜索关键词来查看与自身相关的内容和评论,及时对客户的意见和建议作出回复,通过微博平台进行酒店舆情监测,不断改进产品和服务,提升客户的满意度。

(三)实时监测传播效果

微博能使酒店企业获取消费者的兴趣和偏好需求,同时深入了解市场潜在机会以及竞争对手的优势和弱点所在,进行精准营销,向客户提供具有竞争力的产品和服务,为客户创造价值。借助微博,酒店企业可以收集分析客户的评论,获取客户的个人动态和潜在消费意愿。酒店企业还可以在微博上利用第三方应用发起投票和调查,甚至可以针对调查中涉及的问题与用户进行一对一的沟通,提高调查的实时性和互动性以及调查的准确度。

（四）开展危机公关，树立良好形象

微博是酒店企业发布信息的重要渠道。微博以其沟通快速、开放、透明的特点以及相对软性的传播方式，成为酒店企业预防和处理危机的理想工具。首先，酒店可以通过微博及早发现危机的苗头，及时反应，主动沟通，防患于未然；其次，当危机发生后，酒店可以通过微博把事实真相迅速、准确地呈现在公众面前，让公众了解得更全面、更客观；再次，酒店可以通过微博随时掌握公众对危机的反应，表明酒店的态度和立场，防止事态进一步恶化；最后，酒店可以适时发布危机处理过程和结果，安抚公众情绪，重塑企业形象，因此，当酒店企业面临危机事件时，微博是进行危机公关、表明企业态度和立场的一个有效途径，它可以使企业免遭危机事件的不良影响，甚至创造良好的企业形象。

（五）传播与推广新产品

酒店企业可以通过社会化媒体平台的新品发布会、有奖问答、互动、主题征文、抢沙发或者一些噱头来推广新品。随着社交媒体的深入发展，以平台为载体的互动精准广告等传播手段可能会引起客户的关注。

（六）开展售后服务

酒店可以开设承担不同职能的账号进行系统的品牌塑造，开设售后服务的账号就可以引导公众与售后服务部门进行沟通，而售后服务部门也能及时地回应跟进社会化媒体上发布出来的求助、抱怨，可以让消费者感受到酒店的诚意。售后服务账号的开通的确会帮助消费者更快捷地解决问题，提高消费者的满意度和忠诚度。同时，解决问题的过程可以帮助酒店构建一个知识库，以此积累数据，可以减轻企业后期的维护成本，还可以帮助其他消费者从这个知识库里寻找知识来帮助其他消费者，尤其是从这个系统中获得过帮助和问题应对的消费者。

任务二　微博营销的策略

一、互动营销策略

互动营销策略是指酒店在微博平台上运用正确的方式，在合适的时机建立酒店与消费者之间的良性互动。微博克服了传统媒介平台只有单向信息传播的缺点，酒店可以在微博上通过各种吸引眼球的话题和活动，促使用户积极参与评论和转发。可以说，微博的交互性使其成为酒店与客人之间沟通的桥梁。酒店如果只是单纯将微博当作企业的信息发布平台那是毫无意义的，微博强调的是双向沟通。酒店可以发布一个引人思考的主题，引导用户响应与讨论，培养酒店的忠实用户，用户的转发可以产生连锁效应，将酒店推荐给更多的用户。

酒店利用微博做好互动营销，可以让客人了解酒店企业文化和产品信息，通过对酒店微博的点赞、评论和转发表达自己的态度和观点，帮助酒店完善产品或服务，参与酒店的发展进程，产生作为品牌建设的主人翁的归属感。酒店企业要了解市场需求，把握消费者动态，就需要与消费者进行直接沟通，利用微博的高效性、开放性、交互性等特点积极与广大消费者交流。酒店也可转发一些具有代表性的用户留言、回复，展现酒店与消费者的互动，拉近与用户的距离，提升企业的亲和力。

酒店微博不能仅满足于介绍产品功能、价格以及服务，更要注重让消费者建立起对产品的感官体验和思维认同，利用微博平台开展体验活动，让消费者深入理解和体验品牌内涵，进而认同品牌并逐渐产生购买欲望。

互动营销策略包括以下内容。

1. 扣人心弦的体验主题

微博体验主题要在强调用户体验的同时融入酒店品牌基因。例如，香格里拉酒店集携手新浪微博开展的"我的香格里拉"摄影大赛活动，请微博粉丝透过镜头捕捉香格里拉优雅、自然、宁静、迷人和友爱的精神气质，微博用户踊跃参与，酒店共收到3 000多幅照片，广大用户用镜头捕捉和选择了自己心中的香格里拉，所有照片在北京国贸大酒店、上海浦东香格里拉大酒店、广州香格里拉大酒店和成都香格里拉大酒店巡回展出，吸引更多人成为香格里拉的关注者。

2. 多样化的体验形式

微博体验包括以下体验形式。

（1）主题讨论。博友们可针对特定主题进行充分讨论和沟通，阐述并分享各自观点，不断加深对主题的理解和体会。

（2）图片欣赏与作品创作。图片极具备视觉冲击的效果，用户体验及相关的图片分享，有助于深化酒店客户的品牌体验。比如香格里拉酒店集团开展的"美图与美文"，同大家分享曼谷之旅的美食、美景，受到广泛欢迎。

二、情感营销策略

情感营销策略是指酒店企业运用消费者普遍认可、信赖的人际传播优势，通过在微博平台上对目标用户进行情感分析、定位、互动、巩固等策略，挖掘、调动其情感需求，最终满足目标用户的诉求，实现营销目标。社会化媒体是建立在一定的人际关系链之上的，微博也具有基于人际关系的社会化传播特征，它的关注链条就是建立在相识人群、信任人群或有共同价值观人群之间的。一条微博借助转发、评论等手段，可在这些具有特定联系的社交群体中广泛传播，包含在内容中的情感因素也会随之扩散，这恰恰契合了酒店企业进行情感营销的要求。

酒店进行微博情感营销时，首先，需要进行情感定位，确定微博情感营销的主题及内容。要做到这一点，需要分析大量的顾客信息，确定目标顾客并对其需求进行准确分析，只有这样，确定的情感营销主题才能吸引更多的目标顾客，也更容易使其成为忠诚顾客。其次，情感营销的微博内容需形成一个有独特性格的虚拟情感形象，文字力求亲切自然，贴近顾客。

只有满足顾客情感需求的人性化营销,才会使顾客产生信任感。最后,酒店要利用微博强大的互动性与顾客建立长期的情感联系。通过及时回复顾客的疑问、解决产品问题等积极行为,使顾客逐步产生对酒店的信任与情感,在潜移默化中形成长效营销。

采取情感营销策略时,微博内容要集中关注顾客真正关心的事情,单一的产品促销和广告会让顾客产生厌烦。因此,微博内容应体现情感风格,多采用顾客喜欢的网络语言,如"给力"等,并用口语化的"啊""呀"等语气词及笑脸表情来表达情感。在语言风格上,酒店可以形成富有特色的语言风格,轻松有趣的语言风格更容易引发用户的转发仿效。

酒店微博还可用社会名人、高管、员工或是自创虚拟形象来为酒店代言,如新加坡洲际酒店提出了一个名为"亲朋好友"(friends and family)的计划,鼓励洲际酒店集团在世界各地6 000多家连锁店的员工用每个人的 twitter 来推销酒店客房。所有员工在酒店的内部网上注册以后,都会收到一封电子邮件,上面有一个独特的网站地址链接到每个人的酒店预订页面中。员工们将这个链接转发给亲朋好友,亲朋好友通过链接进入员工的个人页面,便可以员工朋友和家人的折扣价格获得全世界各地洲际酒店的客房预订优惠。这个计划刺激了集团在全球各地的33万名员工参与,大幅增加了客户来源。

三、优质内容策略

优质内容策略是指酒店利用微博发布经过设计的新颖营销事件或关注最近的热门话题,以优质原创内容和互动活动机制获得网友的转发和评论,吸引用户关注,从而达到提升酒店企业知名度、打造企业品牌等营销目的的策略。有了微博这样一个与消费者零距离接触的交流平台,酒店企业的信息与用户体验很容易迅速传播。

好的企业微博就像企业的新闻发言人,发布的信息更具参考价值和可信度,承载了品牌形象推广和监测的功能。因此,微博发布的内容必须是优质的,必须从用户的角度出发,需要满足用户的审美和信息需求。在进行微博内容创作时,企业需要注意以下几点。

(1) 避免单一的说教或者单向的传播,应巧妙利用植入式营销,关注消费者的感受,表现出乐于倾听和沟通的态度,尽量使文字简单、明晰、幽默、独特、口语化并带有时代特色。

(2) 多做互动营销活动。酒店企业在微博上开展的活动对消费者来说非常具有吸引力,要策划活动的类型和方式,改进活动的奖品或者激励措施,才能带来更多的关注、评论和转发。活动如果能做到情感与利益(如奖品)共存,就意味着活动策划较为完美。

(3) 推进在线客户服务,要做到定时、定量、定向发布内容,让消费者养成浏览习惯,在登录微博时能够想看酒店微博的新动态。只有做好在线客户服务才能达到这个境界,酒店要通过微博尽可能持续出现在消费者眼前。在此过程中,优质的内容是关键,只有优质的内容才能吸引网友积极参与。

四、意见领袖策略

活跃在人际传播网络中经常为他人提供信息、观点或建议并对他人施加个人影响的人物称为意见领袖。意见领袖作为媒介信息和影响的中介及过滤环节,可以对大众传播效果产生重要的影响。微博营销中的意见领袖策略是指通过锁定意见领袖,并引导意见领袖讨论和传播与酒店企业或者产品有关的事件话题,快速、广泛地影响其他用户,从而达到提高品牌知名度、增加酒店影响力的营销效果。

在互联网世界,意见领袖掌握着强大的话语权,时刻影响着数以万计的"围观群众",每个意见领袖都有自己的"粉丝群",其中既有名人也有草根。此外,不同领域的意见领袖之间关系密切,一个意见领袖对某一事件的关注,很容易引发互动频繁的其他意见领袖的转发与评论,可以迅速形成集聚效应,大幅增加信息的传播速度,扩大事件的影响力。酒店在使用意见领袖策略时应该注意,只有选取和自己品牌形象相符的意见领袖,才能收到好的效果。

酒店要充分发挥微博中意见领袖的号召力,尽可能让更多的目标顾客主动并且乐意接收酒店所要传达的信息,以提升微博营销的效果。例如,香格里拉酒店集团举办的第二届"我的香格里拉"摄影大赛,邀请了包括著名电影导演、中央美院设计学院教授、复旦大学视觉文化研究中心副主任、著名时尚摄影师和知名媒体人等评委,引发用户对该活动大量留言和转发,用极小的成本吸引了上万微博用户的高度关注,成功实现了宣传推广酒店品牌的目的。

五、多账号矩阵策略

多账号矩阵策略是指企业在微博平台上申请多个微博账号,建立多账号微博传播体系,形成一个强大的传播系统。微博矩阵传播系统有三类:第一类是蒲公英式,适合拥有多个子品牌的集团公司,如万豪酒店集团;第二类是放射式,由一个核心账号统领各分属账号,分属账号之间是平等的关系,信息由核心账号向分属账号放射,分属账号之间不进行信息交互,这样的系统适用于地方分公司比较多且为当地服务的企业,如万达集团账号的放射式系统;第三类是双子星式,企业中名人的账号很有影响力,官方账号也很有影响力,账号间形成互动,适用于名人效应很强的企业。

六、整合营销传播策略

整合营销传播策略是指运用微博平台,综合海量信息与多重传播渠道等传播优势,通过事件营销、品牌推介等方式传播企业与品牌影响力。酒店企业在进行微博整合营销时需要在有效把握目标受众心理的基础上,尽可能地调动各种资源,综合各种传播媒介和手段推广微博,提升微博影响力,使用户无论接触何种媒体都可便捷地了解企业信息。

整合营销传播策略在微博平台中的应用主要包括两个方面:一是企业微博内部的资源整合;二是企业微博与其他资源的整合。微博内部的资源整合包括企业的官方微博、企业管理者微博、企业子微博这三种资源的整合。企业微博与其他资源的整合则主要包括五个方面:一是整合主流网络媒体,如新华网、人民网、新浪网等,这些主流网络媒体具有较强的公关能力,它们提供的策划、发布、监测等全方位服务能提升企业的整体营销能力;二是整合微信、博客、论坛、社区、SNS等社交网络,通过与社交网络的热点话题、热点事件嵌入和互动,可以引起更多网友的关注;三是整合视频分享网站,通过视频分享网站的创意服务和主题设计,安排广告定制或者广告植入;四是整合搜索引等营销,百度、谷歌等搜索引擎的服务全面而有效,通常能以较小的投入获得最大的访问量和商业价值;五是整合线下活动,用线上为线下活动造势,同时线下活动吸引更多人参加线上活动,使线上线下很好地结合,通过裂变式传播实现信息的大范围传递,强有力地吸引媒体和消费者的关注,还可以将活动现场情况进行二次包装和传播,达到进一步扩大宣传的目的。

任务三　微博营销的技巧

一、微博营销的要点

随着信息技术的不断发展和进步,酒店微博营销获得了更多的发展空间,酒店可从中获得更大的利益。在这一趋势下,酒店只有正确分析自身的特点与实力,合理定位市场,选准微博平台,把握营销技巧,才能在激烈的市场竞争中占有优势。微博营销应注意以下要点。

1. 精心展示酒店个性

酒店微博的独特设计十分重要,要精心设计酒店的头像、文字简介、标签等基本展示元素。酒店头像可采用Logo,也可采用建筑外观、酒店客房图片等,这能提高潜在客人对酒店品牌的识别度。酒店简介应追求简洁,争取在第一时间吸引客人关注。标签设置也非常重要,它是潜在客人通过微博内部搜索引擎搜索到酒店的重要途径。

2. 选择优秀的微博平台

选择一个有影响力、目标用户群体集中的微博平台无疑能使营销效果事半功倍。例如,新浪以其"名人战术"吸引了大量用户的眼球,一举成为微博大战的领先者,而腾讯微博则集中了较多的草根用户,如大学生和一些自由职业者。酒店要针对自己的特色和定位,找寻对应的微博平台来集中展示自己的风采,让潜在客户看到酒店微博就能想到酒店品牌,让酒店微博成为品牌标签。

3. 重视对微博的管理

微博作为酒店的营销工具、客户服务工具、媒体工具,维护人员必须有市场营销客户服务背景,对客户的消费习惯和消费心理比较了解,能够及时迅速地察觉消费者潜在的需求。同时,酒店微博的管理员必须经过系统而专业的培训,不能只停留在技术操作层面上,更需要进行商业公关技巧的培训。酒店领导必须掌握用人之道,真正使微博用之有效。

4. 掌握微博发布技巧

发布微博是一项持久而连续的工作,要把它当作日常工作来完成。酒店应对自身品牌个性进行诠释。微博内容的写作和选择至关重要,表现方式应以酒店为主,展示酒店的形象,应尽可能避免个人化、情绪化的表达方式。同时,要避免因为更新速度太快而导致用户反感,酒店要把握合适的发布时间,向目标用户发布正确的内容,增加收益。

微博除了能发布文字和图片,还可以发布文字和视频、文字和头条文章、文字和投票、文字和话题等,每种形式都有不同的效果。文字、图片、视频看起来直观,头条文章则传播性较好,投票和话题类能提高用户参与度,从而促进推广。

微博就像一本随时更新的电子杂志,要注重定时、定量、定向发布内容,让用户养成观看习惯。当用户登录微博后,能够去查看微博有什么新动态,无疑是微博营销的最高境界。

5. 放大传播效应

获得尽可能多的关注,是酒店微博营销的基础。酒店应尽可能地在微博平台进行互动,包括通过关注酒店业内其他同行及人物,关注与酒店业相关的行业动态,关注对本酒店感兴趣的用户,转发评论他人微博等方式,获得更多人的关注。同时,酒店应在营销方式上下功夫,发布的微博内容要重视原创,可以通过制作精品内容,免费赠送客房或者折扣券,巧妙借助热点事件拉近与用户的距离,发起公益活动吸引用户参与互动等,提升酒店关注度。

6. 利用并发掘微博用途

微博是收集客人意见的有效平台,酒店要指派专人维护官方微博,在第一时间回答客人的疑问,解决他们的实际问题,让他们体验到与酒店零距离交互的价值,从而产生信任感。另外,酒店也要对前台、预订、销售等所有客人接触的部门进行微博知识培训,并利用各种与客人接触的机会进行微博推广。

7. 重视微博的服务质量管理

酒店微博的一个重要作用是传达酒店专业而周到的服务质量,以吸引更多的客人。酒店服务具有无形性特征,客人对服务质量的评价也难以衡量,当发生顾客在微博上抱怨的事件时,酒店微博管理人员应引起足够重视积极回复,快速解决问题,否则将会影响酒店的形象。

8. 发布的信息要真实可信、有吸引力

酒店的微博是企业对外的平台,发布真实、透明的信息才能树立公信力,树立良好形象,获得广大网友的信赖。无论是正面信息还是负面信息,都要确保真实性,这将为酒店带来潜在的营销价值。微博上真实的声音,可以帮助酒店迅速觉察消费者心理、了解消费者对产品的感受,获取市场动态信息。在微博上有众多不同身份、背景的用户,是潜在的"记者"和"评论员",如果酒店发布不实信息,或者掩盖负面信息,一旦被揭露,将会对酒店形象造成十分恶劣的影响,而保持一个坦诚的姿态,则更容易获得网友的情感支持。

同时,酒店在微博内容规划上要注意提升吸引力,用户关注酒店微博的前提是他觉得微博上的信息是有价值的,是对酒店品牌和产品的信任,或者是对微博内容的欣赏。

酒店应巧妙利用视频、图片等工具,与用户达成情感共鸣,挖掘他们感兴趣和想知道的内容,结合产品编辑有吸引力的内容。

9. 微博的内容要"软"

微博要通过有价值的内容来吸引别人关注,是主动吸引的力量。酒店不能把它当作一个发广告的地方,如果总利用微博做广告,关注者流失,广告也就无效了。所以,微博营销要用生活化的口吻、有情感的语言,和用户积极沟通。要想把酒店微博办得有声有色,持续发展,单纯在内容上传递价值还不够,必须讲求一些技巧与方法。例如,在表达方法上,如果博文是提问性的,或是带有悬念的,引导用户思考与参与,那么浏览和回复的人自然就多,也容易给人留下印象;反之,新闻稿一样的博文会让用户想参与都无从下手。

10. 强化互动性

微博的魅力在于互动,拥有一群不说话的关注者是很危险的,因为他们慢慢会不看内容,最后更可能离开。因此,互动性是使微博持续发展的关键。微博的内容应该持续更新,定期定量地发布新鲜信息,信息内容随机应变,与时俱进,贴合当前热点,让用户习惯于时常浏览,关注微博动态。同时要注意和用户的互动,如果只发布,不与用户互动,聚集的用户很容易散去。

"活动内容+奖品+关注(转发/评论)"的活动形式在微博互动中十分常见,但实质上,相较于赠送奖品,认真回复留言,用心感受粉丝的想法,才能得到情感的认同。如果经常和关注者进行语言沟通,回复留言,交流思想,能和关注者建立起超越产品客户关系的情感或友谊,这种情感或友谊将具有持久性,不会轻易消散。

11. 具有独特的魅力

微博营销竞争激烈,千篇一律的营销手段使受众产生审美疲劳,只有那些具有个性、魅力的微博账号才能脱颖而出。因此,酒店微博切忌仅是一个官方发布消息的窗口,要给用户感觉像一个人,有感情,有思考,有回应,有自己的特点与个性。

微博营销和品牌与商品的定位一样,必须塑造个性,使微博具有很高的黏性,可以持续积累关注,形成不可替代性。

12. 选好微博发布的时间

什么时候发布微博,发布什么微博,发布多少微博,是有讲究的。熟练掌握这些技巧,推广便会事半功倍。经过研究,酒店企业最佳发微博的时间是在 7:30—9:00、11:00—12:30、17:00—20:00 这三个时间段,因为这三个时间段处于休息时间,是大多数人浏览微博的时间。但是要切记,发微博一定不要过于频繁,一定要注重度的把握。否则就会被认为是刷屏,导致被取消关注。

13. 注重准确的定位

微博"粉丝"众多当然是好事,但是,对企业微博来说,"粉丝"质量更重要,企业微博最终的商业价值需要通过这些有价值的"粉丝"来体现。这涉及微博定位的问题,很多企业抱怨:微博人数都过万了,可转载、留言的人很少,宣传效果不明显。这其中最重要的原因就是定位不准确。酒店企业应围绕产品目标顾客关注的相关信息来发布,吸引目标顾客的关注,而不是只考虑吸引眼球,导致吸引来的都不是潜在消费群体。

14. 注重价值的传递

酒店微博管理者首先要改变观念,明白企业微博"索取"与"给予"之间的关系,企业微博应是一个"给予"的平台。只有那些能对浏览者创造价值的微博才有价值,才可能达到期望的商业目的。企业只有认清了这个因果关系,才可能从微博营销中受益。

要塑造一个大众喜欢浏览并持续光顾的微博,需要微博管理者持续提供目标浏览者感兴趣、有价值的信息。一些企业微博常给浏览者提供一些限时抢购、优惠券、赠品等作为宣传与吸引浏览者的手段,但是,我们不可能每天都有奖品赠送,即使每天都有礼品奉送,最终留下的也都是只为了来领取奖品的过客,对企业品牌与销售少有实际促进作用,枉费了人力与财力。

酒店企业要改变对价值的认识,并非只有物质奖励才是有价值的,可以提供给目标顾客感兴趣的相关资讯、常识、窍门,也可以以自己的微博为媒介,连接众多目标客户,如俱乐部、同城会等,同时将线上与线下打通,让微博有更多的实际功能与作用,这样才能构建出一个拥有高忠诚度与活跃度的企业微博。企业微博对目标群体越有价值,对目标群体的掌控力越强。其实,微博营销的真谛就是价值的交换,这个过程中各取所需,互利双赢,只有这样的模式才能长久。

15. 创新微博营销模式

微博这一新生事物在全球范围内的商业化应用都处于发展阶段,加之微博自身具有非常高的扩展性,使微博营销的模式具有很大的探索空间。只要我们抓住机会,有效创新,就可以从中获益。虽然微博营销诞生不久,但一些知名企业已经走在了前面,取得了较为显著的成效,我们应该多参考借鉴这些成功案例,结合酒店自身特点与客观环境进行创新。

二、获得"粉丝"的技巧

衡量微博营销是否成功的一个重要指标是"粉丝"数量。有效的微博营销需要付出多方面的努力,每个环节的失误都会给微博营销带来负面影响,而"粉丝"数量是一个综合指标,数量越多意味着微博营销做得越好。获得"粉丝"可从以下方面进行设计。

1. 明确微博账号的功能定位

酒店可以注册多个微博账号,每个账号各司其职。一个微博账号可以承担相对单一的功能,也可以承担多个功能。如果酒店比较大,那么在一个专门的公共关系微博账号外,建立多个部门微博账号是可取的。如果酒店的产品比较单一,那么整个企业建一个微博账号就可以了。一般来说,一个微博账号可以承担新产品信息发布、品牌活动推广、事件营销、产品客服、接受产品用户建议与反馈、危机公关等多项功能角色。

2. 了解普通用户关注微博的理由

要获得用户关注,就要理解微博用户的社会心理需求。虽然没有具体的数据统计,但是可以从新浪"微博广场"的热门话题了解大部分普通微博用户(非微博营销用户)参与微博有以下六大理由。

(1) 获取、传播时事体育等新闻信息。

(2) 获取娱乐信息,参与"制造"娱乐事件。

(3) 人生感悟,情绪表达。

(4) 政治信息及价值观表达。

(5) 关注自感兴趣的人的动态信息。

(6) 关注商业、产品等实用信息。

这六大理由的排序大致是普通微博用户参与微博的动机强度排序,深入了解这些心理是创造普通用户"喜闻乐见"的微博内容的前提。

3. 创造有价值的内容

有价值的内容就是对微博用户有用的内容,能够激发微博用户的阅读、参与互动交流的热情。酒店需要平衡产品推广信息和趣味娱乐信息的比例(趣味娱乐信息必须与本行业相关),可以从以下三个方面调整。

(1) 发布本行业有趣的新闻、轶事。酒店可以通过微博客观性地叙述一些行业公开的发展报道、统计报表,甚至行业内幕,可以有选择性地提供一些有关酒店的独家新闻。真正关注酒店产品的微博用户会对这些独家新闻非常感兴趣。

(2) 创业口述史。大多数人对创业者总怀有一种好奇甚至尊敬的心态。酒店微博可以有步骤、有计划地叙述自己品牌的创业历程,讲述公司创始人的一些公开独家的新闻,类似一部企业口述史、电视纪录片。

(3) 发布与本行业相关的产品信息。收集一些与产品相关的有趣的创意,许多网友会对此感兴趣。这些创意不一定是本酒店品牌,可以是本行业公认的代表性品牌。

4. 开展互动营销活动

在微博上开展活动,符合微博拟人化互动的本质特征。只要产品有价值,没人能够真正拒绝"免费""打折"等促销信息,很少有人会讨厌此类信息。常见的微博互动活动形式如下。

(1) 促销互动游戏。尽量多做与产品相关的互动性游戏,如秒杀促销、抽奖等,吸引微博用户参与。

(2) 微博招聘。节约相互了解的成本,直接在微博上进行初次"面试";发挥人际传播的效应;进行低成本的品牌传播。

(3) 奖励产品用户在博客发言。微博是一个开展口碑营销的好方式,酒店可鼓励已经使用或试用产品的微博用户发表使用体验,并对这些用户给予一定的奖励。

(4) 产品试用活动。在微博上发起低成本的产品试用活动,活动结束后,鼓励使用者发布产品体验帖。

(5) 慈善活动。若条件允许,可以自己发起慈善活动,也可以积极参与其他微博用户发起的慈善活动。对小酒店来说,参与"微支付"的慈善活动不需要付出很大的成本,却可以收获很多人气。

5. 提高微博的排名

微博搜索会结合用户昵称、简介、标签的匹配度以及微博活跃度等因素来决定排名,这与百度搜索引擎有相通之处。

6. 开展活动,利用奖品吸引关注

酒店企业微博可以时常开展一些转发、关注活动刺激用户的关注和扩散,可以将本酒店的产品,如客房、餐饮或纪念品作为奖品,既回馈了微博"粉丝",又提高了酒店企业的知名度和美誉度。

7. 发布软文,利用社会化媒体推广

在其他社会化媒体,论坛、博客、视频、SNS发布软文,也可以推广微博。软文是含有隐性软广告的文章,内容更多是"干货"。将这样的文章发布到合适的社会化媒体上,并留下酒店的新浪微博地址,相信有很多网友愿意来沟通、交流。

8. 话题炒作

如果酒店能够发现一些热点话题或内容,发表的博文能引发用户的关注与转发,也可以达到曝光和增加大量"粉丝"的目的。

三、微博植入式广告营销

在现实生活中,人们购买产品时会受到自己信任的朋友的影响。微博是人际交流的平台,在人们交流的过程中植入广告是微博植入式广告的核心。微博常见的植入式广告有以下四种形式。

1. 用户体验独白

人们每天都在微博里记述自己的生活经验和感受,其中会有相当比例的人提及自己使用的产品,这些评论构成了真实的口碑。如果发起一个活动,让使用酒店企业产品的用户来主动讲述自己的产品体验,并给予发表产品体验的用户一些小奖励,就能激发用户向朋友传播这个品牌。

2. "段子"植入

有趣、幽默、带有人生感悟的"段子"(有时配上图片和视频)总是能让大众喜欢,喜欢理由如同人们喜欢听、脱口秀的理由一样。酒店微博把品牌植入这些受欢迎的段子之中,受众一般不会反感,反而会赞叹创意的精妙。

3. 舆论热点植入

酒店可针对热点人物、热点事件植入广告。舆论热点有发生、成长、高潮、退潮四个重要阶段,酒店要敏锐地觉察舆论热点的发展过程,不要等热点退潮后再做文章,那时已经了无新意,无法引起用户的兴趣。

4. 活动植入

微博互动适合做一些秒杀、抽奖、竞猜、促销等活动,在活动文字、图片中植入广告如图3-1所示。

图3-1 酒店微博活动植入界面

项目小结

本项目主要介绍了微播的定义和特点;阐述了微博营销的概念;解释了微博营销的分类;分析了微博营销的特点;指出了微博营销的作用;总结了微博营销的价值;论述了微博营销的策略;列举了微播营销的15种技巧;还推荐了获得"粉丝"的8种技巧。

案例分析

万丽酒店的微博营销

万丽作为一家五星级酒店,受众多为高端商旅人群,传播风格要保持一定的调性。其微博营销应从什么角度切入？白天，酒店的顾客或忙于工作，或为各种会议在城市穿梭；夜晚，才是属于他们自己的时间，希望遇见精彩新奇的体验。

基于这样的顾客心理，万丽酒店结合自身情况定期举办主题夜活动，秉承让顾客在夜晚回到酒店也能发现精彩的理念，将"夜·灵感·万丽"作为传播主题。可以把这个主题理解为万丽酒店的全球主张——"生活在于发现"(live life to discover)的一种延伸。

在保持高端调性的同时，如何引起大众兴趣进行沟通？夜和灵感本就是两个很虚浮的概念，理解成本很高。为了让它们更加具象，便于人们能够清晰地认识到并感受到品牌所要传递的概念，万丽在酒店领域与营销领域之外，寻找到一些载体，将夜与灵感建立起关联。

1. 有相关性的话题人物

在预热阶段，万丽酒店找到歌手蔡某进行一场以夜晚与灵感为话题的小型专访。作为乐坛资深创作人，灵感于她而言是再熟悉不过的。而且，值得一提的是，蔡某80%的作品都是在夜晚创作的。由她来讲述夜与灵感，对围观群众有足够强大的说服力，话题能够迅速积累路人缘。

2. 引发兴趣的定制内容

蔡某为万丽酒店还特别录制了一段"灵感之声"，配合15秒的概念影像，活动伊始便在线上放送，为"夜·灵感"这一主题造足悬念，并集中在娱乐领域和音乐领域持续产生话题，让娱乐与音乐爱好者们尽情聆听、讨论。

3. 能带动声量的精准人群

合理利用明星资源，同样很重要。通过微博、微信群等社交平台，万丽酒店号召蔡某的"粉丝"群体参与话题的讨论传播，使影响力最大化，将一次品牌活动转化为"粉丝"圈层的狂欢。在大众认知中完成"夜·灵感"的印象植入后，下一步即是考虑品牌角色的露出，"夜·灵感"话题升级为"夜·灵感·万丽"，在新话题中将三者进行强势绑定。在苏州太湖万丽酒店举办品牌概念发布会当天，万丽酒店的首支中文TVC上线。该TVC通篇虽由蔡某讲述她关于夜与灵感的体会与感悟，同时也在传递万丽的品牌态度，由此将"夜·灵感·万丽"的内涵诠释透彻。

因为本次活动覆盖了万丽酒店的整个亚太区，所以蔡某不仅在微博上发声，在Facebook与INS上同样使用有关"Evenings at Renaissance"的话题，让海外的用户们也可以感受到万丽的夜与灵感。不止于此，在发布会现场，蔡某惊喜现身并献唱多首经典灵感曲目，把气氛推至最高点，品牌发布会俨然成为一场小型个人演唱会。参会者们沉浸于旋律之中，在万丽切身体悟夜与灵感的美妙。

此后，北、上、深、苏、杭等多地的商旅人士，都在朋友圈收到万丽酒店的TVC推广。通过在文字与外部视频中设置悬念，配合与传播主题高度契合的投放时间，成功地让受众群体受到好奇心的驱使一探究竟，并分享给好友观看。

在灵感横跨音乐、娱乐、商务、短视频、生活等众多领域后，活动终于回到万丽本身。万丽酒店融合蔡某的作品概念，设计出特制的店内产品——以高传唱度歌曲命名的4款鸡尾酒和对应的黑胶唱片酒单，作为夜与灵感的实物载体，甚至在发布会会场做出一面CD墙，赚足眼球。蔡某本人也在Facebook上展示了这一灵感碰撞的设计成果，并号召大家到店体验。一方面是将大众目光吸引回万丽酒店，另一方面足够吸引蔡某"粉丝团"进行社群传播，引导他们线下到店品尝美酒，而经由他们分享这次体验过程，则会再次助力活动的线上宣传。

最终,在微博话题自然发酵的情况下,阅读量达到317万次,互动量共2 734次。微信朋友圈视频总曝光达222万次,互动量近万次。此外,"粉丝团"在各大社交平台也贡献出约16万次的曝光量。微博、微信的KOL内容阅读量分别获得455.5万次与30万次的成绩。万丽酒店的视频总播放量近600万次。

请根据以上案例,回答以下问题。

万丽酒店通过微博营销取得了什么效果?

项目练习

一、简答题

1. 简述微博的定义。
2. 简述微博的特点。
3. 简述微博营销的价值。
4. 简述微博营销的分类。
5. 简述微博营销的特点。

二、思考题

1. 微博营销的概念是什么?
2. 微博营销的作用有哪些?
3. 微博营销有哪些策略?
4. 微博营销有哪些技巧?
5. 微博营销中获得"粉丝"有哪些技巧?

三、运用能力训练

训练目的:实际体验与认知酒店微博营销的运营和管理,了解酒店微博营销的具体应用与实践。

内容与要求:

(1) 把学生分为若干个小组,每个小组5~10人。
(2) 分组参观当地不同的星级酒店。
(3) 了解各星级酒店微博营销的策略和技巧。
(4) 分析各星级酒店微博营销的策略和技巧。
(5) 最后由教师点评总结。

项目四

App 营销

知识目标

1. 理解 App 营销的定义。
2. 了解 App 营销的目的。
3. 熟悉 App 营销的特点。
4. 理解 App 营销的好处。
5. 了解酒店 App 营销的价值。
6. 理解酒店 App 的主要功能。

能力目标

1. 能够理解 App 营销的概念。
2. 能够熟悉 App 营销的特点。
3. 能够掌握 App 营销的推广方式。
4. 能够掌握 App 营销的技巧。

任务分解

任务一　App 营销的概念
任务二　App 营销推广的方式
任务三　App 营销的技巧

酒店数字化营销

> **任务导入**
>
> ### 洲际酒店的 App 营销
>
> 洲际酒店 App 营销的成功归于以下三点：清晰的营销策略、较高的 App 质量、强大的企业战略。
>
> 1. 清晰的营销策略
>
> 洲际酒店利用了 40 个营销接触点来提升 App 的知名度。这些营销推广方式包括通过 App 预订可以获得 IHG Rewards Club 的积分奖励、Facebook 特定用户、Google 搜索链接、邮件附加 App 下载链接，以及酒店设施（如 WiFi 登录时、房间电视录像、房卡皮夹等）的展示等。
>
> 2. 较高的 App 质量
>
> App 质量是通过执行客户的要求完成的。例如，在支付方面，客户的反馈一直将简化使用作为重要要求。因此，在洲际酒店的 App 中，只需两次点击就能完成支付。客户还能选择最喜欢的价格和信用卡选项。
>
> 3. 强大的企业战略
>
> 洲际酒店定位于商务旅行者，其 App 功能很专注。关于这一点，旅行计划 App Guide Pal 的 CEO Mattias Borg 表示："假如要开发先进的移动功能，就要用原生 App，假如仅仅希望通过移动方式进行预订或提供信息服务，那就使用响应式移动网站。"洲际酒店的企业战略十分明确，即采用正确的营销组合非常重要，而提供客户需要的服务更加重要。Eye for Travel 最新研究显示，42% 的客户愿意通过移动设备登记入住。洲际酒店正在推广此功能。客户抵达酒店时，更高效的入住登记会让他们感觉更好。

任务一　App 营销的概念

一、App 营销的定义

随着智能手机与移动上网设备的普及，4G 的运用，5G 的到来，移动互联网已经成为我们日常生活工作不可或缺的一部分。人们已经习惯使用 App 客户端上网，获取信息，互动交流。移动互联网交流互动平台，已经成为众多行业营销必争之地，酒店行业也迎头赶上，积极寻找市场新契机。

目前，国内各大电商，均拥有了自己的 App 客户端，这标志着 App 客户端的商业使用已经初露锋芒。不仅如此，随着移动互联网的兴起，越来越多的互联网企业、电商平台将 App 作为销售的主战场之一。App 企业积累了更多的用户，使用户的忠诚度、活跃度大幅提升，对企业的创收和未来的发展具有关键作用。

App 营销是指应用程序营销，是通过智能手机、社区、SNS 等平台上运行的应用程序来开展营销活动。App 营销是移动互联网营销的核心内容，是酒店品牌与用户之间形成消费关系的重要渠道，也是连接线上与线下的重要枢纽。图 4-1 所示为酒店 App 界面。

图 4-1　酒店 App 界面

二、App 营销的特点

App 营销的特点主要体现在以下方面。

1. 成本较低

App 营销的模式，费用相对于电视、报纸，甚至网络媒体都要低很多，只需要应用开发成本和少量推广费用。

2. 持续性强

手机用户一旦将 App 下载到手机上或者在 SNS 网站上查看，营销便具有了持续性，可以长期提高用户的关注程度，促使用户持续使用。

3. 促进销售

App 营销无疑增加了企业的营销能力，销售人员可以通过 App 受理用户订单，用户也可以通过 App 查找优惠信息。

4. 信息全面

App 能够全面展现产品的信息，通过文字、图片、视频等为用户提供参考。用户通过 App 对产品信息进行了解，在购买产品之前已经被产品吸引住，感受到产品的魅力，产生了购买欲望。App 可以利用期刊为用户推送优质内容，并潜移默化地培育用户；利用论坛让用户尽情交流，并以此黏住用户；利用影像充分调动用户的消费欲望，最终通过引导，让用户在手机中完成下单。App 营销的全面信息展示，能够全方位地包围用户。

5. 品牌优势

品牌忠诚度是用户主动下载 App 的主要原因之一。App 可以提高酒店企业的品牌形象，让客户了解酒店品牌，进而提升酒店品牌实力，形成竞争优势。良好的品牌实力是酒店企业的无形资产，为企业形成竞争优势。

优质的内容和互动，能够很好地吸引并留住顾客，这也是品牌形成的重要方式。通过全名展示优质信息，可以逐步给用户植入某种观念或想法。此时，不要拘泥于某个产品或服务的推广，而要将目标提升到品牌层面，让用户对品牌产生"必属精品"的想法。

6. 灵活度高

用户可以通过 App 了解产品信息，可以随时在 App 上下单或者是链接移动网站下单，进行网上订购。酒店通过 App 可以随时与用户交流，获得反馈，提供个性化的定制服务。用户的偏好、格调和品位，也容易被酒店一一掌握。这对酒店产品的设计、定价、推广方式、服务安排等，均有重要意义。

社交、推广、销售、客服等移动营销时代的需求，都可以融合在一个手机 App 中，这可以让酒店的移动营销变得更加灵活。且不谈 App 营销本身的丰富内容，即使是在 App 的推广中，可以采用的方法也极为多样，如酒店排名、社交推广、线下推广等，可以体会到"没有做不到，只有想不到"。

7. 转化率高

相比于其他营销方式，App 营销能够带来更高的转化率。App 使用者大多是通过其他营销信息，对酒店的 App、品牌或产品、服务有了一定的兴趣，一旦 App 正如他们所期待的那样，给予他们满足，他们便更容易产生消费冲动。在这种冲动下，基于 App 实现的极短消费周期，让用户可以快速被引导至购物平台，如 App 内电商、第三方电商、线下平台等，并依靠移动支付迅速完成付款。营销的最终目的是占有市场份额，App 具有超越时间约束和空间限制进行信息交换的特点，使脱离时空限制达成交易成为可能，酒店企业能有更多的时间和更多的空间进行营销，可每周 7 天、每天 24 小时随时随地提供全球的营销服务。

8. 精准度高

借助先进的数据库技术、网络通信技术等手段，App 可确保和用户的长期个性化沟通，使营销达到可度量、可调控等精准要求，摆脱了传统广告沟通的高成本束缚，使酒店企业低成本、快速增长成为可能，保持了酒店企业和用户的密切互动与沟通，从而不断满足用户个性化需求，建立稳定的企业忠实用户群，实现用户链式反应增值，从而达到企业的长期稳定高速发展的需求。

大数据时代的营销，都离不开精准二字。无论企业采取何种营销方法，第一步都是定位目标用户。目标用户具有怎样的特征？产品或服务符合怎样的用户需求？这些用户在哪里？这些问题的答案都可以在 App 营销中找到。当用户安装了企业 App，就提供了数据收集机会。需要注意的是，在收集数据之前，必须获得用户的许可，窃取用户数据的行为会对品牌形象造成毁灭性的打击。

9. 互动性强

App 营销效果是电视、报纸和网络所不能代替的。App 营销效果大大提高了用户与酒店的互动性，拉近了彼此的沟通距离。App 可以将手机位置化"签到"与朋友圈、微博分享结合，融入营销活动中。线上的活动"一键分享"可以扩散传播范围，让传播力度呈几何级增长。基于移动智能终端的便携性，以及移动社交 App 的完善，App 营销能够实现更强的互动。酒店企业可以在 App 上创建品牌主题论坛，供用户在此交流、讨论，收集用户的意见和需求；可以与微信、微博等移动社交 App 对接，让用户将酒店信息分享到这些平台上，实现基于用户朋友圈的辐射传播；可以实现"O2O 互动"，基于用户的位置信息，使用户在线上参与活动，在线下完成互动。

10. 用户黏性

App 本身具有很强的实用价值，用户通过 App 可以让手机成为一个生活、学习、工作上的好帮手。App 营销的黏性在于一旦用户将 App 下载到手机，App 的各类任务和趣味活动会吸引用户，形成用户黏性。

三、App 营销的好处

1. 提高酒店与客户连黏效果

统计数据表明，人们越来越依赖手机，在手机上平均每天会花费 4～5 小时的时间。由于智能手机的便捷性，加上 4G、5G 网络的普及，人们在 App 上的使用时间和安装 App 的数量会越来越多。因此，酒店企业开发一个手机 App，可以有效地把销售业务呈现给更多的客户，增加客户对酒店企业的认知度与黏连效果。

2. 搭建营销渠道

App 有各种用途，其中之一就是可以为客户提供产品、功能、价格等各种信息。酒店可以通过 App 向客户提供各种产品和服务的信息。通过消息推送，可以与客户建立联系，很容易地让他们了解产品和服务。

3. 为酒店客户提供价值

酒店通过 App 可以为客户提供价值，如产品价值、服务价值、人员价值、形象价值等，让客户对酒店企业产生认可与信任。一旦得到客户的认可和信任，就很容易转化成消费意识并产生直接的经济效益。

4. 提升酒店知名度

App 有助于突出酒店企业文化和知名度。App 就像一个空白的广告牌，酒店可以在 App 上开发各种功能，向客户提供各种信息，进而让客户通过 App 了解酒店企业。

5. 加强与客户的互动

无论什么类型的企业，都需要让客户通过一个途径找到并了解自己。酒店可以利用

App的消息推送功能发起各种活动并让客户参与其中,还可以增加客户对酒店的好感和互动性,从而了解酒店的企业文化并心甘情愿地与酒店持续合作。

6. App是酒店移动营销的好选择

App是进行酒店移动营销一个非常好的选择,因为它是移动O2O的载体。用户可以通过手机客户端随时随地发现产品价值、优惠信息等,而便携式移动终端的功能,用户身份和用户可追踪字符位置的唯一性,将促进移动O2O发展。

7. App符合年轻消费群体的购物习惯

App营销符合当下年轻消费群体的阅读习惯和购物习惯,但需要解决购买后的黏性和口碑良性传播的挑战。

8. App的市场空间大

目前App还在呈几何级数增长,App的市场空间不可估量,酒店行业趁早布局手机App对占领市场具有关键作用。

9. App全方位的信息展示

App可以通过文字、图片、视频等多种形式,全方位展示酒店企业的品牌、产品等,并且内容的更新可自主把控,不需要向第三方缴纳费用。

10. 完善的在线商城

App可以实现京东、天猫、美团等第三方平台所能实现的大部分功能,而且用户的数据掌握在自己手中。

11. 营销活动自主把控

App包含从注册、下单、优惠到积分营销,多种多样的营销工具,酒店可以自行设计营销活动。

12. 方便客户关系管理

酒店可以在App上建立客户互动交流论坛,也可以随时发送信息给客户,还可以设置会员等级等,有效进行客户关系管理。

13. 成为门店的销售助手

App可以在以下方面成为门店的销售助手。

(1) 突破传统形式,通过图片和表格文字全面展示产品的卖点。

(2) 工作人员使用手机/平板电脑向顾客介绍产品性能、分享图片和可提供的选择,使销售更简便、更高效。

(3) 增强消费者的用户体验,提高检索量。

14. 提供完善的售前、售后服务

App可以从以下方面提供售前、售后服务,方便客户,同时提高酒店的工作效率。

(1) 客户可通过手机查询个人档案及在线提交订房预约。

(2) 客户使用手机即可在线续约,便捷快速。

(3) 客户可通过App平台快速拨打酒店网点电话,简化程序。

(4) 第一时间把酒店的最新活动资讯、促销信息推送给客户,更快捷、精准地完成信息推广。

四、酒店 App 主要功能

1. 礼宾服务

在酒店运营的过程中,最值得重视的是服务质量以及客户的满意度。App 中可以提供的礼宾服务有助于不断满足客户的体验感。客户在下载、安装 App 之后,可以通过 App 查询周边的景点、美食等各种信息,还能通过 App 自助办理入住、离店等手续,为客户带来更多便利。

2. 预订功能

在酒店 App 中,预订功能是较为重要的因素。酒店通过 App 为客户推送相关的产品信息、促销信息等,客户一旦产生需要,可以在第一时间通过简单的操作进行预订。这种线上预订的方式符合客户的消费习惯,能够有效为酒店企业带来销售额。

3. 周边服务

酒店 App 软件还应提供各种附加的周边服务功能,使用户能够了解酒店周边的各种旅游景点、特色小吃、风土人情等。

4. 移动在线支付

客户在 App 上预订之后,可以选择移动在线支付,这在为客户提供便捷支付环境的同时,能够便于酒店对资金的管理,可以直接将资金转到总公司,形成便捷、安全、稳定的资金链。

5. 用户互动功能

通过酒店 App,可以将酒店近期的优惠信息、打折促销信息推送给客户,在节日里为客户送上温馨的祝福,以及通过收集用户反馈的信息,调整营销战略和优化服务体系,使得营销更具针对性。

五、App 营销的策略

1. 定位明确

App 的设计者要考虑到用户的喜好、需求、习惯以及兴趣点,充分洞察目标用户的生活方式特点,有效地找到产品与用户的契合点,在 App 的设计中既要体现产品或服务的特点,又要吸引目标用户的注意力与兴趣,促进后期的产品推广。那么,酒店企业 App 如何做到定位明确、功能突出呢?现阶段用户基数较大、用户体验较好的 App 客户端通常是运行成熟、有一定客户黏度的终端应用,都有着自己明确的切入点。如美丽说 App,侧重于时尚、购物、女性话题的分享,每一个话题都有类似话题的延伸和链接,形成了一个优质的闭环社交圈,牢牢地圈住了用户群。

2. 为消费者提供最佳体验

有了明确、恰当的定位之后,具有良好的 App 体验是得到用户认可的重要因素。成功的 App 应当具有使用方便快捷、娱乐有趣生动、设计新颖抢眼等特性,App 自身的体验感决定了它在市场中得到的后期反馈。提升 App 体验感可以从以下方面进行。

（1）增加 App 的趣味性。趣味性强的 App 会提高客户的参与度。例如，一款名为 iButterfly 的 App 可以在客户用移动终端设备摄像头对准相关产品优惠券时，在屏幕中呈现的不是优惠券，而是一只只翩翩飞舞的美丽的蝴蝶。这一创新运用了 App＋AR＋LBS 的技术，有效地吸引了客户的目光，在投入市场后获得了广泛的关注与好评。

（2）巧用 AR 技术。AR 技术的特点是可以利用计算机生成能产生逼真的视、听、触和动等感觉的虚拟环境，通过各种传感设备使用户"沉浸"到该环境中，实现用户与环境的自然交互。这种技术的优势在于可以为用户提供一个虚拟世界，给用户带来不一般的体验环境。例如，沃达丰在德国设计了一款游戏类 App，通过该应用可以让街上的人捕捉分布在城市各个角落的虚拟怪兽，捕到怪兽就可以获得积分，凭积分可以到线下的商店换取奖品。

（3）关注客户需求，不断更新 App。界面和用户体验差、内容同质化、系统漏洞频出、推送通知过多、广告窗口无法关闭等，是用户卸载 App 的主要原因。因此，App 开发者要注重对 App 的运营和维护，收集用户反馈的问题，通过不断更新 App 进一步优化用户的使用体验。

3. 注重 App 的推广

解决了 App 定位与体验度问题之后，接下来比较重要的是 App 投入市场后的推广问题。目前市场上的推广方式较多，大体分为付费的广告宣传与免费的口碑营销两大类。酒店企业应做好推广前的用户调查，掌握目标用户的人口统计特征，了解目标用户的媒介习惯、生活习惯等，这是解决 App 推广问题的前提。

任务二　App 营销推广的方式

App 营销对酒店来说已是大势所趋，它是一种全新的精准营销方式。当酒店拥有了一款用户体验感极佳的 App 后，如何更高效地推广 App，吸引用户下载，得到用户的喜爱，是 App 营销中需要进一步解决的难题。目前，App 营销的主要推广方式有以下几种。

一、应用市场推广

应用市场又称应用商店，泛指专门为移动设备手机、平板电脑等提供 App 下载服务的电子应用商店。应用市场是用户下载 App 的主要通道，围绕应用市场推广 App 应用是非常关键的第一步。

1. App 应用提交

将企业的 App 提交至苹果 App Store 和安卓市场、安智市场、3G 门户、机锋市场、应用汇、N 多等国内主流的 Android 应用市场，全面覆盖符合用户习惯的下载渠道，方便用户通过各种渠道进行下载使用。在选择应用市场时候，我们可以通过 ALEXA 排名来了解应用市场是否有较高流量，判断其是否属于主流的应用市场。

2. App 论坛置顶

应用市场的论坛是用户分享信息的平台,每天都有许多信息通过论坛进行发布,吸引用户的眼球,但是单篇论坛帖子如果不维护的话,很快就会被新帖子顶替。因此,发布论坛帖子并安排专人进行维护置顶是很有必要的。在国内,Android 论坛主要有机锋、安卓、安智、木蚂蚁等,iOS 论坛主要有威锋、麦芽地、爱应用等。App 应用属于应用软件,撰写关于 App 的评测软文、特色功能、所获荣誉等都是非常好的题材。

3. App 论坛活动

通过与应用市场论坛合作,策划利于 App 推广的活动,组织以提升 App 的曝光率为目标的签到互动,让用户提前知晓 App 的品牌信息。后期可继续进行活动策划,如在活动期内,通过空间、苹果 App Store 等渠道下载 App 应用手机客户端,并给予好评,通过论坛账号把相关信息截图放在回复栏中,即算参加了本次活动,将会有机会获得精美礼品。

论坛推广作为一种经济实惠、有效的 App 推广方式,只要结合 App 产品寻找潜在用户所在的相对可靠论坛,勾起用户的好奇心,是完全可能获得较高 App 下载量的。目前一些主流的用户比较活跃的智能手机论坛包括机智论坛、安卓论坛、威锋论坛、91 论坛、太平洋手机论坛等。

4. App 有奖竞猜

相对于论坛活动,有奖竞猜更具趣味性,选择与人气较旺的论坛合作,置顶竞猜活动,论坛用户可以根据自己的知识经验竞猜结果。具体操作方法可以根据实时热点、娱乐新闻等,选择与 App 匹配的话题进行结合推广。

5. App 有奖问答

有奖问答是一个很不错的推广形式,既提高了 App 的知名度,又可以获得活跃用户的真实建议,同时通过"有奖"形式发放礼品,增加用户的忠诚度。具体操作方式可以通过与应用市场的深度合作,在人气活跃的相关版面,发布有奖问卷调查,并安排专人进行及时回复,增加与用户的互动性,并及时解答用户的使用疑问。

6. App 应用推荐

应用市场作为第三方,具备较高的公信力,因此,若 App 可以成为应用市场的推荐软件,将会获得更多的关注和信任。

7. Banner 广告

国内主流的应用市场每天都有上百万的手机用户登录并浏览,特别是 Android 的机锋,和 iOS 的威锋网,购买相应的首屏、通栏等 Banner 广告,可以为 App 获得大量曝光,从而提升品牌知名度。

二、社会化媒体推广

社会化媒体推广(social networking services,SNS)是用户拥有极大参与空间的新媒体类型,泛指方便用户撰写、分享、评价、讨论、沟通的互联网工具和平台,如国内的新浪微博、腾讯微信和国外的 Facebook、Twitter、Instagram 等。

三、搜索引擎推广

搜索引擎是互联网用户获取信息的主要渠道,用户在完成搜索后,一般习惯按排名顺序进行浏览,因此,保证 App 相关关键词能够排名靠前是非常关键的。由于搜索引擎的结果具有多样化的特点,包含网站、百科、知道、文库、新闻、视频等信息,针对上述信息类型进行推广是非常值得考虑的。

1. 搜索引擎优化

搜索引擎优化(SEO)是针对网站进行利于搜索引擎排名的优化,优化内容包含关键词优化、架构优化、内容优化、链接优化、CMS 优化。

(1)关键词优化,主要是对网页的关键词分布、关键词密度进行优化建议。可根据选取的网站关键词,查看关键词在搜索引擎前 10 位网站的关键词密度,以这些关键词密度范围为基准,优化自己网站的关键词密度。

(2)架构优化。网站架构是指网站中页面间的层次关系,按性质可分为逻辑结构和物理结构。网站层级结构为扁平化最好,重要的栏目可以适度提升层级。针对搜索引擎特点,网站栏目一般都是以首页、新闻中心、产品中心、专题、联系方式五层结构去实现。架构优化可使内容利于搜索引擎收录。

(3)内容优化,主要从以下几个方面着手:网站的技术层面,html 代码是否简洁,页面标题、关键词、描述、网页的内容是否充实,图片标签是否优化。

(4)链接优化。网站链接包括内部链接和外部链接。内部链接是指本网站内部网页之间的链接(包含了导航栏和面包屑导航)。外部链接是指本网站外部的链接,分为导入链接和导出链接两种。

(5)CMS 优化,即动态发布系统优化,是集内容发布、编辑、管理检索等于一体的网站管理系统,支持多种分类方式,可方便实现个性化的网站设计、开发与维护。

2. 搜索百科

搜索百科作为搜索引擎的自有产品,具备很高的网站权重和公信力,往往在搜索结果中排名靠前,因此制作 App 的搜索百科是非常必要的。百度百科、搜搜百科、互动百科,是推广 App 的三个主要载体,应撰写利于 App 推广的词条并通过审核,便于用户通过关键词搜到相关 App,了解更多详情。

3. 知识问答

知识问答是树立企业口碑和产品口碑的重要渠道,知识问答的倾向性是产品口碑的互联网体现,能清晰描述 App 的产品特征与品牌特征。基于搜索的互动式知识问答分享平台进行推广的重要性不言而喻,用户可以根据自身的需求,有针对性地提出问题;同时,这些答案又将作为搜索结果呈现给其他潜在用户,除了能提高网站的外链数量与外链质量,更重要的是能通过第三方给网站带来稳定精准的流量,从而提升网站的转化率。

可抓取和分析各种网络问答平台上与 App 相关的问答,根据已有问题的数量和质量选取关键词,针对这些关键词设计制作有利于 App 推广的问题,发布问题及答案,并把答案选为最佳答案,发布于百度知道、天涯问答、搜搜问问等平台,利用 SEO 技术提升排名至平台首页。

4. 文库

通过设计并发布文库,在搜索引擎中展现 App 的功效,可以获得良好的口碑传播。特别是上传一些 App 的产品介绍、使用测评、详细攻略等,可以更加方便用户了解和使用 App。可根据用户的搜索习惯,选择上传文库素材,并根据上传规则优化好文库文章标题并优化内容,选择国内主流平台百度文库、豆丁等进行上传。

5. 视频

将 App 相关视频上传至国内主流的视频网站,包括腾讯视频、爱奇艺、搜狐视频、酷 6 等,帮助客户更直观地了解 App,可以覆盖相关报道、品牌介绍、使用操作等。

6. 网络新闻

网络新闻是公众舆论的一个风向标,定期发布利于 App 的网络新闻,能够很好地增加 App 的品牌曝光度,让用户搜索资料、浏览新闻时,能够获得更多、更全面的关于 App 的介绍。全方位覆盖门户、垂直网站,根据主题、特点和细节提炼,将行业、产品、服务等关键词纳入其中,除起到本身的公关作用以外,另一个重要作用是引导和优化搜索引擎的搜索结果。

四、门户网站推广

门户网站是指通向某类综合性互联网信息资源并提供有关信息服务的应用系统,在国内主要以新浪、网易等为首,主要提供新闻、搜索引擎、网络接入、聊天室、电子公告牌、免费邮箱、影音资讯、电子商务、网络社区、网络游戏、免费网页空间等服务,每日流量可达百万甚至千万。因此,通过门户网站投放广告能够更快速、更全面地提升 App 的网络曝光度。

五、移动广告推广

通过移动广告平台精准投放广告覆盖上述用户群,已经成为移动互联网营销的新趋势。移动广告平台和互联网广告联盟相似,是一个连接应用开发者和广告主的平台。在平台上,开发者提供 App,广告主提供广告,用户下载 App,点击广告后,广告主就会通过移动广告平台支付一定的费用给开发者。

应选择最优质的移动广告平台进行投放,并不断监测和优化广告投放效果。移动互联网广告投放主要包括以下方面。

(1) 为不同客户定制不同手机网站、App 客户端、营销活动页面,满足客户的多样化需求。

(2) 分析目标受众,制定相应的推广方案,按需开发不同的线上活动,以促进品牌沟通,扩大口碑营销。

(3) 选择优质媒介组合进行广告投放,实时监测投放数据,并进行技术分析,实现科学的优化。

(4) 提供全面广告数据分析,帮助广告主更好地了解广告投放详情,提升 App 的品质及广告的转化率。

(5) 定期评估各个移动广告公司的服务水平,了解各个平台的优劣势,为客户选择最适合的移动广告平台。

六、排名优化

针对一些主要的App营销应用平台和商店，进行排名优化，就像进行搜索引擎优化一样。不同的平台，排名规则不同，所以优化的方法也不同，不过通常情况下，影响App排名的因素有以下四个。

(1) 用户的下载量和安装量。

(2) App使用状况(打开次数、停留时间、留存率)、下载状况、评论数和评星。新应用或者刚更新的App会有特殊权重。

(3) App标题、关键词中的词汇，与用户搜索关键词的匹配度。

(4) App的评分。

七、软文营销

文章的传播性是非常强的，而且文字也是非常容易达到营销效果的。比较常见的软文营销策略有三种：请权威媒体去报道酒店企业；请专业机构或媒体对酒店的产品进行评测，撰写评测稿；请一些在用户中有影响力的行业专家、达人等撰写评论文章。

八、资源互换

App本身就是一个资源、一个渠道，所以可以用App自身的资源，与其他App、媒体、平台等进行资源互换。不过互换前要注意在设计App时，一定要预留一些应用推荐位置，这是资源交换的筹码。

九、饥饿营销

饥饿营销是指商品提供者有意调低产量，以期达到调控供求关系、制造供不应求的"假象"，维护产品形象并维持商品较高售价和利润率的营销策略。饥饿营销就是商家采取大量广告促销宣传，勾起客户购买欲，然后让客户苦苦等待，为产品提价销售或为未来大量销售奠定客户基础。饥饿营销的最终目的不仅仅是调高价格，更是使品牌产生高额的附加价值，从而为品牌树立起高价值的形象。

发码内测其实就是饥饿营销。在App正式上线前，不断造势和预热，塑造App的形象和价值，提高用户对App的期望和下载使用的欲望。时机成熟后，开始宣布内测，如只发放1 000个内测码，邀请1 000个人进行内测。

十、网络广告

虽然广告要花钱，但是如果策略得当，不失为一种能够快速提升安装量的方法。建议选择一些按效果付费的互联网、移动互联网广告公司或者联盟进行合作，比如投放CPA广告，这种广告的风险性低,且风险可控。如果广告不做假,效果还是不错的。

十一、活动营销

App营销推广主要有三个目的:拉新、促活和留存。App活动也可以根据活动推广目的进行划分,分为App拉新活动、App促销活动、App留存活动。如果不想花太多时间和资金研发App活动运营工具,可以借助一些第三方App活动运营平台做App活动营销策划。如活动盒子是国内一款比较受App活动运营欢迎的活动运营SAAS工具,可以根据实际应用场景新建投放活动,并选择合适的触发场景、触发用户、触发时间、触发次数,让每一次活动都更加精准地送达用户,从而实现精细化活动运营。

十二、微博推广

对移动互联网推广营销来说,微博作为一个拥有数亿用户的公开平台,仍然是众多商家和企业进行App品牌宣传和推广营销的有效渠道。通过微博进行内容营销,可以与海量的用户进行沟通,做得好可以带来相当大的收益。在做微博营销的时候,要留意微博上的意见领袖、话题制造者、评测网站之类的账号,尽量与它们取得联系。充分利用这个平台上的海量用户,通过互动来增加用户的黏性,让App更受欢迎。

App的微博推广要注意以下几点。

(1)内容:将产品拟人化,讲故事,定位微博特性,坚持原创内容的产出。在微博上抓住当周或当天的热点跟进,保持一定的持续创新力。

(2)互动:关注业内相关微博账号,保持酒店与用户的互动,提高酒店品牌曝光率;

(3)活动:必要时候可以策划活动,如微博转发等。

十三、口碑推广

App上线之初如何积累第一批种子用户呢?口碑推广是最好的选择之一,也是最省钱的办法。发动酒店的员工和身边的亲朋好友,通过QQ空间、朋友圈转发,或找些行业大牛帮忙转发,只要有足够多的资源和人脉,口碑推广就可以为酒店的产品带来一批高质量的种子用户。

让每一位顾客都能传颂酒店的品牌和服务,是酒店经营者梦寐以求的。但口碑的形成,口碑广告制造爆炸性需求,绝不是意外和巧合,而是有规律可循的。酒店企业完全可以通过分析消费者之间的相互作用和相互影响来预见口碑广告的传播,使其网络化、知识化、全球化。口碑推广要做好如下几点。

1. 广告效应

并非所有的商品都适合做口碑营销,口碑营销在不同商品中发挥的作用也不尽相同,不同年龄、不同性别的人交流的商品有所不同。因此,为了更有效地利用口碑,一切营销活动都应该针对更愿意传播这类产品的群体,首先传播这些群体最关注的信息:一是产品和服务要有某种独特性,包括外观、功能、用途、价格等;二是产品要有适合做口碑广告的潜力,将广告变得朗朗上口。

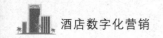

2. 顾客体验

顾客体验是顾客与企业产品、人员和流程互动的总和,也就是让顾客置身于酒店服务的全过程,让顾客切身享受消费的乐趣,从而形成"以自己希望的价格,在自己希望的时间,以自己希望的方式,得到自己想要的产品和服务"的强烈消费欲望。顾客体验是竞争的下一个战场,体验式消费所带来的感受是深刻且难忘的。越来越多的产品选择了体验式消费,运用这种古老而又神奇的营销方式引导企业在营销中走得更稳,走得更远。

3. 注意细节

影响消费者口碑的,有时不是产品的主体,而是一些不太引人注目的细节。一些微不足道的细节差错,却能够引起消费者的反感,且这些反感酒店企业不易听到,难以迅速彻底改进,在客源大幅减少时,却不知道问题的根源究竟在哪里。据专业市场研究公司调查得出的结论,只有4%的不满顾客会对企业提出他们的抱怨,但是却有80%以上的不满顾客会对自己的朋友和亲属谈起某次不愉快的经历。

4. 服务周到

(1) 提供有价值的产品或服务,制造传播点。酒店企业必须能提供一定的产品或服务,才能开展口碑营销,要根据所提供的产品或服务,提炼一个传播点。

(2) 简单快速的传播方法。找到传播点,要巧妙地进行包装并传播,要简单、方便、利于传播。

(3) 找到并赢得意见领袖,重视和引导意见领袖。

(4) 搭建用户沟通平台和渠道。可通过社会化媒体、评论类媒体、在线客服等建立广泛的、快捷的沟通渠道,方便客户表达意见。

十四、视频推广

视频推广比文字和图片更形象,很容易让受众记住酒店的品牌。同时,搜索引擎对视频的抓取率比一般文字性的内容比率高,通过百度搜索,视频的关键词排名往往比非视频关键词靠前许多,可以为酒店App带来意想不到的流量。

十五、刷榜推广

通过刷下载量和评论量,在应用市场提升排名增加曝光度。如果App能排在靠前的位置,可以快速获得用户的关注,同时可以获得大量的真实下载量。当然,刷榜推广的成本是比较高的,如果产品本身的品质不行,排名也会很快掉下来。

任务三　App营销的技巧

App的优点在于切合了目前流行的无线应用、虚拟社区等,在消费者时间日趋碎片化的基础上,能无时无刻、无孔不入地将营销进行到底,无形地伴随手机、无线终端等融入消费者生活的每分每秒。作为酒店,要做好 App 营销,也要讲究一定的技巧。

一、灵活趣味促进销售

酒店所属品牌的 App 就像是一个小型官网,产品信息、企业信息、动态信息、预约功能、积分查询等内容都可以在 App 上得到完美展现,是酒店"自营销"的重要阵地。在这个灵活丰富的平台上,可以实现 App 营销的销售流程,促进酒店销售转化,如图 4-2 所示。

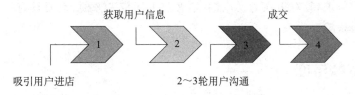

图 4-2 App 平台的销售流程

二、多种手段引爆消费

酒店 App 作为酒店品牌嫁接移动营销的手段,覆盖智能手机桌面,可以实时为目标消费群体一对一地推送品牌、产品及活动信息,对顾客进行利益刺激和引导。通过酒店 App,酒店将有效地把握目标顾客,实现更为精准的营销与推广。

根据酒店所属品牌的消费人群设定具体的利益刺激方式,可以是实实在在的物质利益刺激,如优惠促销、诱人的奖品、丰厚的酬劳回报等,也可以从情感利益的诉求入手,如乐趣、成就感等,通过酒店 App 传达给目标用户,从而留住更多目标用户,提高销售转化率。

三、优质互动改善用户体验

良好的互动不仅为品牌的提升带来了巨大的效果,还可以大大改善用户获取终端服务店服务的体验。酒店的 App 客户端本身就是一个良好的互动平台,既可以免费将各种信息推送给客户,又能直接通过手机实现订房预约服务,还可以提供集会员礼遇、旅游、订车、买卡等多功能为一体的服务。酒店的 App 客户端可以解决传统电话预约的诸多问题,提升服务的及时性,避免客户的流失,还可以减少人工成本,让酒店的服务重心转移到对现场客户的关注上,是真正的多赢。

四、目标人群精准定位

酒店企业在做 App 营销前,要对自己的 App 有清晰的功能定位,了解 App 针对的人群,再通过大数据分析挖掘客户的需求和兴趣,将产品功能和用户需求相结合,既能满足用户的需求,又能诠释酒店产品的品牌价值。酒店在进行 App 营销的时候,应该清楚了解客户的行为习惯,考虑自己的产品特点是否满足客户需求,思考什么样的产品特点才真正满足客户生活或者心理诉求,引起客户的共鸣。在进行 App 营销的过程中,只有深入挖掘客户需求与喜好，准确把握客户所想、所求，引发客户心理互动，才能最大限度地引导他们参与其中，成功地向客户进行营销。

五、创意服务保证品质

App营销的最佳方式就是提供好的创意服务，这样不仅能带来客户，还能使客户进行自主传播，提升酒店品牌形象和产品品质，为酒店企业带来更好的效益。成功的App开发不仅要满足客户的需求，具有很强的实用性，给客户生活带来方便，也要具有一定的娱乐性，能让客户从中获得乐趣。

六、提高参与度

酒店企业开发自己的App，便于客户直观地了解酒店或产品信息。这种App大多为实用性工具，在一定程度上满足了客户的需求，也让酒店拥有更多客户渠道。酒店企业的App开发应该更多地考虑客户的感受，提高客户的参与度，让客户得到更加贴心的服务，让客户了解产品的同时，提升酒店企业的品牌形象。

七、深化酒店品牌形象

让消费者进一步了解酒店品牌或产品，建立起酒店品牌与消费者的情感关联，是酒店企业App营销的核心所在。这需要在消费者的情感、信任基础上开展营销活动，利用品牌App传递酒店品牌理念，深化品牌形象，树立品牌口碑，帮助品牌和产品认知的提升，搭建起品牌与消费者间沟通的桥梁。

新颖奇特的创意内容与品牌或产品的核心概念相融合，能有效地反映出酒店产品主旨或品牌理念，让消费者在使用App的过程中自然而然地了解酒店产品和品牌信息，让用户在娱乐的同时对品牌形成一定的黏性，使其在选择此类产品时能更多地考虑酒店品牌。同时，酒店还可以通过推出能为消费者提供主动便捷服务的App来为消费者创造价值，提升品牌的亲和力，树立品牌的良好口碑。在能够使用户通过App实现某种功能与支持的同时，融入品牌或产品元素，推广品牌与产品有机结合，让品牌App成为消费者接触品牌与产品的最前端，与品牌其他营销渠道有机结合，才能最终实现促成产品销售的目的。

八、运营与推广一样重要

App上线一定时间之后，推广获得新客户和交易增长的速度将逐渐变慢。从这时开始，基于数据分析的移动App运营比推广更加重要。20%的客户为酒店创造了80%的收入，酒店需要找到20%的客户，以及他们的特征，依据20%客户的特征来开展活动，获得较高的营业收益。

酒店App营销不仅可以增加客户，提升产品转化率，更重要的是了解客户，赢得客户的信任，未来的一切交易都是建立在客户的信任基础之上的。这种信任代表的不仅仅是产品的体验和客户的体验,还代表对客户需求的尊重。运营的目标是让客户养成习惯,经常使用App完成产品和服务交易。

九、活动与广告一样重要

App的内部活动比外部广告更加重要,基于激活客户交易的活动,其带来的收益将大大超过广告带来的收益。例如,常见的红包激励活动产生的收益通常是广告的十倍以上,其产生的收入是巨大的。激励红包是所有移动App运营活动的主题,很多企业利用红包来激活客户交易,提升客户的活跃程度和收益率。红包发送的形式有两种:一种是现金红包,客户直接可以提现,主要用于获得新客户;另一种是产品购买红包,客户只有在购买一定金额的产品后才可以使用产品红包,变向提高产品收益。

此外,App社交分享和促销活动,带来的新客户和新交易也是会节省广告投入效果,基本上可以认为社交分享和促销活动的成本是极低的。App运营活动的成功取决于对客户在移动互联网行为习惯的了解、客群的划分、App的运营经验、业务交易数据的分析。

十、尽量留住老客户

App运营中,新客户的营销成本是老客户的四倍,对一个注册用户超过100万,月活跃率不到10%的App,老客户的经营比新客户获取更加重要。留住老客户,提高老客户的活跃程度比投入金钱获得新客户更加重要。据统计,老客户的活跃率提高5%(月度),对App交易额的提升是30%。老客户对企业和产品的忠诚度较高,同样的App活动投入,老客户的效果是新注册用户的三倍。

项目小结

本项目主要阐述了App营销的概念;介绍了App营销的定义和App营销的目的;指出了App营销的好处和App营销的亮点;解释了酒店App的主要功能;论述了App营销的特点;还分析了App营销的策略,总结了App营销的推广方式;列举了App营销的技巧。

案例分析

App营销,让酒店营销更美

许多富有远见的酒店集团早已开始行动,探索App营销嫁接酒店行业的市场先机。例如,洲际酒店集团推出了收录内部礼宾指南的苹果App;雅高酒店推出了包括定位、个性化服务、参与促销活动等一系列功能的App,可以便捷地预订到全球3000家雅高酒店;日本旅游网站"乐天旅游"推出了针对Andriod系统的App,用户只要输入入住日期、入住人数和订房数量等基本情况,并指定地区、旅游计划,就能搜寻到符合用户旅游计划的所有酒店及空房信息,并列出推荐顺序及价格顺序,同时还可通过模糊的印象词来搜索酒店周边设施,极为智能。

在众多酒店业App营销案例中,莫泰168连锁酒店算是国内App营销的先行者,其联合移动营销整合服务商百分通联定制开发了酒店预订 App,借助 App 将线上线下服务打通,通过这一得力的平台方便了用户生活,提升了服务的范围,吸引和捆绑住了潜在和忠诚客户的心。同时,App 也节省了公司的运营成本,与专业公司的合作也改善了酒店业缺乏移动营销领域专业人才和专业经验的困境,不仅通过技术、研发、创意的专业性保障了该客户端产品的出众体验,更通过移动互联网营销经验和渠道优势进行全方位的推广,让更多消费者了解、下载这款客户端,并加以使用。

请根据以上案例,回答以下问题。

莫泰168连锁酒店的 App 营销取得了哪些成就?

项目练习

一、简答题

1. 简述 App 营销的定义。
2. 简述 App 营销的目的。
3. 简述 App 营销的特点。
4. 简述 App 营销的好处。
5. 简述 App 营销的价值分析。
6. 简述 App 营销的策略分析。

二、思考题

1. App 营销的亮点有哪些?
2. 酒店 App 主要功能有哪些?
3. App 营销推广方式有哪些?
4. App 营销的技巧有哪些?

三、运用能力训练

训练目的:实际体验与认知酒店 App 营销的运营和管理,了解酒店 App 营销的具体应用与实践。

内容与要求:

(1)把学生分为若干个小组,每个小组 5~10 人。
(2)分组参观当地不同的星级酒店。
(3)了解各星级酒店 App 营销推广方式和技巧。
(4)分析各星级酒店 App 营销推广方式和技巧。
(5)最后由教师点评总结。

项目五

网站营销

知识目标

1. 理解网站营销的概念。
2. 了解酒店自建网站的原因。
3. 了解酒店建设网站的好处。
4. 理解酒店网站的定位技巧。
5. 熟悉酒店网站布局及栏目设计。
6. 熟悉酒店网站营销推广方法。

能力目标

1. 能够熟悉酒店网站营销的概念。
2. 能够掌握酒店网站定位的技巧。
3. 能够运用酒店网站营销推广的方法。
4. 能够掌握酒店网站布局及栏目设计的技能。

任务分解

任务一　网站营销的概念
任务二　网站定位
任务三　网站布局及栏目设计
任务四　网站营销推广

希尔顿酒店集团的网站营销

希尔顿酒店集团为了提升客人预订酒店的用户体验,推出了"stop clicking around"的全球营销战役。本次营销战役借用了滚石乐队的影响力,在广播、数字媒介和户外全面铺开。

希尔顿酒店集团推出的30秒广告片的背景音乐采用的是滚石乐队的经典歌曲(*I Can't Get No*)*Satisfaction*,鼓励顾客直接通过希尔顿官网以最优惠的价格预订酒店,而不在第三方网站上兜兜转转反复比价。这个广告片还有多个版本,有60秒的加长版,以及15秒和6秒的精简版,共制作了22种语言版本,在纽约、伦敦、东京等地均有播放。

希尔顿首席营销官,主管希尔顿电子商务部的Geraldine Calpin说:"我们想传递给顾客的关键信息就是——你们不再需要依次浏览那25个第三方网站,直接通过希尔顿官网预订就能获得最优惠的价格。"

为了配合此次的营销战役,希尔顿的荣誉客专享服务也进一步完善了。荣誉客之前的积分可用于兑换免费住宿,可免费使用WiFi,在手机上下载荣誉客App就能直接选房、登记入住,甚至智能手机可以直接成为电子钥匙。此外,荣誉客直接通过希尔顿官网进行预订,酒店可通过历史数据提前得知他们的喜好,从而提供更为贴心的专享服务。

"我们这次的营销战役跟以前有了很大突破,创意十足,形式也更加大胆。它创造了新的纪录,所有看过广告片的人,无论什么年龄、职业,都很喜欢这个广告片。"Calpin女士骄傲地说道。

众所周知,滚石乐队的歌曲使用费可不便宜。维拉瓦诺大学主攻娱乐产业研究的David Fiorenza教授估计,希尔顿酒店集团在广告片中使用滚石乐队的歌曲,费用最高可达10万美元。歌曲中经常出现的"Satisfaction(满意)"这个单词正好能让顾客想起一些预订酒店时的坏心情,形成强烈反差,增强广告效果。希尔顿酒店集团此次营销战役的后续还有在圣迭戈举行的神秘嘉宾演唱会,以及希尔顿酒店集团伦敦的优惠活动。

任务一 网站营销的概念

一、网站营销的定义

(一)网站的定义

网站(website)是指在因特网上根据一定的规则,使用HTML(标准通用标记语言)等工具制作的用于展示特定内容相关网页的集合。简单地说,网站是一种沟通工具,人们可以通过网站来发布自己想要公开的资讯,或者利用网站来提供相关的网络服务。人们可以通过网页浏览器来访问网站,获取自己需要的资讯或者享受网络服务。

网站是在互联网上拥有域名或地址并提供一定网络服务的主机,是存储文件的空间,以服务器为载体。人们可通过浏览器等进行访问、查找文件,也可通过远程文件传输(FTP)方式上传、下载网站文件。衡量一个网站的性能通常从网站空间大小、网站位置、网站访问速度(俗称"网速")、网站软件配置、网站提供服务等方面考虑,最直接的衡量标准是网站的真实流量。

(二)网站的组成

在早期,域名、空间与程序是网站的基本组成部分,随着科技的不断进步,网站的组成也日趋复杂,多数网站由域名、空间、DNS域名解析、网站程序、数据库等组成。

1. 域名

域名(domain name)是由一串用点分隔的字母组成的 Internet 上某一台计算机或计算机组的名称,用于在数据传输时标识计算机的电子方位(有时也指地理位置)。域名已经成为互联网的品牌、网上商标保护必备的产品之一。通俗地说,域名就相当于一个家庭的门牌号码,别人通过这个门牌号码可以很容易地找到该门户。以一个常见的域名为例,www.baidu.com 中的标号"baidu"是这个域名的主域名体,而最后的标号"com"则是该域名的后缀,代表这是一个 com 国际域名,是顶级域名,而前面的"www"是网络名,为 www 的域名。

DNS规定,域名中的标号都由英文字母和数字组成。每一个标号不超过63个字符,也不区分大小写字母。标号中除连字符"-"外不能使用其他的标点符号。级别最低的域名写在最左边,而级别最高的域名写在最右边。

2. 空间

常见网站空间包括虚拟主机、虚拟空间、独立服务器、云主机、VPS。其中,虚拟主机是在网络服务器上划分出一定的磁盘空间供用户放置站点、应用组件等,提供必要的站点功能、数据存放和传输功能。每一个虚拟主机都具有独立的域名和完整的 Internet 服务器功能。虚拟主机极大促进了网络技术的应用和普及,虚拟主机的租用服务也成了网络时代新的经济形式。VPS 即指虚拟专用服务器,是将一个服务器分区成多个虚拟独立专享服务器的技术。每个使用 VPS 技术的虚拟独立服务器拥有各自独立的公网 IP 地址、操作系统、硬盘空间、内存空间、CPU 资源等,还可以进行安装程序、重启服务器等操作,与运行一台独立服务器完全相同。

3. 程序

程序即建设与修改网站所使用的编程语言,换成源代码就是按一定格式书写的文字和符号。其中,源代码是指原始代码,可以是任何语言代码。汇编码是指源代码编译后的代码,通常为二进制文件,比如 DLL、EXE、.NET 中间代码、Java 中间代码等。高级语言通常指 C/C++、Basic、C#、Java、Pascal 等。汇编语言就是 ASM,只有这个,比这个更低级的就是机器语言了。浏览器就好像程序的编译器,它会帮我们把源代码翻译成看到的模样。

（三）网站的分类

1. 门户网站

门户（portal）原意是指正门、入口，现多用于互联网的门户网站和企业应用系统的门户系统。门户网站以 php 网站居多，php 相对其他语言来说比较节省资源。

2. 个人网站

个人网站是指个人或团体因某种兴趣、拥有某种专业技术、提供某种服务或把自己的作品、商品展示销售而制作的具有独立空间域名的网站，个人网站通常使用虚拟服务器，网站类型多以博客和小型论坛为主。

3. WAP 网站

WAP（无线通信协议）是在数字移动电话、因特网或其他个人数字助理机（PDA）、计算机应用之间进行通信的开放全球标准。WAP 的目标是通过 WAP 技术，将 Internet 的大量信息及各种各样的业务引入到移动电话、PALM 等无线终端中。

4. 官方网站

（1）官方网站是指由网站主题代表者所设置的网站，有别于网友为兴趣设置的网站，如电影公司为介绍某部新片所设置的网站，即可称为该影片的官方网站。

（2）网站主题的地区代理商所制作的网页，也可以称作官方网站，如韩国在线游戏由上海代理，上海代理商做的网页就称为上海区的官方网站。

（3）官方网站泛指政府部门所置的网站。

（四）网站的特点

根据网站功能不同，可将网站分为一般网站和电子商务网站。电子商务网站侧重解决商务活动的电子化，是企业发布商务信息、实现商务管理和在线交易的重要方式，是电子商务系统的"窗口"，也是电子商务系统运转的承担者和表现者。企业有了网站，可以展示产品与服务，宣传企业形象，促进商贸业务发展，加强与客户和消费者的沟通，实现线上或线下的收益。

1. 一般网站

一个好的网站往往会具有以下特征。

（1）个性化。网站的个性是在界面上大气、美观、布局合理，能体现企业价值观、展现企业文化、充分诠释企业品位；在技术上符合网站建设标准，符合企业产品营销理念。

（2）互动性。网站不论从营销的角度还是展示的角度来讲，都离不开网站的互动性功能。在技术上互动性主要体现在网站论坛、留言板、商务洽谈等系统模块。

（3）实用性。网站需要大气漂亮，但不能华而不实，尤其对集团性企业来说这点更加重要。企业应在布局上把常用的东西、重要的东西展现在网站明显的位置，无论后台管理还是前台页面浏览都可一目了然。

（4）技术性。网站的好不仅限于它的外观漂亮。网站的稳定性、浏览速度、兼容性等也是网站直观重要的组成部分。网站做好后访问速度慢，添加修改东西麻烦，是很多网站存在的问题。

（5）扩展性。随着技术的发展，人们的审美观点也在发生变化，网站也应不断改进，这种改进取决于网站扩展性的大小，如扩展性大的网站即使在2012年制作，到2020年还可使用，但有些扩展性不好、升级不方便的网站，在维护时耗时又耗财。

2. 电子商务网站

当今商业贸易趋于电子化，一般而言，电子商务网站具有以下特征。

（1）虚拟性。客户对电子商务网站上的商品只能通过商品的图片、描述来了解其形状、特性、价格和使用方法。因此，对商品的感觉不如在传统的商店里购物那么具体，除非这个商品以前使用过。

（2）商务性。电子商务网站中的"商务"一词就说明了其具有商务性，即具有做生意的特点。电子商务网站可为买卖双方提供一个交易平台，买卖双方可以不互相认识、相隔千里，网站的拥有者可通过客户留下的信息进行记录并分类整理，了解客户的需求。

（3）便捷性。便捷的操作是使电子商务有别于传统商务的主要特征之一，它充分利用了互联网的处理优势，克服了传统商务中烦琐的操作过程，使网络交易更迅速、快捷。

（4）整体性。要实现赢利的目的，就要求电子商务网站的各个环节运转良好，如网页设计制作、商品交易、货款支付、物流配送、资金周转、交易双方的诚信、有关法律的保证和支持，是一个有机的整体。

（5）可扩展性。为了使电子商务网站正常运作，必须考虑访问流量的规模，因此要考虑可扩展性，防止系统阻塞。

（6）安全性。在电子商务中，安全性是一个至关重要的核心特征。客户在网上购物将会把安全考虑放在首要地位。这就要求网站能提供一种端到端的安全解决方案，如加密机制、签名机制、安全认证、合法注册、存取控制、防火墙、防病毒保护等，这与传统的商务活动有很大不同。

（五）网站营销的定义

网站营销就是以国际互联网为基础，利用数字化信息和网络媒体的交互性来辅助营销目标实现的一种新型的市场营销方式。简单地说，网站营销是以互联网平台为核心，以网络用户为中心，以市场需求认知为导向，整合各种网络资源实现酒店营销目的的一种行为。

当前网站营销常见的推广方式主要是在各大网站推广服务商中买广告，免费网站推广包括SEO优化网站内容或构架提升网站在搜索引擎的排名，在论坛、微博、博客、微信、QQ空间等平台发布信息，在其他热门平台发布网站外部链接等。

酒店企业可以通过开放便捷的国际互联网向广大客户和企业宣传介绍酒店的产品、服务和品牌。网站营销作为一种新型的营销方式逐渐成熟。酒店网站营销主要目的是在互联网上建立酒店自身品牌，使知名酒店的品牌在网上得以延伸，使一般酒店快速树立品牌形象。

网站推广是酒店网站营销最基本的职能之一。酒店网站所有功能发挥都要以一定的访问量为基础。所以，酒店网址推广是网站营销的核心工作。酒店网站是一种信息载体，发布酒店网站信息是酒店营销形式之一，同时，酒店信息发布也是酒店网站营销的基本职能，其目的是将酒店信息传递给目标人群,包括顾客/潜在顾客、媒体、合作伙伴、竞争者等。酒店营销的目的是增加酒店销售量,酒店网站营销可以促进酒店销售。

二、酒店建设网站的必要性

互联网每天都在更新信息,谁先一步掌提信息,谁就领先于市场。在快速发展的互联网平台中,网站就像一个通往与外界沟通的窗口,使人们不管在哪里,只要能上网,就可以获取信息。

随着旅游业及周边休闲产业的进一步发展,国内各大城市星级规模酒店的发展也随之迅速。快速扩张的酒店规模、不断提升的人工成本以及酒店用品采购导致传统酒店业的竞争日益白热化。酒店业面临的挑战不断加大,酒店业应在这种竞争环境中通过建立自身网络营销系统来谋求良好的发展。具体来说,酒店建设网站有以下原因。

1. 顺应时代的发展

建立自身的网络营销系统是酒店顺应时代潮流的标志之一。现在的酒店订单更多由客人通过手机或计算机网络等在线设备预订形成,"互联网+"时代已经到来,酒店的营销策略必须与"互联网+"无缝衔接才能实现传统酒店业的升级转型。

2. 扩大营销渠道

随着当今社会智能化产品的不断完善,酒店与OTA的合作已经不是唯一的营销推广战略。除了OTA外,客人还可以通过搜索引擎、网站、微信公众平台等途径寻找到自己满意的酒店。所以,酒店需要通过多种途径进行全方位的网络推广营销。

3. 提升服务质量

酒店可以通过建立网站营销系统,提升酒店服务质量。在该系统下,客户可以对酒店环境、卫生、服务等进行点评,对酒店服务人员进行监督,从而提升酒店的服务质量。

4. 增强用户黏度

酒店网站可以帮助酒店形成良好的会员制度,可以通过系统后台强大的功能、便利性和沟通平台帮助酒店转化和培育酒店会员,进一步增强酒店客户的黏度。由此可见,建立酒店自身的网络营销系统是以"引流准客户,培育会员客户"为目标,帮助酒店实现自主营销,提升客房入住率。酒店只有建立自身的网络营销系统,全方位地实现战略营销,才能成功地从市场中脱颖而出。

三、建设网站的好处

随着互联网的发展和酒店对信息化要求的日益加深,越来越多的酒店认识到酒店预订网站的重要性,准备建设自己的酒店预订网站。具体来说,酒店建设网站有以下好处。

1. 加强酒店的宣传力度

酒店可以把路线、整体的设施设备、内部环境装饰、各种特色服务等全部发布到网站上,对酒店进行全方位的互联网宣传,让客人不管在世界的哪个角落,都可以快捷、直观地了解酒店的全部信息。

2. 增强酒店的可信程度

酒店应第一时间反馈客户需要的信息,让客人直接、方便了解。酒店在网站上的图片、活动、价格等应与客人到酒店所看到的一致,让客人对酒店产生信任感,这样就会为酒店培养一批忠实的客户。

3. 提高酒店的营销能力

互联网打破了时间和地区的限制,有利于酒店拓展潜在客户市场。酒店通过网站将自己的服务信息迅速传送到世界各地,大大提高了酒店的营销能力,真正实现全球营销。

4. 促使酒店不断前行

互联网帮助酒店广泛收集客人的要求,根据客人需求变化不断提高服务质量,使酒店一直保持着前进的脚步。酒店想要发展,想领先于市场,就必须建设自己的专业网站,根据酒店特色、服务理念,打造出符合自己酒店的互联网宣传品牌网站。

任务二 网站定位

网站定位是指确定网站的服务对象、服务内容和服务方式,确定网站的特征、使用场合、特殊的使用群体及带来的利益,即网站在网络上的特殊位置、核心概念、目标用户群、核心作用等。网站定位的实质是对用户、市场、产品、价格及广告诉求的重新细分与定位,预设网站在用户心中的形象地位。网站定位的核心在于寻找或打造网站的核心差异点,并以此为基础在消费者的心智模式中树立一个品牌形象、一个差异化概念。网站定位一般包括以下内容。

一、网站形象定位

网站形象定位一般从以下几个方面进行。

1. 现代

网站应当具有青春活力,看上去美观大方,能够紧跟酒店企业网站设计潮流,运用流行元素,使网站和酒店一样充满现代气息。

2. 实用

网站应当方便访问者迅速找到他所需要了解的信息,一目了然,轻松自如。同时,管理人员应能够轻松进行网站内容更新和维护工作。

3. 丰富

由于行业的特殊性,访问者浏览酒店企业网站一般侧重于获取信息。网站内容是否丰富,是否能够满足访问者的需求,直接影响访问者访问该网站的时间长短,间接影响酒店的投放效益。

4. 互动

访问者是一面镜子,网站应当从访问者那里获取对网站的反馈信息,捕捉客户的需求,进行双向交流,使客户在网站中充分发表见解,并加以吸收。

5. 扩展

网站应当是一个可扩展的网站,能够根据技术的发展而将其充分应用,能够将酒店外部窗口和酒店内部管理机制相结合,能够为管理决策提供数据统计与分析。

二、网站功能定位

消费者通常都十分重视产品的功能性与实用性。对消费者而言,没有功效的产品,是不会对它形成动机的。功能定位在突出产品性能的同时,主要以产品之间的差别作为定位的切入点。进行功能定位时,需要注意研究产品的性能,更重要的是产品的独特功能,突出产品的功能、准确无误、快速安全、节能、新技术等特点。功能定位以同类产品定位为基础,选择有别于同类产品的优异特性作为广告宣传的重点。

现在的酒店业已不仅是提供人们吃住的场所,而是集吃、住、行、娱乐、商务会议等于一身的多功能服务体系,在这种社会需求下,人们对酒店提供的服务有了更高的要求,如将单纯的商务型酒店转变为会议商务型酒店,以及积极倡导绿色酒店,这是酒店行业发展的趋势。网站功能定位应从实际需要和发展趋势出发,将酒店网站建设成高度互动、便于管理、内容丰富和人性化的服务型网站,具体表现在以下方面。

1. 宣传形象的通道

为了更好地对品牌进行宣传,网站的整体风格、格局等要有视觉冲击力和亲和力,建议在首页加入动态 flash 形象页。在网络媒体中,访问者的第一印象非常重要,这关系到访问者是否继续浏览该网站,flash 形象页会给访问者留下深刻的记忆,这对品牌宣传具有不容忽视的作用,可以将酒店宣传片转换成 flash 格式放在形象页面。

2. 发布信息的通道

网站信息的及时更新,如果网站没有设置这一块内容,很可能使二次以上的访问者大大减少。信息的及时更新,不仅使网站的内容和网站本身具有动态性,也充分展现了酒店企业以人为本的理念,增强了网站的亲和力。可采用新闻发布系统以及信息滚动区等多种手段,让访问者及时了解最新信息,这些信息主要是针对酒店的部分会议信息、酒店的最新通知,以及节假日的一些贺词等。

3. 服务客户的通道

酒店最基本、最重要的就是服务,酒店网站要想让访问者满意,就应从其心理需求和行业态势考虑,融入智能搜索系统、酒店预订系统、产品展览系统、酒店附加值等,尽可能地提供便利,想客户之所想,想客户之未想。

4. 内外交流的通道

作为服务性行业网站,更应该注重互动性,关注酒店与外部的交流、酒店内部的交流。可设置论坛、留言板、在线客服等,以便酒店企业接收反馈信息和进行内部管理。

5. 企业管理的通道

将计算机管理引入酒店业的管理体系中,不仅可以使酒店业的服务水平更上一层楼,还提供了一种有利的平台,使酒店的运作更加可靠、快捷和高效。

三、网站目标定位

网站的目标应具有前瞻性、可行性、实效性,将网站打造成酒店业知名品牌和一流的沟通服务平台。

1. 技术目标

网站应系统栏目易于增加、修改、删除和维护;确保资源的安全,能够有效地防止资源外部流失;确保相关数据在网上的应用速度;系统具有充分灵活的扩展能力,以满足不断发展的需要。

2. 美工目标

网站应整体设风格稳重、大气,具有现代感;色彩饱和、线条流畅和有充分的空间留白;对页面进行优化,保证客户查找信息便利;页面采用开放式结构设计,具有较大的可扩展性。

四、网站访问群体定位

精准的网站访问群体定位是网站策划的基础。从网络的传播来说,任何人都可以作为网站的访问群体,但访问群体有无效群体和有效群体之分,企业的客户、潜在用户等多是有效访问群体,其他的则为无效访问群体。无效访问群体不会对网站的营销效果起到多少作用,而有效访问群体则会直接给企业带来效益。

例如,酒店经营重点转向会议商务型层面上的时候,网站访问群体主要是具有高素质的知识分子、商旅人士等,这类群体知识文化水平高,社会接触面广,收入水平高,自然对酒店的各项配套设施有着更高的要求。所以,网站建设一方面要着重展示作为会议商务型酒店的优势与特色,另一方面在配套服务方面的展示尽可能完善的设计和具有人性化的服务。

酒店建设一个网站,要考虑用户有哪些需求,要学会对用户的需求进行分析,只有知道用户有哪些需求,才能想出对应的方法来满足用户的需求。各行各业的用户有不同的需求,酒店需要根据自己的网站来分析用户的需求,可以从以下方面对用户的需求进行分析。

1. 看下拉框出现的内容

当我们在百度搜索框里输入关键词时,下拉框里会出现许多与我们输入的关键词相关的内容,这就是最近一些用户搜索的内容,搜索多的排在上面,搜索比较少的排在下面,依次递减,从这个下拉框里可以知道用户想要了解什么内容。

2. 通过相关搜索分析用户的需求

在进行百度搜索时,在搜索结果的底部,会出现一些与搜索的词相关的词组,这时就可以看到相关搜索,知道用户有哪些方面的需求。

3. 通过百度指数来分析用户最近的需求

百度指数是一个以分析海量网民行为数据为基础的数据分享平台,是当前互联网最重要的数据分析平台之一,它能展示某个词在百度搜索的规模有多大,一段时间内的涨、跌趋势如何,哪些网民关注这些词,分布在哪些地区,还可以添加与这个词相关的关键词来进行比较。通过百度指数分析用户的需求是一个很好的方法。

4. 通过网站首页前十的排名来分析用户的需求

当我们在搜索框里输入关键词时,会出现许多网站,分析排在前十名的网站,也能了解一些用户的需求。

任务三 网站布局及栏目设计

一、酒店网站布局

(一)首页布局

1. 首页设计有特色

酒店网站首页是接触客户的第一窗口,决定了用户对酒店网站的第一印象,页面的布局和页面风格的设定,对网站整体定位起着决定性的作用。在首页栏目的规划中,不仅要体现专业美观的设计思想,更要为网站定制独有的风格和整体形象结构。在设计风格上,应体现企业的行业特点,突出酒店个性化设计,对外展示酒店的良好形象,为用户创造良好的视觉效果。

首页的设计要突出酒店行业的特殊性,具体要求如下。

(1)在设计上尽量个性化,并以动画来展示酒店的整体形象,方便用户多方位了解酒店。可简要说明酒店的概况、特色、接待能力和服务宗旨,还可以介绍酒店的一些成功案例,以及接待过的人物与举办过的大型活动。

(2)在房间介绍中,可推荐几个不同档次房型来满足不同层次的用户。

(3)在方案实现上,可图文结合,更直观地展示。

2. 慎重设计域名

酒店网站的域名就像每个家庭的门牌号码一样,既要好记,又要好听,可以采用数字、拼音、英语、缩写的形式。一个好的域名应该具有简洁性,避免字符过长导致记忆困难。设想一下,用户想浏览酒店的网站,但是域名记不牢导致反复输入也无法准确访问,就会感到厌烦,转而选择其他酒店网站好听、好记的域名满足需求。

此外,域名还应该考虑到网络的国际性,兼顾国际用户。域名具有唯一性,一个域名一旦注册成功,任何其他机构都无法注册相同的域名。域名是酒店网站重要的网络商标,在网络营销中具有酒店网站标识的作用,在进行域名的命名时,要考虑到域名与酒店网站的名称、标识相统一。一个好的域名,事关未来酒店网站网络品牌形象成功树立的大局,也是打响网站品牌的关键因素之一,选择域名要三思后再做决定。

3. 具有行业共性

建设一个网站,要考虑酒店所属的行业特点。例如,我们随意在网上搜索酒店,单击跳出来的各个酒店网站,我们会发现,同一个行业的网站,或多或少存在着相似之处,有的是网站的设计风格类似,有的是版面、布局类似,有的是栏目架构类似。这些相似之处象征着一个行业的共性,也是用户对这一行业所熟悉的部分,是酒店在建设网站时需要借鉴和参考的,具体有以下几种。

(1) 有的酒店把网站作为网络品牌的形象,注重品牌的塑造,重视页面的设计感。

(2) 有的酒店用网站来销售公司产品,在网站设计上不强调浓重的设计感和创意,而是重点突出产品的展示和销售。

(3) 有的酒店突出网站与用户的互动性,采用 Flash 游戏、360 度全景、3D 等效果增强网站的趣味性等。

总之,每个网站都有自身的行业特点及酒店网站本身的建设需求,想要建设一个适合酒店网站自身的网站,就需要明确网站建设的主题方向,不求大而全,也不要盲目追随,要根据自身实力做好相应的判断,为酒店网站建设合理定位。

(二) 网站内页布局

1. 网站内页的头部

网站内页的头部应该保持一致,而且要独立显示出来,采取调用的方法。这样可以精简网站的代码,对网站设计有很大好处。

2. 网站的内页导航

网站的内页导航有两个部分:一个是栏目导航,通过这个导航可以转到别的栏目,浏览别的栏目的内容,增加网站的浏览量,从而提高网站的权重;另一个是面包屑导航,面包屑是一个网站中为用户指引其所处位置的第二导航系统,其作用是告诉用户他们目前在网站中的位置以及如何返回,使用户不会在网站迷失方向,从而离网站而去。

3. 网站内页链接的布局

(1) 网站内页链接的布局是整个内页布局的关键,如果做得好,网站便会灵活、便捷。网站内页链接的布局要合理,要符合用户体验要求。

(2) 网站内页链接的布局主要是放在正文的右方和正文的下方,这样有利于用户体验,其原因有两点:一是用户如果通过链接点进文章,文章不符合他(她)的需求,而文章的右方有链接,可能会留住用户,减少用户的流失,增加了网站的浏览量;二是如果用户对这篇文章感兴趣,浏览到文章的最底部,可以通过文章下方的链接转到别的页面,而不用回到文章的顶部再去其他页面,节省了用户的时间,也增加了网站的浏览量。

(三) 酒店网站的建设标准

1. 个性化

互联网的最大特性之一就是充满个性,每个人上网都能得到自己所需要的东西。酒店网站更应充分发挥这一特点,为目标对象提供个性化的服务,令用户有亲切的感受,仿佛整个网站是专门为其服务的。缺乏个性的网站是没有竞争力和生存价值的。

2. 实用性

酒店建立网站就想最大限度地对产品和酒店本身进行宣传。若网站只是为浏览者服务,宣传的广度和深度是远远不够的,失去了网站营销的意义。除了浏览者外,还要大量地吸引社会上的其他经销商、代理商、消费者浏览和使用网站,以形成更多的潜在客户。

3. 技术性

技术是实施网站建设的手段,先进的技术能够保证完美表现所要传达的信息。技术在于运用,如何在适当的地方运用合适的技术是网站成功的关键。网站建设中需要应用多种技术实现强大的网站功能,展示网站个性,与用户互动交流信息,实现企业资源与网络的整合。

4. 前瞻性

互联网本身是不断发展的,技术和信息都在不断进步、更新。因此,在进行网站建设的时候,就要预留能适应未来发展的空间。

(四)酒店网站本地化技巧

酒店要想推广自己的特色,突出地方体验,就要确保自己的网站能吸引潜在客户直接预订,具有引人入胜的在线旅游资源。对此,酒店可通过以下技巧将网站本地化。

1. 创建本地视频

酒店可创建一个简短的视频,内容可展示本地最好的景点介绍,如各大公园、徒步旅行线路、当地热闹的夜生活、文化亮点、距酒店几步之遥的美丽沙滩等,或者捕捉当地节日活动的镜头,如美食节、现场喜剧演出、艺术展览、农贸市场等,把目的地包装为全年任何时候都有丰富多彩的特色活动。这种引人入胜的视觉享受能够给客户充分的理由进行最后的酒店消费决策,并刺激他们一步步做出其他预订决策。

2. 创建独特的目的地旅行指南

虽然宣传视频可以让游客对酒店有所了解,但是要想让客户对附近的景点有更深刻的了解,还需创建一个专门页面。酒店可以借鉴 Airbnb 的成功经验,Airbnb 做了以此为主题的指导手册,每个手册都展示了 Airbnb 房主推荐的本地最佳景点,每个景点都包括书面说明,在地图上标明距离酒店多远,并附加景点官方网站链接。一个专门的页面可作为游客的"导游",带领游客预演目的地旅程,它可以把酒店定位为住宿之余,游客在停留期间可以信赖的、有益的、知识丰富的一大资源。

3. 在主页上突出当地特色

虽然客户浏览酒店网站,明显是为了了解房间和配套服服务设施,但酒店主页可以做得更多,可以突出独特的本地体验,让客户心动,成功给他们留下深刻印象,让游客了解此行的价值。在主页中加入目的地的特色简介能帮助酒店在同行中脱颖而出,与众不同。酒店只要在第一时间激起用户的兴趣,就能成为用户深入了解酒店的强有力的理由。

4. 创建有关当地活动事件的博客

毫无疑问,维护一个博客是需要时间的,但只要方式得当,它就能够成为宣传酒店附近景点强大的资源。当然,酒店在进行内容创建时,换位思考客户真正在乎什么样的体验是很重要的。浏览点评网站收集客户反馈信息是获得有益意见的一种简单方法。

酒店可以写一些非常受欢迎的音乐表演场地、当地人喜爱的美食餐厅、热门话题、家庭出游景点、逃避人群的最佳海滩等内容。文章除了可将游客吸引到酒店网站,还可为电子邮件营销提供灵感。个别文章还可以经重新包装成为一个完整的目的地指南,为订阅了该信息的用户提供免费下载。通过建立鼓舞人心的内容来将酒店网站本地化,潜在客户预订酒店的理由也将不只是房间是否舒适。

二、酒店网站设计

(一)酒店网站建设的设计方案

酒店网站建设应考虑以下内容,形成设计方案。
(1)酒店网站的定位是什么?
(2)哪些人会是酒店网站的浏览者?
(3)浏览者可以通过酒店网站得到什么?
(4)酒店网站的哪些元素会使客户再次浏览网站?
(5)酒店网站上的哪些内容会使得客户有购买意向?

(二)酒店网站建设系统实现方案

酒店网站系统实现要尽量从客户出发,要尽量简化操作流程,并实现网上预订,以电子表格形式在线填写订房信息,客户只需填写姓名、身份证号码、订房规格、人数、预住天数、来店日期、联系方式等信息,确认后这些信息将提交给酒店后台管理员。另外,酒店还要注意与客户及时交流,在第一时间对客户提出的意见给予答复,也可以让客户提出对酒店服务的满意程度和各种建议。

在建设酒店网站时要充分考虑酒店的经营服务和特色,在制作酒店网站建设方案时要注重系统的实用性、可靠性、先进性和经济性原则,另外还要注意系统的扩展性,为以后有可能升级打好基础。由于酒店行业对服务的要求高,网站建设也为其服务节省时间,以轻松的操作,通过在线和实时地进行系统管理工作,有利于提高酒店现代化服务质量。

针对酒店网站,要制定一套完善的酒店网站建设方案,让客户在最短的时间内浏览到酒店内最新房间价格信息及优惠活动。酒店网站建设方案还可提供一个完善的集团邮箱系统,用户只需在首页的邮箱入口登录就可以查看自己的电子邮件。

(三)建站目标

(1)树立酒店形象,提高知名度与客户网上搜索率。
(2)让客户足不出户就能了解到酒店的特色、服务标准。
(3)让客户及时了解优惠信息、特色活动信息。
(4)及时获取客户的反馈信息,作为管理决策参考。
(5)拓展市场宣传、提升品牌形象。
(6)为酒店提供网上预订平台。
(7)为现有的客户提供更有效的服务,吸引更多的潜在客户和访问者。
(8)建立完善的网上服务系统,提高管理效率,建立完善的跟踪系统。

（四）建站语言

酒店网站可选用简体中文、繁体中文、英文、韩文、日文、俄文、西班牙文等多语种网站语言。因为酒店行业具有特殊性，酒店所面对的客户来自不同的国家，制作不同语言版本的网站可以协助酒店更好地服务于大众。

（五）网页设计

酒店网站应根据酒店特点、经营理念、服务内容形式的不同，规划建设不同的网页表达方式，在设计和创意方面既体现企业的服务特色，又兼顾行业拓展的方向，做到既量身定做又兼容并蓄。

（六）网站架设步骤

1. 建立网站形象

针对酒店的发展方式及战略计划对网站进行规划，以实现良好的运行，实现网站架设的目标。

2. 网站信息布局

酒店网站的主体信息结构及布局是总体网站的框架，所有的内容信息都会以此为依据进行布局，清晰明了的布局会使浏览者方便快捷地取得所需信息。

3. 网站页面制作先进技术应用

网站的内容必须生动活泼，网站的整体设计风格要有创意，才能吸引浏览者停留。可以采用网络上流行的CSS、Flash、JavaScript等技术进行网站的静态和动态页面设计，追求形式简洁、实用，符合客户的浏览习惯，突出功能性和实用性。以上结构、内容、布局方式都可按客户的不同商务模式、不同要求进行调整，对模块和内容进行细化。

（七）建立网上预订系统

1. 会员注册功能

可以注册会员，可分为普通会员和VIP会员。

2. 预订功能

设立酒店预订系统，可在线直接选择房型、预订房间。

3. 会员积分与会员价功能

（1）不同会员可拥有不同积分方式，属于不同的会员级别，从而享有相对应的奖励和折扣。

（2）会员有相应的会员价和优惠价。

4. 会员中心功能

会员中心包括会员注册、积分管理、会员身份验证、会员资料修改、订单查看、订单修改、以往入住记录等功能。

5. 公告查看功能

酒店可以发布不同的公告信息供客户查看,使其了解酒店动态信息、了解最新产品信息。

6. 留言本功能

管理员在后台审核后前台显示,防止不良信息出现。

7. 多种多样的广告表现形式

合理安排多处站内广告,全部支持Flash动画与图片。

8. 管理权限可进行编辑

可以给商城维护人员分配更细致的管理权限。

9. 重点建设在线预订

站在消费者的角度,来到酒店网站,最直接的需求就是在网站上进行房间预订,所以在线预订的建设尤为重要。要根据每个酒店的预订流程和个性化服务内容,为酒店网站制作出符合要求的在线定制功能。

(八) 技术支持

1. 前台栏目管理

1) 首页

首页由以下内容组成。

(1) 网站头部:登录与注册按钮、设为首页、加入收藏按钮、导航栏、Logo。

(2) 最新更新:列表显示的方式为标题和时间。

(3) 系统公告:管理员在后台发布的一些公告信息。

(4) 图片列表区:酒店企业产品图片或企业的展示图片。

(5) 分类列表区:按照各种分类,以栏目的形式显示最新的内容。

2) 内容页

内容页由以下内容组成。

(1) 网站头部:与首页网站头部类似。

(2) 图片内容推荐栏:列出该类图片中推荐的图片及内容。

(3) 图片内容排行栏:列出该类别下的点击率排名靠前的图片及内容。

(4) 图片内容列表区:列出所有该类别下的图片内容或者按照条件查询到的图片内容,并且可以进行排序,包括按上传时间、按生产日期、按推荐级别、按浏览总数等排序。每个列表项都包括以下几种元素:内容图片、内容名称、内容类别、上传时间、推荐等级、浏览次数等。

3) 客户要求的其他支持

根据酒店客户的需求,加入其他技术支持模块。

2. 后台管理

(1) 图片管理:对图片的管理包括添加、删除、修改图片的内容元素,主要包括:图片名称(图片的名称)、所属栏目(所属的栏目分类,分类由"栏目管理"中动态生成)、上传图片(将图片上传到网站页面上)、权限管理(隐藏或者显示)。

(2) 栏目管理:一般是以设置图片或内容的类别作为栏目,可以添加栏目、删除或修改栏目名、菜单排序、类别排序、首页排序。

(3) 静态页管理:生成静态页面的栏目,包括关闭网站静态页面功能、首页更新静态页、内容页更新静态页。

(4) 广告管理:网站上分布着各种广告,进行广告的添加和修改。

(5) 用户列表:用户的各项参数设置。

(6) 系统设置:进行系统的参数设置,包括系统名称、是否允许用户注册、用户申请后是否需要审核。

(7) QQ管理:启动和设置QQ在线支持面板。

(8) 密码修改:管理员密码的修改。

(9) 公告管理:首页显示的公告文章。

(10) 留言管理:对留言的回复、修改、删除。

(11) 数据库操作:包括执行SQL语句,压缩数据库,备份数据库。

(12) 退出管理:退出后台的管理。

(13) 客户要求的其他支持。

(九) 连锁中心

(1) 加盟优惠政策。

(2) 加盟区域。

(3) 加盟商详细资料填写。

(4) 联系公司。

(5) 代理商积分管理。

(6) 客户要求的其他支持。

(十) 客户留言

(1) 后台回复。

(2) 删除或者修改留言。

(十一) 酒店网站维护

(1) 日常网页维护:对需要经常更新的栏目内容,定期维护。

(2) 虚拟空间维护:对DNS域名解析维护、空间时限管理。

三、酒店网站栏目设计

1. 酒店概况

酒店概况包括酒店简介、总裁寄语、企业文化、发展历程、公司架构、公益事业、荣誉录、大事记等内容,可通过后台进行各类信息的添加、删除、修改、管理,本栏目可使访问者对酒店的综合实力形成大致了解。

2. 商务会议

商务会议可通过图文并茂和三维模拟的形式传达信息,展示酒店商务会议设施及接待能力、优势,内容可包括各会议厅简介、会议厅设施、秘书服务等商务服务。

3. 酒店新闻

建立新闻发布系统,对酒店内部新闻、行业资讯、服务公告、节假日贺词等内容进行即时动态更新,以便访问者能在第一时间了解酒店信息。

4. 客房服务

客房服务栏目包括酒店客房的介绍,结合图片、文字介绍不同档次的客房、各种规格的客房设施及服务水准、价格、可预订数量。该栏目将客房图文并茂地展示给访问者,让访问者在网上就能对酒店各种规格的客房有直观详细的了解。

5. 餐饮服务

餐饮服务栏目可结合图片、文字介绍酒店不同档次、不同种类的餐饮设施、服务水准,以及优势、特点等。将餐饮设施图文并茂地展示给广大客户浏览,使客户对酒店的餐饮设施情况有详细了解。在这一栏目中可包括餐厅设施、菜单报价、招牌菜、用餐习俗、用餐礼仪、餐饮种类等内容。

6. 休闲娱乐

介绍酒店各娱乐设施、服务项目、价格明细等内容。

7. 客户留言

管理客户的服务需求信息、对酒店的建议信息与信息咨询等,灵活调整酒店的服务。

8. 在线预订

建立在线预订系统平台,通过图表的形式,让客户便于预订酒店各种服务。

9. 人才招聘

对网站进行招聘信息的发布、收集,并可在后台对应聘材料进行管理,形成人才数据库。

10. 友情链接

可链接国内外著名网站、酒店相关网站、客户可能需要的网站等。

11. 联系我们

提供酒店的联系地址、电话等,便于客户与酒店及时联系。

12. 法律声明

发布关于网站设计、制作、知识产权等相关法律声明。

四、酒店网站设计原则

1. 安全性、稳定性原则

在充分考虑站点访问性能的同时,要格外重视站点的安全性和稳定性问题,可采用会员访问权限控制,使用加密算法,采取服务器在 IDC 环境的安全措施等。

2. 并发性原则

酒店网站的使用者可能会同时操作同一系统,系统应支持多人操作。

3. 可移植性、可延续性原则

网站采用的开发技术不仅要满足现在的应用需求,而且要适应未来的发展趋势,使以后的升级、移植工作方便,降低二次开发成本,保证用户的投资利益。

4. 可分析性原则

网站管理员可随时查看指定页的访问次数、来访路径、访客所在地区分布、访问时段分布、访客使用浏览器等信息,定期形成网站统计分析报告。

连锁酒店网站建设方案书

第一部分:网站主要介绍

1. 网站风格

网站是专业连锁酒店的在线预订网站。

2. 网站建设目标

(1) 树立酒店良好的公众形象,提高知名度与客户网上搜索率。

(2) 为酒店提供网上预订平台。

(3) 让客户及时了解优惠信息、特色活动信息,吸引更多的潜在客户预订。

(4) 吸引更多客户,为现有客户提供更有效的服务。

(5) 建立完善的网上预订服务系统,提高预订管理效率,建立完善的跟踪系统。

第二部分:网站栏目结构介绍

1. 网站首页

网站首页是连锁酒店网站的第一窗口,是决定客户对连锁酒店第一印象的关键页面,首页的布局和页面风格的设定对网站整体定位起着决定性的作用。量身定制独具风格和整体形象结构的网站首页,突出"连锁酒店"个性化设计,对外展示公司的良好形象,为浏览者创造良好的视觉效果。

2. 集团简介

集团简介主要是对连锁酒店的介绍,包括公司概况、特色和服务宗旨,还包括公司的历史、大事记、企业文化、公司荣誉等信息。让客户对其即将入住的酒店产生更加强的信任感,从而进一步刺激消费,把无形的介绍转化成有形的消费。

3. 新闻资讯

以信息发布形式公布公司的新闻资讯、行业动态以及媒体报道等连锁酒店信息,可以让客户在入住酒店之余可以了解更多的公司新闻信息。该栏目可包括公司新闻、促销优惠、媒体报道。

4. 酒店预订

客户可以电子表格形式在线填写订房信息,包括姓名、手机号、订房房型、人数、入住天数、到店日期、离店日期、联系方法等信息,确认后这些信息将提交给酒店后台管理员。该栏目可包括酒店预订、地图预订、价格查询、订单管理(后台)。

5. 品牌汇

品牌汇主要是为连锁酒店的个人会员提供用户注册、登录、客户预订、点评功能。客户登录会员中心可以享受会员酒店预订折扣,查看自己的酒店订单、查看积分、修改联系信息、修改密码、查阅自己历史订单等。该栏目可包括我的订单、我的点评、我的资料、我的常住酒店、会员权益、会员公告、会员手册、会员点评。

6. 客户点评

客户点评是一个互动栏目,是网站管理者获得客户反馈信息的一个重要来源,它提供了一个公共的信息发布平台。在这一栏目中,入住酒店的客户可以发布酒店的入住体验点评,酒店可以针对客人的点评进行回复。该栏目可包括客人点评、酒店回复。

7. 会员中心

会员中心主要是为连锁酒店的个人会员的权益介绍以及常见操作指南等内容。该栏目可包括会员权益、会员公告、会员手册、会员点评。

8. 人才招聘

人才招聘可以为对酒店企业感兴趣的人才提供一个毛遂自荐的机会,让酒店有机会网罗各路精英,充实实力,加快发展,也体现了酒店对人力资源的重视。企业要发展,人才库的装备是必不可少的。该栏目可包括人才战略、人才招聘。

9. 联系我们

联系我们栏目是客户和酒店之间联系沟通的渠道,让对酒店感兴趣的潜在客户提供酒店的详细联系方式,便于客户和酒店的及时沟通。该栏目可包括联系方式、酒店地图,也可提供一键导航功能,方便客人入住。

10. 附属栏目

附属栏目可以增加一些网站实用工具信息,如网站流量统计系统、二维码、微信信息等。该栏目可包括友情链接、联系我们、免责条款、酒店加盟、酒店登录等。

11. 网站预订相关功能描述

(1) 酒店搜索:入住日期、离店日期、酒店位置、价格范围、酒店关键词(酒店名称)。

(2) 地图搜索:入住日期、离店日期、酒店位置、酒店关键词(酒店名称)。

(3) 酒店预订信息:房间信息(面积、楼层、房型、床型、加床、早餐、宽带)、预订价、入住日期、离店日期、周末价、平时价、特殊日期价格、是否含早、返现金(入住后点评)。

(4) 酒店预订订单信息:房型、价格、确认方式(短信、固话)、入住人数、入住姓名、入住日期、离店日期、预订人姓名、预订人手机、最早到店时间、最晚到店时间、其他需求(加床、计算机房、无烟房)、加床价格。

(5) 个人会员中心:我的酒店订单、我的积分、我的信息、我的常住酒店、我的酒店点评、我要点评、最近访问酒店、个人账户信息、修改资料。

(6) 酒店会员管理后台:更新酒店信息、房型信息登记、客房预订管理、酒店点评管理、酒店地图标注。

(7) 预订帮助:新手上路、预订流程、奖金提现、售后服务。

(8) 酒店点评:点评等级、酒店回复。

第三部分：网站系统介绍

连锁酒店网站管理系统是基于 B/S 的模式，使用 PHP+MySQL 技术，针对连锁酒店的业务需求，定位于连锁品牌酒店网站建设的专业网站管理系统，能够以最低的成本和投入，快速搭建连锁酒店网络营销平台，涵盖 PC 端、手机端、微信端和 App 客户端，一套系统即可拥有四个终端软件系统，达到全网营销，一站管理的最终目标。系统节省了客户和酒店的预订成本，缩短了预订周期，带给客户更好的预订体验，打破了以往连锁酒店网站只能进行形象展示而不能提供客房预订的现状，为酒店顺应时代发展提供网上预订提供了技术平台，使连锁酒店利用自己的网站独立开展网络营销和预订服务成为可能。

该系统通过一个网站后台来管理 PC 端、手机端、微信端、App 客户端，实现 PC 端、手机端、微信端、App 客户端同步客房发布、信息管理、订单管理等内容维护一站管理、同步显示的目标，极大提高连锁酒店一站式维护和网络营销效率，实现了文章管理、会员管理、客房管理、订单管理、酒店点评管理、积分管理、提现管理、数据分析等核心功能以及短信管理、在线支付管理、邮件管理、网站栏目管理、广告管理、酒店相册管理、友情链接管理、管理员管理等众多辅助功能模块。

第四部分：网站系统主要功能模块

1. 网站优化设置系统

网站优化设置系统可进行网站基本设置，网站版权信息修改，网站 SEO 优化设置，设置网站标题、关键词、描述等信息，每个栏目和内容页可以独立设置，让酒店网站更快地被搜索引擎收录。

2. 支付设置系统

支付设置系统支持支付宝、财付通、网银在线、快线、易宝、环讯等国内外常用支付接口，后台配置，前台即可开通，轻松便捷。客房支持选择到店支付或者在线支付两种模式，自由切换。

3. 短信设置系统

短信设置系统可提供客户预订订单提醒、订单处理成功提示，一次预订流程中，系统会发送 2 次提醒短信，后台可以设置短信模板。在会员注册、订单提交、订单确认等环节，系统会自动给访问者和网站工作人员发送手机短信通知。

4. 酒店信息子系统

酒店信息子系统提供酒店自助管理功能，酒店可凭密码自主管理本酒店信息，减轻网站维护工作量。可以任意添加无限数量的酒店，酒店的基本信息包括酒店名称、星级、城市、联系方式、行政区、商业区、交通情况、周边景观、地图、基本情况、入住要求、餐饮、会议、娱乐、服务等设施说明。酒店可以添加无限多个房间，每个房间可独立设置床型、宽带情况、早餐情况、门市价、会员价等。

5. 酒店订单管理系统

酒店订单管理系统使客户可以根据需要选择适合自己的房型。酒店会员能够在线填写客房预订表单，订单以电子表单形式发送到网站后台，保存在网站数据库中，管理员可以打开网站后台查看订单详细信息，并进行订单查看、处理、删除等操作。酒店管理员也可以登录酒店会员后台查看本酒店的订单详细信息，并进行订单查看、处理操作。业务流程涵盖多种订单状态设置，方便业务管理，如未确认、已确认、未付款、已入住、已支付、已离店、已取消等。

6. 客户会员子系统

客户会员子系统运用会员制度为更多客户提供更为全面的服务。会员首先要分为几个等级,通过这种层层相扣的会员制度来让不同等级的会员享受不同折扣的优惠,为会员提供更全面、更统一的管理服务。

7. 客房、房价管理系统(平日、周末、特殊日期价格、房态维护)

网站管理员和酒店管理员可在后台添加、删除、修改客房、客房简介、配套设施与服务、房价、图片等客房信息。后台操作后,前台查询页面会自动进行相应改动。可以通过日历可视化批量输入酒店全年价格和平日价及周末价、特殊日期价格,维护方便,一次设定不需要定期修改。可以自由设置满房状态,无须人工守候,方便客户查询。

可以进行客房信息自定义菜单设置,可以对床型、早餐、上网方式等信息的增加、编辑或删除。

8. 酒店点评管理系统

酒店点评管理系统提供了一个公共的信息反馈平台。在这一栏目中,入住酒店后的客户登录会员中心可以对产品、服务等提出问题或表明观点、感受等,发布对酒店的真实入住体验点评。住客可以在此与酒店交流,也可以提出对酒店服务的满意程度和各种建议。酒店管理员和网站管理员可以针对客户的点评进行查看、审核、回复、删除等操作。网站管理员可以自由设置点评奖金金额等信息。客户可在会员中心查看自己的点评奖励情况。

9. 财务管理

网站管理员可以查阅个人会员积分流水、申请提现记录、提现处理流程情况。在这里可对个人会员申请提现的请求进行核对和管理,对达到提现资格的用户可以审核通过,并在线下完成汇款提现工作。系统可设置完整积分获取、增减、提现流水和记录,方便管理会员积分消费和提现。

10. 微信管理

通过微信接口可以直接对接微信平台,对接成功后,可以更新图文素材和文字素材,以及微信自定义菜单项目,并可以查看关注的会员以及会员的分组情况,并通过技术展开营销活动(刮刮乐、大转盘)。

11. App 客户端管理

App 客户端管理可以推送最新信息给用户,并通过接口编辑 App 的文字内容和描述,控制 App 前端广告内容,实现 PC 端数据和 App 客户端数据的同步更新。

12. 数据分析管理系统

数据分析管理系统涵盖订单来源、区域分布、时间阶段,可通过网络订单来源、客流区域分布、订单状态统计系统时间流量来源、客人区域分布和时间分布等,对客户消费习惯和消费记录进行统计分析,帮助管理员对会员数据、订单数据进行数据统计和分析,便于网站运营者进行科学决策,从而为酒店数据分析和广告投放区域和时间节点提供有力支撑。

13. 酒店地图定位系统

酒店地图定位系统可以根据客户要求提供主流地图系统的地图标注服务,以及酒店按照地图位置进行精确查询。

14. 城市拼音智能匹配系统

城市拼音智能匹配系统可在后台录入酒店城市,自行添加编辑城市,前台自动智能匹配拼音检索。

15. 新闻管理系统

新闻管理系统是将网站需要经常变动的信息,如行业动态、酒店新闻、促销信息等信息集中管理,并对信息进行分类,系统化、标准化发布到网站上的一种网站应用程序,可帮助酒店轻松实现各种信息资讯的发布、修改、管理、添加、删除、找回以及所属栏目的修改、删除。

16. 网站辅助系统

网站辅助系统包括友情链接、网站流量统计系统、广告系统、人才招聘、单页管理、网站权限管理、邮件设置、在线客服、商业授权、二维码、电子地图等功能。

任务四　网站营销推广

一、搜索引擎推广

搜索引擎推广(search engine marketing,SEM)是一种新的网络推广形式,是全面而有效地利用搜索引擎进行网络推广。SEM追求最高的性价比,以最小的投入,获得最大的来自搜索引擎的访问量,并产生商业价值。搜索引擎推广可以增加酒店预订数量,推广计划包括对搜索引擎和目录进行持续发布,设置一个定期发布的时间表以提高网站的可视度。在网站内设置一个信息引擎,网站管理员可以检查搜索引擎的进程和结果,并对网站有效性进行评估。

提高自身在谷歌、百度这样的搜索引擎中的排名,让用户方便进入是所有网站的基本需求与工作。研究显示,依赖搜索引擎计划个人旅行以及计划商务旅行的人数比例,以及依靠搜索引擎搜索商旅住宿以及个人住宿的比例非常高。此外,还有调查表明,大部网民查找资料时,只查看搜索引擎上前三页的内容,排名靠后的很难有机会被网民查看。所以,酒店商家可通过合理的关键词布局、网站内容规律性更新、友情链接等方法来优化搜索引擎,进行搜索引擎推广。

二、交换链接推广

交换链接又称互换链接,是两个网站之间简单的合作方式,具有一定的互补优势,即分别在自己的网站首页或者内页放上对方网站的Logo或关键词,并设置对方网站的超级链接,使客户可以从对方合作的网站中看到自己的网站,达到互相推广的目的。交换链接可以获得访问量,增加用户浏览时的印象,在搜索引擎排名中增加优势,通过合作网站的推荐增加访问者的可信度等。

通过网站交换链接、交换广告、内容合作、用户资源合作等方式,在具有类似目标网站之间实现互相推广的目的,其中最常用的资源合作方式为网站链接策略,利用合作伙伴之间网站访问量资源合作互为推广。每个企业网站均可以拥有自己的资源,这种资源可以表现为一定的访问量、注册用户信息、有价值的内容和功能、网络广告空间等,利用网站的资源与合作伙伴开展合作,实现资源共享、扩大共同收益的目的。

一般来说,每个网站都倾向于链接价值高的其他网站,获得其他网站的链接也就意味着获得了合作伙伴和领域内网站的认可。

三、网络广告推广

网络广告是常用的网络营销策略之一,在网络品牌、产品促销、网站推广等方面均有明显作用。网络广告的常见形式包括 banner 广告、关键词广告、Email 广告等。banner 广告所依托的媒体是网页,关键词广告属于搜索引擎营销的一种形式,Email 广告则是许可 Email 营销的一种,可见网络广告不能独立存在,需要与各种网络工具相结合才能实现信息传递的功能,也可以认为,网络广告存在于各种网络营销工具中,只是具体的表现形式不同。网络广告具有可选择网络媒体范围广、形式多样、适用性强、投放及时等优点,适用于网站发布初期及运营期的任何阶段。

网络广告克服了传统广告承载信息量有限、交互性差等缺点,获得了较高的点击率。尽管点击付费的网络广告存在着许多的争论,但它对提高网站的访问量是十分有效的,点击付费广告可以使网站在短期内提高点击率,获得一个好的网络搜索排名。

在网站投放图片广告、文字链是传统而常见的网络推广方式。在广告内容选择上,网络用户对数字、优惠词汇、利益信息等的敏感度更高。因此,需要根据广告内容和目标,确定合适的投放内容。就网站来说,门户网站、垂直搜索网站、商旅网站、大众旅游社区都是可选对象,它们的用户特点与潜在用户量也存在很大差异。

四、信息发布推广

信息发布既是网络推广的基本职能,又是一种实用的操作手段,通过互联网,酒店不仅可以浏览大量商业信息,还可以自己发布信息,将有价值的信息及时发布在自己的网站上,以充分发挥网站的功能,如新产品信息、优惠促销信息等。同时,酒店也可以将有关的网站推广信息发布在其他潜在用户可能访问的网站上,利用用户在这些网站获取信息的机会实现网站推广的目的,适用于这些信息发布的网站包括在线黄页、分类广告、论坛、博客网站、供求信息平台、行业网站等。

五、博客推广

博客推广是通过博客网站或博客论坛接触博客作者和浏览者,利用博客作者个人的知识、兴趣和生活体验等传播商品信息的推广活动。博客推广不直接推销产品,而是通过影响消费者的思想来影响其购买行为。专业博客往往是那个圈子中的意见领袖,他们的一举一动往往被其他人模仿和追逐。

六、个性化推广

个性化推广的主要内容包括用户定制自己感兴趣的信息内容，选择自己喜欢的网页设计形式，根据自己的需要设置信息的接收方式和接收时间等。个性化推广在改善顾客关系、培养顾客忠诚以及增加网上销售方面具有明显的效果，但只有在个人信息可以得到保护的情况下，用户才愿意提供有限的个人信息，这是开展个性化推广的前提保证。

七、会员制推广

会员制推广是酒店电子商务网站的有效推广手段，国内外许多酒店集团或酒店网站都实施了会员制计划。酒店要完善会员体系及积分制度，客户忠诚计划和奖励体系是留住客户最直接的手段，建立良好的会员发展体系并为会员提供有吸引力的奖励计划是一个持续性、稳定性的互动式营销模式。为此，酒店可以提升服务质量，给客户提供难忘消费体验，同时采用一些优惠券、积分兑奖等营销活动，吸引新用户来注册，转变为会员，从而积累大量的客源，提高酒店的知名度。

八、网站＋小程序推广

酒店企业除了利用网站本身进行推广之外，还可以制作一个酒店小程序，在酒店网站上进行展示，让客户可以扫描使用。充分利用小程序便捷使用的特点，多渠道推广酒店，增加酒店网站曝光度，吸引更多用户。

九、电子邮件推广

电子邮件推广主要以发送电子邮件为网站推广手段，常用的方法包括电子刊物、会员通讯、专业服务商的电子邮件广告等。其中，专业服务商的电子邮件广告是通过第三方的用户电子邮件列表发送产品服务信息，是需要付费的。多数企业采用电子刊物和会员通讯等免费途径来进行网站推广，增加潜在客户定位的准确度，增强与客户的关系，提高品牌忠诚度。

酒店可通过会员注册信息、公开个人资料等方式获得目标客户的电子邮件列表，然后定期按电子邮件列表发送产品广告和促销信息，也可以在邮件签名栏留下公司名称、网址和产品信息等。电子邮件营销是网络营销方法体系中相对独立的一种，既可以与其他网络营销方法相结合，也可以独立应用。

电子邮件是互联网传送的个人信件，酒店可以把本酒店的广告通过电子邮件直接发送给客户。电子邮件具有成本低、信息发布反馈速度快等优点，但酒店所投寄的信息客户不一定需要，容易导致客户对酒店产生不良印象。这就要求营销人员认真分析和严格审查，根据其资料进行取舍，提高所投电子邮件的质量，包括措辞、文字设计、背景图案等各方面的内容。

电子邮件营销使营销人员能长期与订户保持联系。订阅者连续几年看同一份电子杂志是很常见的。互联网上信息令人眼花缭乱,数不胜数,能数年保持与同一个订户的固定联系,在当今的互联网上是十分难能可贵的财富。以电子邮件建立的强烈信任和品牌价值是其他网络营销方式难以达到的,网站有任何新产品或促销活动,都能及时传达给这批长期客户,销售转化率也比随机来到网站的用户高得多。

十、快捷网址推广

快捷网址推广是合理利用网络实名、通用网址以及其他类似的关键词网站快捷访问方式来实现网站推广的方法。快捷网址使用自然语言和网站 URL 建立其对应关系,这对习惯使用中文的客户来说十分方便,客户只需要输入比英文网址要更加容易记忆的快捷网址就可以访问网站。

例如,酒店可以选择企业名称或者商标、主要产品名称等作为中文网址,弥补英文网址不便宣传的缺陷。随着企业注册快捷网址数量的增加,这些快捷网址用户数据可也相当于一个搜索引擎,这样,当用户利用某个关键词检索时,即使与某网站注册的中文网址不一致,也有被用户发现的机会。

十一、品牌推广

酒店企业网站推广应围绕酒店品牌推广策略。无论酒店采用何种推广方式,都是对自己企业品牌的传播。网络时代为企业品牌的发展提供了更广阔的空间,也提供了全新的传播形式,网络已经成为品牌口碑传播的阵地。一个优秀品牌的建立不但要有较高的知名度,还要有较好的美誉度。

十二、网络视频推广

网络视频推广是通过数码技术将酒店产品推广现场实时视频图像信号和酒店企业形象视频信号传输至互联网上,客户只需登录酒店网站就能看到对酒店产品和企业形象进行展示的电视现场直播。在网站建设和网站推广中,网络视频推广可增强网站内容的可信性、可靠性。

视频推广将"有趣、有用、有效"的"三有"原则与"快者为王"结合在一起。这正是越来越多企业选择网络视频作为推广手段的原因,它既具有电视短片的特征,如感染力强、形式内容多样、具有创意等,又具有互联网推广的优势,如互动性、主动传播性、传播速度快、成本低廉等。可以说,网络视频推广是电视广告与互联网推广的良好结合。

十三、论坛推广

论坛推广是企业利用论坛网络,通过文字、图片、视频等方式发布企业的产品和服务的信息,从而让目标客户更加深刻地了解企业的产品和服务,最终达到企业宣传企业的品牌、加深市场认知度的网络推广活动。

酒店可以寻找富有人气的相关主题网站，有计划地发帖子，做好细节，才有好效果。应当选择好的、热门的、吸引人的素材，去一个相关的人气很旺的版区发帖宣传，并在帖子中加入本酒店的网址。

十四、网上商店推广

建立在第三方电子商务平台上、由商家自行经营的网上商店，如同大型商场中租用场地开设的商家专卖店一样，是一种比较简单的电子商务形式。网上商店除了通过网络直接销售产品这一基本功能外，还是一种有效的网站推广手段。从酒店企业整体推广策略和客户的角度考虑，网上商店的作用主要表现在两个方面：一方面，网上商店为企业扩展网上销售渠道提供了便利的条件；另一方面，建立在知名电子商务平台上的网上商店增加了客户的信任度，对不具备电子商务功能的酒店网站也是一种有效的补充，对提升企业形象并直接增加销售具有良好效果。若将酒店网站与网上商店相结合，效果更加明显。

十五、互动式推广

旅游主题的线上互动活动，是来自旅游社区的运营推广经验，它能在一定时期内吸引用户关注和参与，并贡献内容或流量。酒店网站推广可以借鉴此方式，发展潜在用户。线上活动要注意参与广泛度、操作简便度、活动的公开公平性。就用户习惯来说，让网民上传图片比上传文字容易，写一段话比写一篇文章更乐于参与。

十六、竞价排名推广

竞价排名推广是把酒店企业的产品、服务等以关键词的形式在搜索引擎平台上进行推广，是一种按效果付费的新型而成熟的搜索引擎广告，用少量的投入就可以给酒店带来大量潜在客户，有效提升企业销售额。竞价排名是一种按效果付费的网站推广方式，酒店在购买该项服务后，注册一定数量的关键词，其推广信息就会率先出现在客户相应的搜索结果中。

对搜索引擎优化效果不满意的酒店，可以采用竞价排名方式使推广信息出现在搜索结果中（一般是靠前的位置），并且按点击付费，即如果在检索结果页面中却没有被点击，则不用支付推广费。竞价排名推广具有以下特点：①出现在搜索结果页面，与用户检索内容高度相关，增加了推广的定位程度；②竞价结果出现在搜索结果靠前的位置，容易引起用户的关注和点击，效果比较显著；③按效果付费，费用相对较低。

项目小结

本项目主要阐述了网站营销的概念，包括网站的定义、网站的组成、网站的分类、网站的特点、网站营销的定义等；解释了酒店自建网站的原因、酒店建设网站的好处；论述了网站的定位，包括网站形象定位、网站功能定位、网站目标定位等；分析了网络媒体特点、网站访问群体；介绍了酒店网站布局，包括首页布局、内页布局和内页链接布局等；归纳了酒店网站建设标准、酒店网站本地化技巧；概括了酒店网站设计原则、酒店网站栏目设计；总结了酒店网站营销推广的十六种方式。

案例分析

福州旅游住宿奇遇

放假旅游的第一站我来到了福州,走了一段感觉很差的小路到火车站附近一家快捷酒店。第二天,我到火车站买票时无意中发现一个很少人知道的高铁宾馆,由于火车很早,我就到这个宾馆看个究竟,令人意外的是一楼是小超市和招待所,环境跟快捷酒店没什么两样。大厅内有牌子提示这家宾馆在八楼,到了宾馆一问,可以打折,只要88元,比我住的138元要便宜很多,看了一下房间,也整洁干净,关键是到火车站只有50米,这对我这个爱睡懒觉的人来说再适合不过。

回到快捷酒店后,我习惯性地在网上找一下这家宾馆,不查不知道,一查吓一跳,网站预订价格只要58元,这个价格完全颠覆我的想象,我打电话过去,服务员说这是网站自助预订的特价,58元房间小一些,但设备一应俱全,我最关心的宽带网络接口也是免费的,如果要大的房间要68元。于是,按照高铁宾馆网站的介绍预订,预订项目还有加装计算机等项目可供选择。按提示填写内容提交后,提示预订成功。

下午,我抱着忐忑的心情来到了我的酒店入住史上最便宜的酒店,58元房间确实挺小,不过住也不错,该有的设施都有,没什么遗憾,下次准备住78元豪华间试试看,但这次来不及了。预约了第二天服务员电话叫早服务,很早便坐火车开始新的旅途。

下次如果你也到福州,不妨在百度上搜索一下"58元宾馆",会有惊奇的发现。福州高铁宾馆网址是:××××,转载的朋友请不要删除此链接。

请根据以上案例,回答以下问题。

福州高铁宾馆通过什么方法迅速提高了网站的流量,并将很多流量直接转化成客房预订?

项目练习

一、简答题

1. 简述网站的定义。
2. 简述网站的组成。
3. 简述网站的分类。
4. 简述网站的特点。
5. 简述网站营销的定义。
6. 简述酒店自建网站的原因。
7. 简述酒店建设网站的好处。

二、思考题

1. 网站定位有哪三种具体的定位?
2. 酒店网站布局有哪些具体的布局?
3. 酒店网站建设标准有哪些?

4. 酒店网站本地化技巧有哪些？
5. 酒店网站栏目设计有哪些内容？
6. 酒店网站设计原则有哪些？
7. 酒店网站有哪些营销推广方法？

三、运用能力训练

训练目的：实际体验与认知酒店网站营销的运营和管理，了解酒店网站营销的具体应用与实践。

内容与要求：

（1）把学生分为若干个小组，每个小组 5～10 人。

（2）分组参观当地不同的星级酒店。

（3）了解各星级酒店网站营销推广方式和技巧。

（4）分析各星级酒店网站营销推广方式和技巧。

（5）最后由教师点评总结。

项目六

团购营销

知识目标

1. 理解团购的含义。
2. 理解团购营销的含义。
3. 了解酒店团购的优势。
4. 理解酒店团购的概念。
5. 了解酒店团购的策略。
6. 了解酒店团购的方式。

能力目标

1. 能够懂得团购营销的含义。
2. 能够懂得酒店团购的概念。
3. 能够运用酒店团购的策略。
4. 能够掌握酒店团购的方式。

任务分解

任务一　团购营销概述
任务二　酒店团购营销
任务三　酒店团购策略
任务四　酒店团购方式

> **任务导入**
>
> **F团团购助力布丁酒店创佳绩**
>
> 国内精品团购网站F团和中国时尚、新概念型连锁酒店布丁酒店达成了战略合作,携手推出客房住宿精品团购产品。原价21元的布丁酒店1小时券,在本次团购活动中仅售8元。也就是说,客人只需花费72元,就可以在酒店住宿9小时,而且在上海的6家门店均可使用。
>
> 如此诱人的产品,自上线开始就掀起了团购热潮,短短10小时就售出了长达26 000小时的客房销售业绩,平均每分钟就有18单成交,为将近5万人解决了住宿需求。F团团购为布丁酒店创造了一个客房销售的新佳绩。

任务一　团购营销概述

一、团购的概念

(一)团购的含义

团购(group purchase)是指团体购物,即认识或不认识的消费者联合起来,加大与商家的谈判能力,以求得最优价格的一种购物方式。根据薄利多销的原理,商家可以提供低于零售价格的团购折扣和单独购买得不到的优质服务。团购作为一种新兴的电子商务模式,通过消费者自行组团、专业团购网站、商家组织团购等形式,提升用户与商家的议价能力,并极大程度地获得商品让利,引起消费者及业内厂商、甚至是资本市场的关注。

(二)团购的类型

(1)消费者通过网络自发组织的团购。此种团购中,所有网络团购的参与者都是消费者,组织者作为消费者之一通过网络将零散的消费者组织起来,以团体的优势与销售者谈判,从而获得比单个消费者优越的购买条件。

(2)销售者通过网络组织消费者团购。此种团购中,销售者通过网络发布团购信息,邀请消费者参与团体采购,而销售者自愿将价格降低比单个采购更低的水平。因为消费者采购数量大,也保证了销售者的更大利润。

(3)专业团购组织通过网络组织团购。此种团购中,除了消费者和销售者外,也有专业团购组织。专业团购组织不是消费者,也不是销售者,而是为了帮助消费者购买而提供服务的组织。当然,此种形式的组织者也可能是自然人个人。

(三)团购的流程

(1)消费者从各个卖场或其他渠道了解自己想要购买的商品品牌、型号及对应的市场最低价格。

（2）消费者提交团购意向订单，或者电话咨询团购在线客服人员，了解对应商品的团购价格，确定是否参与团购。

（3）确定团购后，交纳订金，订金可自行到团购在线网站交纳或通知团购在线客服人员上门收取，现场团购则将订金直接交给供货商家，付款后获得注明团购优惠政策的团购订单。

（4）消费者凭团购订单到指定销售点办理提货手续，或者直接电话通知商家送货。

（5）消费者验货付款，索要相关票据、质保书等，完成团购。

（四）团购的优势

与传统购物方式相比，团购具有以下优势。

1. 价格优惠

团购凭借网络、媒体，将有相同购买意向的消费者组织起来，用大订单的方式减少购销环节，商家将节约的销售成本直接让利，消费者可以享受让利后的优惠价格。团购的商品价格比商场价格低，大量消费者参与团购，主要是期望通过集体购买获得较低的商品折扣。

2. 成本低

团购价格可以看作是批发商品的价格，团购商品直接从厂商货源地获取，没有中间商赚差价的环节，降低了销售成本。用户可以用实惠的价格购买到心仪的商品。

3. 效率高

很多团购都是由专业的团购平台来实现，团购平台的商品分类更具针对性，可以让消费者通过简单的操作直接选购产品、下单支付，缩短了选购产品的时间。团购平台还会有很多优惠活动，促进消费者更快下单成交。团购平台的供应链也更加完善，配送可保证时效性，保证商品的质量。

4. 主动地位

通过团购，商家不但能够最大程度地节省成本，而且消费者在购买和服务过程中占据的是一个相对主动的地位，可以有更高的安全性，享受到更好的服务。消费者可以根据自己的喜好在合适的时间选择自己喜欢的商品。导购类团购可以给消费者带来更多便利，其信息覆盖广，具有比较功能，相对一般的团购网站有更加明显的优势。

5. 个性化服务

团购相对传统的销售模式来说，消费者人群更集中。商家利用团购平台，可以根据消费者的消费需求进行个性化商品分类，并通过相同的消费习惯建立一定规模的消费群。消费者可以购买个性化的商品，还可体验个性化的服务。

6. 商家获利

商家可以在短时间内获得更多销售额和利润。网络团购中聚集了大量的消费者，购买数额较大，可以加快经销商的出货速度，降低厂商的库存，提高存货的周转率和现金的周转率，从而提高企业的利润空间。

二、团购营销的概念

(一) 团购营销的含义

团购营销是针对团购这种销售模式制定的营销策划,通过发布有吸引力的产品套餐,吸引相同购买欲望的人群,进而增加成交量。团购营销是互联网时代发展的产物,酒店企业必须与时俱进,合理运用团购营销,发挥团购营销的最大作用,力争做到酒店收益最大化,充分利用团购营销赢得口碑,树立酒店的品牌形象。团购营销是一种服务理念,其目的是为商家提供团购项目的平台,为商家提供宣传和推广渠道。

(二) 团购营销模式

1. 搭建网络团购平台,确定团购产品的类别

在涉足团购行业之前,要细致进行市场调研和项目的可行性研究,在此基础上确定团购网站主推的产品类别。

2. 洽谈相关产品的团购事宜

委派专门的业务员和相关商户洽谈团购合作的情况,在这一过程中要突出团购的宣传、广告效应,使商家认识到团购不仅能实现销售,更能迅速积聚人气,扩大影响。尽量以较低的价格拿到商品或服务,从而有利于后期商品或服务的销售工作。

3. 宣传推广团购网站和团购的产品

通过市场调查确定可能参与团购的潜在目标客户群,了解目标客户群的年龄、收入、是否经常上网等信息。通过一定的手段对其开展营销活动,如利用先进的数字营销手段对这些目标顾客进行精准营销。宣传推广团购产品可以采取以下方法。

(1) 传单推广。传单推广是传统的推广方式,也是能较快吸引人气的方法。传单宣传需要的成本较低,只需要少量的印刷费和薪资即可实现很好的宣传效果。地点可以选择在一些人流量比较大的商区,向 25 岁左右的青年人发放,也可以到大学的周边发放,这部分人群大部分有网购的经历。

(2) 社区推广。近年来,酒店越来越看重社区功能,比如很受年轻人喜爱的"瓦当瓦舍",就是主打青年创意和旅行社区的酒店品牌;以 IP 酒店著称的亚朵,也多次强调社区属性,着力打造社区中心酒店;雅辰悦居酒店品牌正式发布的同时,推出"集"创意品牌概念,强调酒店与当地文化及社区的融合。

社区是指生活在同一地理区域内,具有共同意识和共同利益的社会群体。酒店逐渐强调社区功能则表明,酒店不仅仅服务于会员或者客人,而是外延到服务周边的 3~5 公里内的社群。贴近当地社区是酒店行业的发展趋势,酒店是社区的一部分,而不是和当地社区割裂开的独立体。一家与地方社区紧密相连、与当地社群紧密互动的社区性酒店,是目的地的最佳打开方式。社区性酒店最大的优势是能提供最为深度的目的地体验。

(3) 口碑推广。口碑推广是团购营销比较省钱的模式。在这个信息爆炸、媒体泛滥的时代里,消费者对广告、新闻具有极强的免疫能力,只有制造新颖的口碑传播内容才能吸引大众的关注与议论。口碑推广是酒店在调查市场需求的情况下,为消费者提供他们所

需要的产品和服务,同时制订一定口碑推广计划,让消费者自动传播酒店的产品和服务的良好评价,让人们通过口碑了解产品、树立品牌,最终达到企业销售产品和提供服务的目的。

要做好口碑推广,就要获取客人好评。获得好评的方法有很多,最直接就是提醒客人写好评。在客人入住或离店时候,工作人员提示客人如果写好评,就会享受一些优惠,如只要写一个好评,就会有礼物或者优惠券相赠。当然,如果不提醒客人去写评论,客人主动去写好评,主动为酒店做口碑推广,是最高境界,这需要酒店服务水平超出客人的心理预期。

客人离店后也要做好客人维系工作,通过会员卡或者论坛管理客人,或建立一个客人微信群,住过的客人组成一个群,通过群关系来维持,并将客人分为核心用户、一级用户、二级用户、三级用户,针对不同的用户,在管理上采取不同的方式。

(4) **媒体广告**。当团购具备一定市场份额时,可以考虑媒体推广,通常可以选择的团购推广媒体包括纸媒、电视广告、车载广告、户外广告等,可以根据报价和公司自身情况选择合适的媒体进行投放。

(三) 团购网站的盈利模式

1. 商品直销

团购直接在网站上展现商品信息,进行直接销售,可以自己进货,也可以跟商家合作代销,直接获得商品销售利润。商品直销是在网站运作中实现基本盈利的传统方式。

2. 活动回扣

网站作为商家与买家之间的桥梁,组织有共同需求的买家向商家集体采购,事后商家向网站支付利润回报,即生活中常见的"回扣"。团购商品小到生活用品,大到电器、建材、装修、汽车、房产等,如果成功组织了一个大型采购团,仅一次活动的商家利润便可达数万元。一些大型团购网站有千人团购会甚至万人团购会,这种大规模的采购会产生很大利润回报。

3. 商家展会

不定期举办商家展览交流会,商家可以借此机会进行新产品的推广,可以面对面与客户交流,接受咨询与订单,并借此了解客户的需求与建议。网站向商家收取展位费,获得收益。

4. 广告服务

团购网站具有区域性特征,其受众一般是具备消费、购买能力、欲购买的人群,商家投放广告定位精准、目标明确,成本低廉团购网站可以通过发放会员卡的形式来让用户提升"身份",网站可以为持卡会员提供更低廉的商品价格、更贴心的服务,让持卡会员直接在合作的商家实体店铺进行团购。

5. 分站加盟

团购网站发展到一定规模,便可以提供授权给加盟者成立分站,为加盟者提供网络平台、运作经验、共享网站品牌等。开展分站加盟在获得加盟费的同时也扩大了自身的影响力。

任务二　酒店团购营销

一、酒店团购的概念

酒店团购就是酒店团体消费,指认识或不认识的消费者联合起来,加大与酒店方的谈判能力,以求得最优价格的一种购物方式。根据薄利多销的原理,酒店方可以给出低于现场消费的团购折扣和单独购买得不到的优质服务。

酒店团购作为一种新兴的电子商务模式,通过消费者自行组团、商家组织团购等形式,提升消费者与酒店方的议价能力,并极大程度地获得消费让利,达到酒店方与消费者双赢,因此酒店团购这种模式得到迅猛发展。

除大众消费的经济型酒店团购业务迅速发展外,高端星级酒店也放下身段参与其中。高档酒店转变市场定位、发展大众化消费是未来高档酒店转型的必然趋势。酒店行业应主动摆脱过去过度依赖畸形消费的经营方式,和老百姓的日常消费接轨,尝试新的酒店团购销售模式,带动整体行业健康、快速发展。

二、酒店团购的特征

1. 价格较实惠

低廉的价格,为团购酒店招徕了成百上千的消费者。一般来说,产品的价格水平是其市场需求量的调控指标。也就是说,通常情况下价格越便宜,购买该产品的消费者就越多。价格实惠是酒店团购产品席卷全国的根本原因所在。

2. 时间有限定

只要登录酒店团购网站,就会发现团购产品都有限定的购买和使用时间,通常购买时间为 2~20 天,消费时间为 1~2 个月。随着团购市场的激烈竞争,酒店团购也出现了层出不穷的新花样。例如,好易订酒店直销平台、去哪儿网、淘宝网和快团都有推出 1~50 元不等的"秒杀"酒店产品活动,其秒杀价格远远低于团购价,糯米团购还推出了实时团购等。秒杀活动要求顾客在团购网站规定的具体时间(某时、某分、某秒)完成购买行为,并在购买后的某一段短期时间内消费,十分吸引消费者眼球。

3. 数量有限制

团购是借助参与人数的力量,增强与商家讨价还价的能力。许多酒店会限定团购产品的最低团购人数,以确保达到薄利多销的效果。倘若购买团购产品人数达不到最低人数标准,那么此次组团交易行动失效。与此同时,由于某些酒店团购产品的价格远不及成本,酒店也会适当限制团购产品的数量。

4. 交易较便利

网络团购酒店产品是一种新潮流,只需要几分钟的时间就可以完成简便的交易流程,使消费者足不出户就能购买酒店产品,不仅打破了传统的交易模式,还大大缩短了交易时间,受到当今社会的白领阶层、大学生、年轻人群的青睐。

三、酒店团购的优势

酒店团购与传统在线酒店预订方式相比,主要优势如下。

1. 增加酒店预订量

网络团购利用网络吸引大量客户,采用低价折扣的方式,吸引了更多客户消费,增加了酒店的客房预订量,带来一定收入。

2. 提高酒店知名度

酒店在各网站发布团购信息,是免费做广告的过程,尤其是在一些知名度高的团购网站上开展团购活动,大量的点击率会提升酒店的知名度。

3. 节省营销费用

如果网络团购做得好,会节省大量营销费用,如广告费等。

4. 树立酒店的口碑

使用网络团购的客户多乐于根据自己的体验评价酒店服务,并喜欢在各社交网站分享自己的体验,也善于在自己的交际圈内传播经验。所以做好网络团购,会让酒店增加更多的潜在客源,让酒店品牌得到更好的传播,树立一定的口碑。

5. 顺应消费趋势

目前各种网络团购活动已经变成一种潮流旅行者通常会在出游前团购好景点门票、酒店,这符合旅游者提前做计划的心理。酒店的营销需要最大化地迎合消费者的需求才能获得更长久的收益。

四、酒店团购存在的问题

1. 酒店团购网站不规范

国内酒店团购网站五花八门。在线旅游网站、电子商务网站常处于无监管状态,网站资质参差不齐。一些团购网站会吹嘘夸大团购量,虚构团购酒店产品,更有一些团购网站毫无售后服务可言。酒店团购网站常会出现以下问题。

(1) 准入门槛低,投入成本低,只需要一个网站和几名工作人员便可开展团购。因此,难免会存在以次充好的团购网站,扰乱酒店团购市场。

(2) 团购网站缺乏法律法规和相关部门的监管,难免会出现酒店团购网站丧失诚信,顾客投诉无门的现象。

(3) 酒店团购网站经营模式相似度高,产品种类和价格也大同小异,容易陷入恶性价格竞争,不利于团购网站行业健康、有序发展。

2. 团购产品质量和服务缩水

经常有顾客反映团购酒店产品后无法顺利使用,消费时遇到客房已满、餐位已满等情况,不免让人心生不满。出现团购酒店产品质量和服务缩水主要有以下原因。

(1)团购产品的价格由酒店单方自行制定,酒店可能变相地夸大团购优惠折扣,迷惑消费者购买,造成消费者的实际感知远小于预期期望,使得顾客满意度低下。

(2)酒店对团购产品设置隐形消费项目,如团购酒店餐饮产品,到店实际消费时要求支付最低消费额、餐具使用费、酒水服务费等。层出不穷的隐形消费陷阱会破坏顾客的消费心情,并对酒店产生不信任。

(3)酒店区别对待团购顾客,团购介绍的酒店产品与实际产品不相符,如客房面积、规格、设备等档次较低,甚至购买团购产品的顾客享受的服务大打折扣,如入住客房、入座餐厅被怠慢、忽视。

3. 酒店盈利效果不显著

从整体上来说,团购只是酒店的一种促销手段,其最终目的是获取收益。表面看,一次团购活动会带来几百位顾客,提前获得一部分现金收入。然而实质上,这部分现金只是透支的营业收入,而盈利效果并不显著。过低的团购产品价格,必然会打破酒店定价体系,与网络价格、协议客户价格、会议价格相冲突,引起VIP客户、网络中间商和会员的不满。同时,团购产品单价较低,实际产生的营业收入不会随销售量同步增长,且合作网站方会收取高额的中介费或佣金,减少酒店的团购利润。因而,酒店难以依靠某一次大型团购活动,创造高额的营业回报。

五、酒店团购的要点

1. 低价也要限量

酒店团购要通过数量控制,让用户传播和推广以低价体验的高品质的产品。酒店可以把部分宣传费用,补贴到团购售价与实际售价的价差上,最终实现多赢的局面。酒店管理方可以通过收益管理的方法,通过市场细分,对团购市场的消费者行为进行分析、预测,确定最优价格和最佳存量分配模型,实现收益最大化。事实证明,无限制的团购只会给酒店带来"灾难"。

2. 应做打包价而不是超低价

酒店团购不能一味追求低价,这样容易造成"价低质低",价格便宜并不是吸引消费者的唯一因素。团购超低价可以适用于服务单一的酒店,如经济型酒店,而对完全服务型的酒店而言,团购应该使用打包价,即通过打包让酒店闲置的资源有效地利用起来,为酒店创造更多的价值。

例如,广州九龙湖公主酒店公主小镇客房(双床/大床)一间入住一晚+中西式自助早餐2份+龙泉水疗馆门票2张(含养生自助餐)+龙吧德国自酿啤酒2杯+康体项目的市场价为2 584元,而团购仅需1 088元。如果纯订房,价格肯定比1 088元低,但是客人可能会到酒店外面吃午餐,留在酒店的时间也相应减少,最终酒店的各种配套设施可能被闲置。而通过这种打包出售,看起来是让利给顾客,但却盘活了酒店的资源,让酒店得到了更多的收益。

3. 应注重团购的差异化

不少酒店服务产品单一,虽然加入了团购活动,却不容易被顾客记住。如果团购网站上同类型的酒店太多,则容易混淆客人对酒店的选择。因此,酒店团购需要独辟蹊径,寻找不容易被模仿的团购模式。比如,酒店可与附近的景点合作,团购酒店产品赠送景点门票。事实证明,强调酒店地理位置优势、服务设施齐全、服务周到,比强调价格优惠更具有吸引力。

4. 让客户主动传播

有的酒店为了迅速打开市场,会加入多个团购网站,以为销售渠道越多越好,产品越多越好,既没有对团购网站的情况进行分析和比较,也没有对团购产品进行筛选,有的酒店甚至会签订多个团购方案,让客人眼花缭乱。其实,酒店通过网络进行团购的意义在于降低客人的消费门槛,让更多的客人获得消费体验,并通过客人的口碑进行广泛传播,取得良好的广告效应,而不是四处开花,信息满天飞,让客人不知所措。

5. 精准定位消费人群

高档酒店顾客更加注重消费品位,团购的低价往往与消费者的定位有冲突,导致高档酒店顾客隐性流失。因此,酒店在设计团购产品时,应该充分考虑目标消费群体的特点,谨慎设计团购产品,可根据高端消费群体的消费习惯,选择在合适的网站上投放合适的团购产品。这部分人群注重的不是低价,而是高性价比,这样的团购产品才能产生更大的影响力,为酒店带来更多的收入。

知识拓展

后团购时代,酒店业如何做好团购营销

团购通过为实体商家提供线上管销,以低价吸引用户线上预订,并到线下获得无形的服务产品,迅速影响了大众的消费习惯和商家的经营模式,成为时尚人群大力追捧的消费方式。然而,低门槛、同质化等带来的恶性竞争,加上不计成本的线下资源争夺和圈地,团购市场在短暂的疯狂之后,过早地迎来惨烈的行业洗牌。浮华与低潮过后,团购开始沉淀和修炼。后团购时代,酒店业是否还应持续自己的团购营销?怎样更好地走好接下来的团购之路?

1. 慎选团购合作对象

由于团购网站门槛过低,诚信体系问题凸显,良莠等不齐的网站着实令人产生信誉上的担忧。另外,团购网站间的恶性竞争或者倒闭会严重连累酒店经营。所以,酒店在选择团购网进行合作时应综合考量,要优先考虑知名度、公司规模及成立时间,对业务量较小的团购网站,则需慎重考虑。

2. 团购业务比例要科学,切勿透支未来利益

团购的确是一个方便快捷的宣传和销售渠道,能够帮助酒店在短时间内扩大顾客来源。如今越来越多的高端酒店加入团购行列,但是酒店团购真的能给酒店带来盈利吗?调查显示,参加团购的酒店多数是抱着"试水赚口碑"的目的,实际上,收益不多。团购业务是否要持续而行、团购比例如何都要根据酒店自身的发展战略而定,在以大幅度的降价来获取客源的时候,切记对团购比例和价格进行合理、科学的分析策划,不要透支未来的收益。

3. 低价的团购能否享受"原价"的服务

毋庸置疑,参与团购的消费者大多是冲着低价而去,但是,以超低的价格吸引入住率的

同时,很多酒店却不能提供"原价"的服务。首先,是时间限制,很多团购者在入住时被告知"要提前一天预约",然而在提前预约时酒店人员又说"房间都已订满,只有少数几日可挑选";其次,是房间的限制,很多前来体验的酒店团购者都有不满意的经历,常有团购者反映"团购的房间朝向不好,问酒店是否可以调,酒店方面说团购住客只能入住指定的客房,不能自选""团购酒店位置较差,平时住客少,感觉房间很久没有打扫过了""我跟朋友住的一个标间,竟然只给一张房卡"。

酒店对团购者的"区别对待"会直接将酒店团购的原始理念曲解,团购最重要的目的之一就是加强酒店的宣传,提升酒店口碑和品牌形象,如果不能保证跟原价一样的服务,那么团购的本身意义也不复存在,"打折的价位,不打折的服务"才是团购的真谛。另外,酒店可对自己特色或者最新推出的服务开展团购,如客房最新安装了"智慧e房",让客人低价享受现代化数字客房,并让其体验后进行评价和分享,若有了"智慧酒店"的称号以及客人对高质量服务的认可,那么酒店自身的档次和声誉势必会更上一层,达到意想不到的宣传效果。

4. 团购仅是传统模式的补充,不要将其"神化"

团购网站来势汹汹,酒店团购持续发力,但是酒店团购作为一种收益管理的工具,多是在淡季提升入住率的一种手段,对酒店业的主要营销模式和价格体系不会有太大的影响。团购一般只能够选择酒店淡季进行,旺季无法提供那么多的低价客房。

任务三 酒店团购策略

一、特色策略

当今酒店业竞争十分激烈,酒店产品没有自己的特色,就没有了竞争的动力,酒店也就失去了发展的生命力。因此,酒店应当根据团购市场的需求,设法在目标消费群中突出酒店产品的特色,而且这种特色要力求鲜明、有吸引力、有区分度、不容易被模仿,从而占领顾客的"心理市场"。

当处在有同类市场的情况下时,酒店可以通过开发新的服务项目,提高服务档次和水平等多种手段,来增加其产品的特色;当处在有同类竞争者的情况下时,酒店可以在产品和服务的质量、规模和成本控制上做文章,提高其产品的市场竞争力和地位;当处在提供同类产品的情况下时,酒店可以通过发展缺口产品、组合产品、延伸产品等来创特色,从而吸引更多的客源,在竞争中胜出。

例如,上海佘山世茂洲际酒店是世界上首个建设于深坑内的五星级酒店,也是建筑行业内突破人类工程极限的一次质的飞跃。作为全球最低海拔的五星酒店,该酒店一反传统建筑理念,充分利用了深坑的自然环境,向地表反向延伸开拓建筑空间,突破人类工程极限,克服了一系列世界级建筑技术难题,获得专利近40项。酒店开业首日房间已全部订满。

二、组合策略

近年来,为了拓展团购市场,挖掘酒店产品的潜力,提高产品的吸引力,满足不同层次客人的需求,很多酒店都开始采取产品组合策略。产品组合就是把两个或两个以上的酒店产品或服务项目有机地结合起来,以综合包价的形式及适宜的价格销售给客人,又称酒店包价产品。

(一)产品组合的分类

根据酒店开发的产品组合侧重点不同,可以将产品组合分为两大类。

1. 针对特定目标市场的产品组合

针对特定目标市场,结合产品的特色,以客人的消费活动为主线将多种产品进行组合,有以下常见类型。

(1)商务产品组合。商务产品组合是将酒店客房和某些其他服务组合在一起提供给商务客人。例如,入住商务楼层三晚,可以得到免费自助早餐、房内水果一篮,可享受免费洗衣服务,可随意使用康乐中心内的设施器械,可免费参加酒吧娱乐或迪斯科舞厅活动,可免费租用计算机及结账时间延长至下午2时等。

(2)会议产品组合。会议产品组合一般包括使用会议厅(室),会议休息时间免费供应咖啡、茶水和点心,使用会议设备如幻灯、投影仪,以及会议期间的工作午餐,有的酒店还提供会议秘书服务、会议协调服务等。

(3)家庭产品组合。家庭产品组合常以经济、实惠来吸引观光度假的家庭旅游者。产品中包括为小孩提供的优惠服务项目,如18岁以下的未成年人与父母同住免加床费,提供看管小孩服务,小孩免费使用康乐设施和游戏室,免费组织客人去动物园游览,餐厅提供儿童菜单和儿童餐椅等。

(4)婚宴产品组合。婚宴产品组合主要针对当地居民,通过酒店提供的多种服务,如设计有鲜明特色的主题宴席,吸引新婚夫妇消费。酒店在婚宴文化的设计和传承中,要将表演性、民俗性与参与性、商业性有机结合起来,注重婚宴的文化内涵和经济内涵,同时将地方婚礼习俗与婚宴环节中的情感诉求结合起来,形成独特的婚宴看点。一些高星级酒店出现的"婚宴管家"继承了传统婚礼中"操办总管"的概念,融合现代酒店服务的最佳理念"金钥匙"服务精神,全程协助、代办婚宴进行过程中的一切事务。"婚宴管家"在筹办与管理婚宴的过程中,从每一个细节为宾客着想,让高星级酒店的"金钥匙"服务渗透到婚宴的每一个细枝末节。

2. 针对特定时期的产品组合

为提高淡季客房出租率而进行产品组合设计,强调以价格优势和超值服务来吸引客源,有以下常见类型。

(1)度假产品组合。度假产品组合是为了促进酒店产品的淡季销售,将住宿加餐饮以包价形式提供给客人,并提供免费的娱乐活动。如青岛市黄岛区推出涵盖酒店、餐饮、娱乐、温泉、冬季运动等的冬季休闲度假产品,再度掀起"冬游热",以活动中嘉年华度假双人套餐为例,460元一价全包,两个人可以在海上嘉年华玩一次摩天轮、看一场3D电影、滑一次冰,还可以在海边的福朋喜来登酒店住上一晚。

(2) 周末产品组合。周末产品组合主要是吸引客人在一周工作之余来酒店休息和娱乐,达到放松身心的目的。这类产品一般除食宿外,还包括娱乐或体育活动,如周末晚会、烧烤聚餐、钓鱼划船、综艺节目表演等。商务型酒店将休闲活动加上食宿服务,组合成价格实惠的包价产品进行销售,可以提高周末的客房出租率。

(3) 节日产品组合。节日产品组合主要是结合当地的传统节庆,把节日期间的食宿和节庆活动组合在一起,使客人既能了解当地的传统风俗习惯,又能亲身体验节日期间的喜庆气氛,如龙舟节、中秋节等产品组合。例如,我国酒店业近年来出现了一种典型的节日产品组合,即春节产品组合,主要包括除夕大餐(年夜饭)、除夕晚会、标准房或套房住宿、自助早餐等内容,颇受客人的欢迎。

(二) 产品组合的要素

1. 目的

酒店必须明确开发产品组合的目的,确定是增加产品的销售量,提高淡季设施的利用率,还是开发某一目标市场。

2. 对象

酒店必须明确产品组合所针对的特定目标市场。例如,福建泉州建福大厦考虑到当地许多企业家因忙于业务而无暇收看新闻,但又很关心、很想看,就推出了"新闻早茶套餐",将最新的新闻录制下来于早茶时间在餐厅播放,还发放当天的报纸,迎合了目标市场的需要,因而大获成功。

3. 内容

为了满足客人的需求,刺激消费,酒店要合理设计产品组合的内容,既要满足目标顾客的需要,也要考虑成本费用问题和酒店在经营操作上的可行性。例如,某酒店在设计商务产品组合时,曾考虑免费提供秘书服务、打印服务等,但测算后发现成本太高,会导致产品的直观价格较高,且并非所有的商务客人都需要这些服务项目,因此最终取消了这些附加内容。

4. 价格

产品组合要制定具有吸引力的价格,一般应比客人购买这些单项产品时所需的费用之和略低,使客人感觉比较合算,同时酒店也有利可图。此外,还要考虑竞争对手的价格。

5. 命名

产品组合的名称既要清楚明确,也要好听好记,要能引起公众的注意,并能迎合目标市场的购买动机。

6. 时间

产品组合推出的时间一般应选择酒店需要增加营业量或市场出现新机会的时候。

三、多角化策略

多角化策略是指酒店为提高市场竞争能力和应变能力,根据市场消费需求提供多种产品及服务的一种经营策略。

从短期来讲,多角化策略是在酒店现有设施设备、服务水平和管理能力的基础上,以现有产品及服务为中心,从其规模、品种、用途等方面不断创新,从而满足市场多样化的需要,提高店产品的吸引力。

从长期来讲,多角化策略是以市场需求变化为导向,全面分析市场供求和竞争状况,以及酒店所面临的机遇与挑战,通过酒店资源深度挖掘,扩大酒店产品和服务项目,扩大酒店的经营范围,从而提高酒店的竞争能力。

四、定价策略

价格是制定酒店市场营销策略的关键因素。酒店产品的价格是由酒店产品所包含的社会必要劳动时间的耗费,即有形物质和无形服务的价值量共同决定的。除此之外,酒店产品的价格还受产品成本(生产成本、销售成本、环保成本等)、市场条件及环境、同业竞争、汇率变动、政府干预等诸多因素的影响和制约。酒店产品的价格制定得是否合理、恰当,直接关系到酒店产品及服务的销售情况,更关系到酒店的生存与发展。

(一)定价目标

价格是酒店整体营销组合策略中最活跃的因素,也是酒店实现团购营销的重要手段。但不管价格如何涨跌起落,不管它的变化是主动还是被动,其背后总是有一定目的和缘由的。定价目标就是指酒店通过制定特定水平的价格实现预期目的。一般来说,酒店有以下定价目标。

1. 利润目标

利润目标是建立在财务分析基础上确定的定价目标,其特点是价格定在条件极大值上,以利润作为定价的主要导向。由于很难找到最优价格点,因此常常凭借经验定价。

2. 销售目标

销售目标是指暂时不考虑利润,而将扩大销售量作为其定价的主要导向。由于酒店本身固定成本较高而变动成本很低,所以这种定价目标在酒店业中比较盛行。

3. 竞争目标

竞争目标是一种比较稳健的定价目标,以在市场竞争中处于上风或者至少不落下风为目的。酒店对自身和对手的实力要有清醒的认识,对整体市场状况和变化的趋势要有准确的判断,才能制定出符合实际的差异价格。

4. 顾客目标

顾客目标是指能对客人形成有利于他们的影响的定价原则,如通过稳定的价格培养客人的忠诚度,为客人提供良好的价格与价值关系,进行折扣定价,以及增加服务或设施等,是很多酒店常常采用的定价目标。

5. 形象目标

形象是酒店的无形资产,直接代表酒店所提供服务的质量及在客人心中的价值定位。

一家具有良好知名度和美誉度的酒店哪怕价格再高,还是能在竞争中处于优势地位。因此,许多品牌酒店、老牌酒店把维护企业的良好形象作为定价目标。

(二) 市场成交价格

对酒店经营者来说,酒店产品的市场成交价格包括以下五种形式。

1. 正常价格

酒店产品的正常价格是指酒店产品需求等于酒店产品供给情况下的价格,它能使酒店投入的资金获得利润。

2. 超额利润价格

酒店产品的超额利润价格是在酒店产品是创新产品、垄断产品或者需求远远大于供给情况下的价格,它能使酒店获得超额利润。

3. 保本价格

酒店产品的保本价格是指在酒店产品的需求小于酒店产品的供给情况下的价格,它能使酒店的经营不亏不盈。

4. 停业价格

酒店产品的停业价格是指在酒店产品的需求远远小于酒店产品的供给情况下的价格,一般仅等于甚至小于单位产品的变动成本,不能获得任何利润,也不能减少固定成本的损失。

5. 亏损减少价格

酒店产品的亏损减少价格是在酒店产品的需求小于酒店产品的供给情况下的价格,此价格一般小于保本价格但大于停业价格。由于这一价格大于单位产品的变动成本,因此可以减少已经投入的固定成本的部分损失。

五、定位策略

酒店产品的定位策略是指酒店为在目标顾客心目中寻求和确定最佳位置而设计和提供相应的酒店产品的对策及活动。采取酒店产品定位策略的目的是塑造出能被目标顾客高度注意、认同和乐意接受的个性鲜明的独特的产品形象,以便在目标顾客的心目中拉大与竞争者的差距,形成差别优势,赢得市场竞争的主动权。酒店应通过开发适销对路的团购产品,在适当的时间和场所,以适当的产品形式、价格、途径及沟通方式将产品快速有效地提供给团购消费者,满足其需求。

(一) 定位步骤

酒店产品的定位一般包括以下六个步骤。

(1) 确定酒店的经营范围,即选择并确定酒店的类型、功能与经营项目,回答"我们经营什么最合适?"。

(2) 确定目标市场,即回答"我们主要的服务对象是谁?"。

(3) 研究目标市场的特征,即回答"目标顾客需要什么?最需要什么?他们的需求有何特点?"。

(4) 研究竞争者的市场定位,即回答"竞争者能提供什么?其产品、品牌形象及市场策略有何特点?"。

(5) 确定本酒店产品的定位,即回答"我们能够提供什么?与竞争者相比有哪些差异性特色?能否比竞争者更好地满足目标顾客的需求?"。

(6) 实施产品定位,即对目标顾客进行促销与沟通,宣传本酒店的产品、品牌形象及经营特色,使他们认可、偏爱并选购本酒店产品,从而实现预期的定位目标。

(二)定位方法

酒店的产品定位要服从市场竞争的需要,尽管各个酒店的产品定位千差万别,但是从市场竞争的角度分析,主要有以下三种定位方法。

1. 对抗性定位方法

对抗性定位方法是紧逼主要竞争对手的定位方法。酒店业是一种较容易进入但又富有竞争性的行业,大多数酒店的产品之间差别很小,吸引的都是同一细分市场的客源,因此他们在许多情况下采用的是与竞争对手定位基本相同,在同一市场内争取更多市场份额的方法。这一方法的要点在于拥有竞争对手的优势,再加上自己独特的优势,从而使本酒店在市场上处于领先地位。但这种定位势必会导致酒店间爆发激烈的正面竞争,实力雄厚或在某些领域优势明显的酒店实施这一方案成功的可能性比较大。

2. 差异化定位方法

差异化定位方法是与主要竞争对手适当拉开距离的定位方法。酒店的目标市场、产品及市场策略富有自身特色,与竞争者形成显著差异,这避免了与竞争者之间的恶性竞争,使酒店赢得了更大的生存与发展空间。这种方法是众多普通酒店乐于选择的产品定位,成功的案例不胜枚举。

3. 补缺型定位方法

市场有潜在需求,但竞争者没有、不愿意或没有能力提供相应的酒店产品,而本酒店却有能力和擅长提供相应的产品,可选择补缺型定位方法。酒店可以定位于这样的市场空白地带,迅速占领此细分市场。成功实施补缺型定位的关键在于:一是该空白市场有足够大的市场容量,进入这样的市场有利可图;二是酒店要迅速在空白市场建立知名度和美誉度,牢牢占领市场。如果进入该细分市场的门槛不太高,而又利润丰厚,很可能导致竞争者蜂拥而至,竞争也会更加激烈。经营机制比较灵活的新型酒店对市场变化反应灵敏且富有创新精神和开发能力,常采用这种见缝插针的定位方法开拓市场。

六、创新策略

酒店要根据现有和潜在的目标顾客群,设计团购产品类型,借助团购市场,巩固一级核心客源市场,发展二级潜力客源市场。开展团购活动的目的是进一步增强和扩大酒店客源市场,避免千篇一律的降价客房或餐饮产品,尝试推出团购专项会员卡、消费券等产品。创新类的专项团购产品,既不会影响酒店整体价格体系,又能实现发展团购顾客为忠实顾客的目标。

酒店产品创新是指把与原有产品在功能、结构、技术、规格、实物、符号、服务等方面具有显著差异的新产品引入酒店生产经营体系的一种过程。新产品可能是局部新,也可能是全部新,不论哪种新,都给这个产品带来了新卖点。也就是说,由于创新因素的存在,新产品比客户熟悉的原有产品多了新的功能、用途等。

酒店新开发的产品,哪怕是产品整体概念中任何一部分的创新、更新,都应属于新产品之列,包括对现有产品的改良、餐厅菜肴的更新、服务的改善、对竞争者产品的仿制、产品系列的形成以及对原有产品的重新组合等。这些创新会给顾客带来新的利益和满足。

(一)酒店新产品的类型

根据对原有产品的创新和改变的程度不同,酒店新产品一般可以分为以下类型。

1. 首创型新产品

首创型新产品是指原来酒店市场上从未有过的,能给酒店带来一种全新体验和利益的产品。这种产品的出现通常会给酒店的经营格局带来重大影响。例如,汽车酒店刚刚诞生时就是一种全新的产品,它的服务对象、经营设施和经营方式都与原来的商业酒店截然不同。还有现在国内流行的主题酒店、精品酒店、度假村、民宿、农庄等,都属于这一类型。

2. 改进型新产品

改进型新产品是指对酒店原有产品的某些部分进行改进或变更,如酒店大堂布局的调整、客房设施的增加、餐厅菜肴的改良与服务时间的延长等。很多酒店的客房装修改造就是改进型新产品。推出改进型的新产品,是酒店增强对顾客的吸引力,保持和拓展市场份额的一种重要手段。

喜来登的"贵宾楼"

喜来登的"贵宾楼"是酒店改造若干高档楼层形成的"店中之店"。它有自己的前厅(专用的入住登记和结账服务)、客房和餐饮,提供"贴身管家"服务,还提供11项优惠,包括免费欢迎茶、果盘、延迟退房、全天茶水、洗衣、擦鞋、早餐或房内用膳、下午茶、2小时会议室、软饮和报纸。同时,喜来登时常对"贵宾楼"进行改进,改进后有以下特色。

(1)色调以黄色为主,地毯、纱窗帘、床单选料优质。
(2)房间内配有别致的小装饰品。
(3)房间内所有客用品按VIP配备,棉制品、杯具为3套,并配有全套酒水。
(4)房间内配备传真机。

这一产品对锁定该集团的高档客户群起到了重要作用,成为喜来登品牌的特色产品。

3. 仿制型新产品

仿制型新产品是指本酒店原来没有,而其他酒店已经存在的产品,酒店通过仿制或稍加改变后作为一种新产品推向目标市场。也就是说,酒店以市场首创者推出的新产品为示范,通过观摩、学习、选择、借鉴、引进、购买的方式,吸取首创者的经验教训,并在此基础上进一步开发新产品。

仿制是酒店的一种重要的竞争策略。开发全新产品投资大、风险高,被消费者认可有一定难度,而仿制新产品可以借鉴其他酒店的成功经验,借助其他酒店的销售成果,减少投资风险,有利于对本酒店现有的产品体系进行补充和改进。酒店在仿制时要抓住时机,快速推出产品并保证质量,因为仿制型新产品进入市场时,该产品可能已进入了成熟期或高峰期,只有抓紧时间经营才可能在其衰退前获得收益。

仿制不是单纯的复制。复制较为简单低级,是原样不动地照搬照抄;仿制则是一个学习的过程,通过学习而获得仿制对象的特点,为我所用。例如,外资或合资酒店为不同部门员工设计了不同款式的西式工作服,很多国有酒店受此启发,为中餐服务设计出了具有民族特色、美观大方而又便于工作的旗袍。实际上,通过从其他酒店集团或专业的酒店管理公司引进设计和管理技术,对于较快地消化吸收先进经验十分有利,而且在仿制过程中能获得必要的指导。

(二)产品创新的原则

酒店产品的创新是一项复杂的工作,难度较大,为了获得较高的成功率,降低风险和避免失败,酒店产品的创新应遵循以下基本原则。

1. 市场导向原则

酒店团购产品的创新是否能够满足团购消费者的需求,是否能获得较好的经济效益,市场最有发言权。只有符合市场需求和社会需求的酒店产品,才能获得广阔的市场和强大的生命力。因此,在新产品开发之前,酒店必须进行细致周密的市场调研,了解市场需求的真实情况,进行新产品开发的可行性分析,并根据调研结果做出新产品开发的决策。

2. 主题性原则

酒店产品创新必须有明确的主题,而不能追求"大而全、小而全",企图把顾客的需求一网打尽。酒店产品只有主题鲜明,才能在市场上树立鲜明的形象,才能更好地避免或减少重叠性的市场竞争,从而有利于酒店产品的市场定位和市场营销。因此,在充分调查和研究的基础上有创造性地确定产品主题,是酒店产品创新获得成功的重要因素。

3. 特色性原则

酒店产品创新要有特色和新意,尽量做到"人无我有,人有我特",这样才能达到开拓和占领市场的目的。新产品如果没有特色,就会缺乏竞争力和吸引力。因此,酒店必须充分发挥自身优势,努力在酒店的环境设施、实物产品和服务管理等方面形成自己的特色。当然,这里所讲的特色并不是强调标新立异,甚至追求怪异,而是指能以鲜明形象区别于竞争对手,并被广大消费者甚至竞争对手认可的酒店产品的优势。

4. 参与性原则

现代旅游者消费心理的一个重要变化就是追求令人难忘的独特经历,渴望参与酒店产品的创新,酒店应尽可能适应消费者的这种参与性要求。这种参与不仅体现在消费过程中,甚至在产品设计过程中就要体现,如按消费者的要求布置会议室、客房、餐厅和宴会厅,请消费者参与菜单、请柬、席卡的设计等。

5. 可行性原则

酒店新产品能否获得良好的经济效益,是否具有操作的可行性,是衡量其开发成功与否的重要标志。只有带来良好经济和社会效益的酒店新产品,才有广阔的发展前景。同时,酒店产品的创新要考虑到酒店的生产和销售能力,既要符合酒店本身的资源条件,又要能得到销售代理商(如团购网、团购机构、网络订房中心)的支持,便于消费者了解及购买这些新产品。

(三) 产品的创新过程

酒店产品的创新是一个有目的、有计划、有步骤的过程,一般要经历以下阶段。

1. 方案的构思

酒店新产品方案的构思不是凭空想象的,而是有一定基础和条件的,这需要来自酒店内外部的信息资料。酒店营销人员通过对酒店内外环境的观察与思考,对竞争市场和目标市场的研究与分析,可以产生许多关于酒店产品的新点子、新想法,以它们为源头就可以形成多种创新方案。

2. 方案的筛选

各种创新方案并非都是可行的,酒店营销人员还要对其进行进一步筛选,从中挑选出发展潜力高、市场风险低的方案。在方案的筛选过程中,应当充分考虑新产品开发的有利和不利因素,尤其是企业形象和声誉、销售能力、研究和开发力量、员工素质、财务能力、生产能力、地理位置、酒店设施和采购供应等因素,通过综合评价,剔除不适当的方案,选出最佳的产品创新方案。

3. 方案可行性分析

方案可行性分析是指对选定的新产品开发方案,从技术、营销、经济、社会、资金、资源、法律等多方面进行系统研究,目的是最终确定这一方案是否是酒店可以采取的最佳的新产品开发方案。方案可行性分析比前一步骤的筛选工作更加复杂,是新产品开发过程中最重要的一个阶段。为了能有效地选出最佳方案,酒店经营者应对方案进行全面系统的分析,包括新产品开发初期的各种条件、新产品的宣传促销、投入营业前的费用支出以及新产品的具体经营方式等内容。

新产品开发方案的可行性分析可以采用两种方式:一种是由酒店内部营销人员和专家负责分析,许多酒店或酒店集团都采用此种方法,这种方法成本较低,但易受内部因素影响;另一种是聘请酒店外部的专家或专业研究机构进行分析,结论比较客观公正,但费用偏高。

4. 新产品设计开发

新产品的开发方案经可行性分析确认可行后,就进入具体产品的实际开发阶段。新产品设计开发是指按照新产品的开发方案进行资金筹集、新产品设计、设备安装、员工组织、新产品制作等具体工作。

5. 新产品试销

新产品试销是将已开发出来的新产品小规模地投入市场进行实验,也就是酒店在新产品正式投放之前做一些试销活动。这样一方面可以帮助酒店经营者更加明确新产品的目标市场,另一方面可以帮助营销人员及其他管理人员有效、有序地分配资源,并减少一定的风险。

酒店新产品试销的目的包括:确定新产品销售量和市场占有份额;检查新产品的主要市场构成;清楚了解新产品的潜在客源;估计新产品的开发效果及目标市场的大小等。

6. 新产品正式投放市场

酒店新产品开发过程的最后一个阶段就是新产品正式投放市场,正式开始经营。通过试销取得初步成功的新产品,酒店就可以正式投入生产,并制定适当的酒店营销组合策略,主要包括确定新产品的各种规格和质量标准、新产品的价格构成、新产品的销售渠道及促销活动等。

值得注意的是,不同的酒店面对的目标顾客不同,所要开发的新产品特点不同,应根据酒店本身的实际情况选择适当的开发程序。但是,酒店产品的创新要遵循市场导向原则、主题性原则、特色性原则、参与性原则和可行性原则,都要寻求新产品的高发展潜力与低市场风险相结合这一基本出发点。

客房产品是酒店产品的重要组成部分,抓好客房产品的创新是抓好酒店产品创新的战略重点。现代客房产品的创新主要由设施与装饰、管家服务、客房与酒店其他部门服务的连接三个方面组成。对高星级酒店来说,客房产品的各个方面都应是尽善尽美的,创新应该是酒店客房产品永无止境的追求。

创新源于细节,许多酒店产品的闪光点就在于细节上的创新,如酒店卫生间通常配备两把相同牙刷,同住一个房间的两位客人很容易混淆,一些酒店就配备两把不同颜色的牙刷,轻而易举地解决了这一问题。创新也源于用心,用心才能把事情做对、做好,如某酒店举办一次重大宴会,员工提前进行了细致准备,他们将菜肴的名称加以创新,全部以客人事业上所获的成就命名,结果给客人带来了意外的惊喜和感动。同时,创新还源于有效的激励,酒店应建立有效的创新激励机制,掀起酒店创造个性化产品的热潮,促进酒店的经营与发展。

任务四　酒店团购方式

一、会议式营销

会议式营销是营销中的一个重要组成内容,是一种借助和利用会议,运用营销学的原理、方法,创新性开展营销活动的营销方式。会议式营销通过寻找特定顾客,通过亲情服务和产品说明会的方式销售产品,最终目的是通过向消费者提供全方位、多角度的服务,与消费者建立长久的关系,从而提高消费者的满意度和忠诚度。

这种营销方式的基本特征是设定一个令客群感兴趣的会议主题,以此聚集客群,从而在会议主题下进行产品销售。例如,由酒店用品供应商召集的"酒店用品科学采购交流会",以此召集酒店采购主管,在主题交流会的基础上将企业的产品进行客户集成推介,从而实现销售。再如,由一家呼叫中心召开的"客户服务研讨会",通过突出与呼叫业务外包相关联的客户服务主题吸引并邀约相关企业参加,在进行客户服务工作研讨时,很自然地导入客服外包的呼叫业务,令客户接受并购买相关服务。

会议式营销适合关注产品或服务专业层面的客户,特别是企业客户。这种方式的优点是可以利用主题会议,对产品或服务做专业说明,使客户对此类产品与服务形成深入认知,从而强化销售。

二、活动式营销

活动式营销的基本特征是通过举办活动来吸引客户,进行客户集群,这类活动主要是娱乐性的,令客户在轻松愉悦中进行产品或服务的购买。活动式营销可以有很多种形态,如常见的街边或大卖场的户外促销活动,通过歌舞表演吸引人们聚集,从而导入产品促销。

酒店每逢节日必有活动,可以通过春节、中秋节等节庆活动进行市场营销。酒店的活动策划方案应既满足个性消费的流行趋势,使酒店永远有新颖感,又合理运用公关费用,促进酒店品牌的创建和经济效益的同时提高。在长期的经营中,一些重要节日的主题活动慢慢地成为酒店经营出奇制胜的重头戏。事不在多,贵于精致。酒店在营销活动过程中,应注重知识含量和知识的价值,帮助客户增加对服务及产品的认识,提高客户消费素质,引导客户消费需求,从而达到培育和缔造潜在市场,最终占有市场的目的。

活动式营销必须对客户的活动及娱乐喜好进行调研分析,使活动对相应客群有吸引力,同时必须尽可能地与有待销售的产品与服务能良好的联系,实现产品销售的"寓销于乐"。这种方式适用于酒店团购的客户集群销售,通过活动吸引客户群体的注意力,增加他们对酒店团购产品的兴趣,集群后以娱乐的氛围和客户集群的"场"效应,突破客群心理防线,提高他们购买的欲望,达成销售的目的,也符合客户"轻松购物"的心理趋向。

酒店进行活动式营销,要做好活动的策划,明确活动主题是什么,展示在什么位置,活动时间多长,展示渠道有哪些,推广资源有哪些,跟自己的酒店是否匹配,等等。只有举办适合自己的活动,才能取得好的效果。

三、培训式营销

培训式营销的基本特征是通过培训来强化客户对产品、品牌的认知,一方面实现客户集群,另一方面激发客户购买欲,可以说是一种双效营销行为。这种营销方式往往集中了活动式营销、会议式营销的诸多特点,在邀约客户集群后,结合产品及品牌本身产品的小范围的专业解说、使用培训、竞争对比讲解演示、现场销售服务等,令销售实现真正的专业化。

培训式营销在一些大型的直销企业做得十分出色,它们由直销员将客户引导到其销售聚会或培训场位,以培训、听课的形式向客户灌输产品的优势概念,并通过许多人的现身说法来诠释产品,激发客户的购买欲。这种方式如果操作得好,具备相当强的销售推动力度,令客户从理性和感性接受产品,并最终实现购买。其缺点是因为直接与产品销售挂钩,往往会导致客户在被邀约时产生戒心而拒绝,这就需要具备一定的客户邀约技巧。

四、限制式营销

限制式营销是指通过一定的利益机制的诱导,把客户限制在某时某地进行产品的购买,从而实现集群效应。例如,某酒店的高档大床房,2人入住含双早团购价为288元,但在网上售卖时只限前10名客户,先买先得,售完即止。

限制式营销利用的是人们的趋利心态,有很好的集群效应,但由于以商家的利益作为代价换取,人们前往是为了通过某种竞争获得利益,不是基于一种正常的购买心态,所以会存在一些问题:一是客户不一定是产品或服务的目标客群;二是没有在竞争规则中获益的客户当时不会再进行购买;三是未受益的客户心理上反而会产生失落。

这种营销方式适用于新的酒店产品上市或者新酒店开业、店面开张时,用于制造火爆气氛。在酒店经营的淡季,或酒店经营处于比较困难的时期,也可以用来改变酒店冷清的经营局面,制造人气。

五、展会式营销

各类展会也是团购营销的方式之一。展会具有双集成特点,一是产品集成,二是客户集成,其中产品集成是客户集成的引力点。展会按客户层级也分为两类,一类是面向经销商的招商型展会,另一类是面向直接客群的展售型展会。

展会式营销具备一定的集成特点,但由于众多商家一起参与,集成又具有一定的流动性。

在举办或参加展会时,一方面要通过强化自身的形象来实现大场地中的小场地集成,另一方面也可以利用展会的大场地客户集成特点设定主题进行小集成,如在展会中设主题招商会、二次活动邀约、会议集成销售等,都是事半功倍的方式。

六、会员式营销

前面提到的团购营销方式多是面向普通客户,而会员式营销则倡导建立"老客户"群体的概念。会员式营销中的客户概念是已经消费了酒店的产品,达到一定的额度标准,或者是已经具备了某一产品忠诚度的客户。对于这类客户,酒店可将其设定为重复消费并具相当品牌忠诚的客群,采取会员制的形式把他们界定出来。面向这类客群的集成销售已突破了一般的销售概念,包括了产品的重复销售、品牌的建设及忠诚度提升、对老客户的充分关照以稳定客群关系等。

例如,万豪国际酒店集团的万豪旅享家、希尔顿国际酒店集团的希尔顿荣誉客会、洲际国际酒店集团的洲际优悦会、雅高国际酒店集团的雅高乐雅会、凯悦国际酒店集团的凯悦天地、万达酒店集团的万达万悦会、碧桂园酒店集团的碧桂园凤凰钻石会、开元酒店集团的开元商祺会等,都是典型的会员制营销方式,酒店会经常邀请会员参加相应的新产品上市推介活动,关照大客户的利益反馈活动等。

知识拓展

万豪旅享家开启首个"纷享会员日"

2020年5月8日,万豪国际集团旗下旅行计划万豪旅享家正式于中国区开启首个"纷享会员日"活动,并将于此后每月8日持续举行,以创新方式与多重超值礼遇回馈会员,助力会员解锁更多精彩旅行体验。会员可通过万豪旅享家会员日微信小程序这一更加便捷轻松的方式参与活动并赢取会员日专属福利。会员通过小程序绑定万豪旅享家账号,即可参与"我是旅享家"百万积分挑战赛,答对有关万豪旅享家及旅行的相关全部题目即可获得瓜分百万积分豪礼的机会,从而开启更多美妙旅程。万豪旅享家"纷享会员日"与微信小程序是万豪国际集团通过创新体验与中国会员建立更紧密的联系与互动的重要体现之一。会员们不仅能够通过小程序畅赚积分,更能享受到包括餐饮、酒店入住、亲子度假与城市周边游等全方位多元化的旅行体验。

旅享半价,如约而至:万豪旅享家"纷享会员日"特别提供了不容错过的会员限时福利。凡在2020年5月8日至10日期间,预订中国区参与酒店的套房或别墅,并于6月7日前完成住宿,即可尊享会员专属半价优惠。无论是在融合古今奇幻元素的苏州W酒店纵览金鸡湖景,还是在成都富力丽思卡尔顿酒店乐享"巴适"慢生活,又或在深圳中州万豪酒店俯瞰都市繁华,会员均能以超值半价享受万豪旗下中国区众多酒店套房或别墅,开启令人心驰神往的精彩住宿体验。

谧语时光,惬意相惠:"纷享会员日"还为美食爱好者们奉上了令人心动的餐饮限时优惠。5月8日活动当天,全国100多家酒店将限时推出98元、138元或198元的超值精选双人下午茶套餐,万豪旅享家会员可于5月9日到7月9日期间进行兑换使用,与三两亲挚惬意享受初夏午后的下午茶时光。从引领都市风潮的广州W酒店,到饱览美景的上海明天广场JW万豪酒店,再到安逸舒适的成都首座万豪酒店,回味无穷的超值下午茶将带给会员从舌尖漾入心底的幸福与满足,在喧嚣繁忙的都市生活中邂逅初夏的悠然与慵懒。

万豪旅享家相信旅行使人生充盈,也让世界精彩丰盛。此次万豪旅享家"纷享会员日"以更贴近会员的方式为会员带来超越所想的丰厚礼遇,并将在未来不断激发会员丰沛的旅行灵感,打造更多美妙旅程与崭新体验。

七、招商式营销

招商式营销的特点是客户方向为经销商,而非直接客群,集成模式是以授让经销权进行客户集成,主要用于企业产品渠道建设运作中。例如,某新产品上市时,按既定的渠道设计规划及相应的招商政策面向针对性的经销商进行宣传介绍,进行经销商或代理商的招商运作,为实现相应的集群运作,召开新产品上市招商会,便是一种面向渠道的典型的招商式营销。这种方式在运作中只适合渠道建设,且针对不同的企业及渠道特点要因企制宜,因地制宜,否则可能难以取得预期效果。

知识拓展

艳阳天酒店产品招商发布会圆满落幕

2018年5月29日,在解放大道国际会展中心艳阳天幸福殿堂,由艳阳天集团举办的酒店产品招商发布会隆重开场。此次发布会汇聚各界名流于一堂,包括众多品牌商代表、媒体代表在内的各界嘉宾近300余人出席了本次招商发布会。

为了更好地服务每一个到店客人,提升顾客的用餐、住店满意度,艳阳天集团隆重举办了此次酒店产品招商发布会。汇聚各界名流于一堂,邀请业内顶尖产品、服务商,集团希望在此找到志同道合的合作伙伴,建立长期稳定的合作关系,一起携手同行,共同发展。

下午14:00,受邀嘉宾陆续到达现场,签到落座不久,为了让现场嘉宾对艳阳天集团有一个更全面、细致的了解。大厅屏幕开始播放艳阳天集团发展历程,短短30分钟的播放时间就让现场嘉宾见证了艳阳天集团23载的发展。

艳阳天集团产业庞大,需求多样,为了让现场的供应商进一步了解艳阳天集团的产品与需求,达成共赢的双向选择,集团相关高管对集团相关产品和需求做了详细、精准的介绍。此次酒店产品招商发布会主要为旗下丽顿系列与尚一特系列招商而举办,艳阳天集团产品开发总监陈总受邀上台向现场嘉宾介绍艳阳天集团酒店产品及加盟政策,他介绍道:"丽顿酒店系列定位为中高端酒店,发展迅猛投资回报比率大,尚一特酒店系列定位为精品酒店,属于朝阳行业市场前景良好。"艳阳天集团致力于为湖北武汉打造城市名片,旗下酒店产品的规划与发展力求打造一方生活方式的标杆,助力支撑整个核心酒店服务的蓬勃发展,丽顿系列和尚一特系列产品将填补国内高品质住宿服务的空白,进入城市消费文化与生活方式体系,触发新一轮的风尚住宿潮流。

项目小结

本项目主要阐述了团购的含义、团购的类型、团购的优势;介绍了团购营销的含义和团购运营的模式;解释了酒店团购的概念;分析了酒店团购的优势和酒店团购存在的问题;说明了酒店团购的发展策略;列举了酒店团购的特征;论述了酒店团购的各种策略,如特色策略、组合策略、多角化策略、定价策略、定位策略、创新策略;总结了酒店团购的七种推广方式,包括会议式营销、活动式营销、培训式营销、限制式营销、展会式营销、会员式营销、招商式营销。

案例分析

美团酒店"超级团购"正式上线

暑期出游,如何在"住得好"的同时又能"住得省"? 美团提供了新解法。

2020年7月28日,美团正式升级推出新型酒店预售产品"超级团购",并在中国饭店协会指导下,联合12家酒店集团共同发起超级团购安心兑换联盟,集中推荐"真高星、真低价、真可兑"的酒店预售产品,并承诺库存提前在线化,保障用户"随买随兑",提前锁定优惠价。同时,美团宣布将于每周四上线"超级团购日",与全国酒店商家联合提供数亿元补贴,帮大家"住得更好、更省"。首期"超级团购日"于7月30日开启,当日20点特别增设"一千零一夜"直播活动,当日22点将上线"99元住高端酒店"秒杀活动。直播活动中将有大量酒店"超级团购"爆款限量抢购,平均折扣低至5.5折,最低可达2.3折,还有更多超值门票、精品民宿等。美团还将在直播中送出包括1 001晚雅高心悦界酒店超级团购券、1 001张长隆门票以及LV旅行套装等总价值近百万元的礼物。

在中国饭店协会指导下,美团已联合雅高心悦界、Club Med地中海俱乐部、万达酒店及度假村、凤悦酒店及度假村、金陵连锁酒店、华天酒店集团、凯莱酒店集团、绿地酒店旅游集团、世纪金源酒店集团、恒大酒店集团、曙光酒店集团、纽宾凯生活服务集团等十二大酒店集团共同发起超级团购安心兑换联盟,承诺为用户提供"真高星、真低价、真可兑"的"超级团购"产品。其中,真高星不仅指合作酒店房源以五星级或同档位酒店为主,也要求用户评价的高星,其中不乏上海斯格威铂尔曼大酒店、昆山阳澄湖费尔蒙酒店等大众点评"必住榜"上榜酒店。真低价是指"超级团购"产品通过向用户传达优质且高性价比的属性来激发用户囤货需求和购买冲动,"超级团购"价格普遍为原价的2~6折,不仅能够有效帮助用户提前锁定优惠价,也能帮助酒店带来正常预订场景外的额外产量、增量流量、品牌宣传价值。与传统团购相比,美团"超级团购"的兑换使用流程与库存控制都是线上化操作,酒店商家可预先明确每日对应的可兑换库存数量,并上传至平台进行管理,不需要像传统团购一样培训线下门店人员进行验券操作与库存统计。用户购买"超级团购"产品后,无须致电问询商家,直接在线上即可完成兑换,避免了传统团购因线下履约不透明而造成的售后处理难等问题,未使用或过期均可随时退,真正让用户享受到"真可兑"。

中国饭店协会副秘书长丁志刚表示,作为一种新的酒店预售形态,"超级团购"用科技创新的手段有效解决了传统预售产品超售较多、二次预约难等问题,改善了消费者的购买和使用体验,也对酒店商家的经营管理起到积极的推动作用。此次中国饭店协会、美团与各酒店集团共同发起"超级团购安心兑换联盟",希望能够聚合中国酒店旅游业的力量,形成消费者、酒店、平台多方共赢的良性互动。

请根据以上案例,回答以下问题。
美团酒店"超级团购"作为一种新的酒店预售形态,解决了什么问题?

项目练习

一、简答题
1. 简述团购的含义。
2. 简述团购的优势。
3. 简述团购营销的含义。
4. 简述团购运营的模式。
5. 简述团购网站的盈利模式。

二、思考题
1. 酒店团购的概念是什么?
2. 酒店团购的特征有哪些?
3. 酒店团购的优势有哪些?

4. 酒店团购的策略有哪些?
5. 酒店团购的方式有哪些?

三、运用能力训练

训练目的:实际体验与认知酒店团购营销的运营和管理,了解酒店团购营销的具体应用与实践。

内容与要求:

(1) 把学生分为若干个小组,每个小组 5~10 人。
(2) 分组参观当地不同的星级酒店。
(3) 了解各星级酒店团购营销方式和策略。
(4) 分析各星级酒店团购营销方式和策略。
(5) 最后由教师点评总结。

项目七

OTA 营销

知识目标

1. 理解 OTA 营销的概念。
2. 理解酒店 OTA 的含义。
3. 熟悉 OTA 模式下酒店的营销策略。
4. 熟悉 OTA 模式下酒店的营销方式。
5. 了解酒店在 OTA 排名的技巧。
6. 了解酒店转化 OTA 客人的技巧。

能力目标

1. 能够运用酒店在 OTA 排名的技巧。
2. 能够运用酒店转化 OTA 客人的技巧。
3. 能够掌握 OTA 模式下酒店的营销策略。
4. 能够掌握 OTA 模式下酒店的营销方式。

任务分解

任务一　OTA 营销的概念
任务二　OTA 营销的策略
任务三　OTA 营销的方式与技巧
任务四　酒店与 OTA 的合作

项目七　OTA营销

> **任务导入**
>
> ### OTA营销助力酒店线上销售额提升四倍
>
> 景德镇度精选酒店毗邻国际陶瓷文化产业园——陶溪川、三宝国际瓷谷和景德镇陶瓷大学新厂校区,地理位置优越,艺术文化氛围浓厚。该酒店是一家高端艺术商务酒店,客房全部为套房,装修风格简约、沉稳、大气,没有浮夸的装饰,使人感到宁静、温和。为了提高酒店的经营效益,酒店通过OTA营销的方法进一步推广酒店。
>
> 首先,对酒店线上销售强化OTA营销策略,针对酒店各个线上平台的简介、地址位置、年限优化、酒店政策、设施情况、问答板块、地图平台进行优化;高转化的房型名称和客房房型详情优化;标签信息获取(含促销标签、特色标签、订单标签、产品便签、服务便签)。
>
> 其次,根据酒店实际情况制定不同平台合作策略,并按照各个平台排序规则进行排序优化;根据酒店产品及各个平台活动报名规则优化活动报名方案;根据产品及市场特性在各个平台操作广告投放并进行数据分析。
>
> 再次,梳理目前点评情况并分析,并根据酒店现阶段的分数情况,建立适合酒店的阶段性好评管理奖惩机制(订目标、订措施、订追踪机制);建立差评改进机制(针对性回复各平台差评、反馈差评到酒店、形成整改措施);对前台人员集中好评转化流程的培训,提升酒店好评。
>
> 最后,根据酒店现有预订情况波动性调整价格;根据酒店流量情况波动性调整价格;根据酒店近远期预订情况管理价格;根据酒店周边竞争情况灵活调整价格。
>
> 酒店市场营销团队在酒店管理层和员工的大力支持下,运用OTA营销的策略,结合当地市场趋势,进行客源群体精细触达,凭借标签内容打造,拓宽了线上店铺的销售渠道,在两个月内达成4倍销售额。

任务一　OTA营销的概念

一、OTA的概念

(一)OTA的定义

OTA全称为online travel agency,中文译为"在线旅行社",是旅游电子商务行业的专业用语,是指旅游消费者通过网络向旅游服务提供商预定旅游产品或服务,并通过网上支付或者线下付费,即各旅游主体可以通过网络进行产品营销或产品销售。OTA的出现将原来传统的旅行社销售模式放到网络平台上,广泛传播线路信息,通过互动式的交流方便了消费者的咨询和订购。

（二）OTA 的应用

随着旅游用户群体从 PC 端向智能手持设备的大量转移，以及旅游用户预订习惯的转变，OTA 在移动互联时代下的在线旅游市场中占据了重要位置。

1. 移动定位服务

基于位置的服务 LBS（location based service）被称作移动定位服务，通过一组定位技术获得移动终端的位置信息，以移动通信网络和卫星定位的系统结合来实现，实现各种与位置相关的业务。在旅游中基于位置的移动定位服务包括导航服务、位置跟踪服务、安全救援服务、移动广告服务、相关位置的查询服务等，如根据当前定位位置，通过在线旅游服务商的 App 等相关应用，可以查询附近酒店、旅游景点、娱乐设施等相关信息，在选择预订的同时，可以进行地图导入。

2. 移动支付

移动支付又称手机支付，是用户使用移动终端（一般是手机）对所消费的商品或服务进行账务支付的一种服务方式。移动支付对实物货币具有替代性，不受时空限制，在当前的消费行为中具有重要作用。移动支付服务的水平，将成为改善用户体验的重要组成部分。

3. 移动信息服务

移动信息服务是指用户在移动过程中自动接收来自广告商或其他以目标客户为群体组织的针对性信息，如进入某地自动收到当地的欢迎信息。对目标客户或者是进入一定旅游区域的用户进行相关信息的推送，可以引导其产生消费行为。

4. 信息互动服务

信息互动服务是一种基于移动互联网的为目标用户发布大容量及强交互性内容的信息发布服务。相关数据显示，目前旅游市场传统业务的交易量的增长率逐年下降，而自助游呈现爆炸式增长。当前的网络问答社区以及搜索服务在为自助游提供信息支持的同时，更能帮助用户实现个性化追求。旅游者无须在旅游出发前对旅游行程进行详尽安排，就可以直接出发开始自由旅行。在线旅游服务商们为用户提供了相当多的新式应用，这些应用主要以多元化、多点式的 App 客户端为主，包含航班、酒店、旅游产品、攻略、图片分享等各个环节和产品。

二、酒店 OTA

（一）酒店 OTA 的含义

酒店 OTA 就是一个线上平台，网络运营商（酒店网上代订平台）。在整合了酒店的住房资源后，将住房资源通过平台端口挂在携程、途牛这样的旅游网站上，通过客户下单住房从中赚取差价。酒店 OTA 不仅能够帮助商家获取更多流量和订单，也能为代理商创造收益，同时也能增加酒店和消费者的黏合度。

目前国内的酒店行业属于高速发展阶段，存在着极大的市场潜力。经过互联网的推进，现在线上订单量早已远超线下订单量,2019年,中国的在线预订呈现非常好的势头,预订间夜量突破9亿。

(二)酒店OTA平台

酒店行业是一个比较大的产业,无论是出差、旅行还是日常需要,许多人都会有住房需求。如果你经常订酒店,可能会注意到,有的房间旁边有不起眼的"代理"两个小字,那么这种房间就是酒店代理商在售卖。

目前,国内的OTA平台形成了携程系、美团系、阿里系三足鼎立局面。此外,驴妈妈、马蜂窝、途牛、booking、agoda等平台不断涌入市场,细分领域的OTA也在不断崛起,包括近几年比较火爆的民宿行业,譬如Airbnb、小猪短租、榛果民宿等。

1. 携程系

携程系是指以携程为首的众多OTA平台,是携程、去哪儿、艺龙、途牛、驴妈妈等平台的统称,平台上有国内多数的中高端酒店。这类OTA平台涉足酒店、度假、票务、旅游等多个领域,意在打造旅游住宿一站式服务,向用户提供包括酒店预订、机票预订、旅游度假、商旅管理及旅游资讯在内的全方位旅行服务,被誉为互联网和传统旅游无缝结合的典范。同时,携程的嫡系平台也相当多,利用大数据以及分销策略专攻酒店业务,也在向国际化的方向发展。携程是许多OTA代理商的不二之选。

2. 美团系

美团系一般指美团网,它从外卖行业起家,旗下还有电影、团购等业务,主营中低端酒店的线上业务,因为用户较多,线上酒店行业的市场份额仅次于携程系,是携程系最大的对手。作为OTA平台的后起之秀,美团网主要利用自己平台强大的流量入口,以及App移动端多年的忠实用户,在经济的低星级市场占份额较大,短板是高星级酒店不足。

3. 阿里系

阿里系的代表玩家是飞猪旅行,是阿里巴巴集团旗下的综合性旅游酒店服务平台。飞猪旅行平台上提供国内外交通、酒店住宿、景区门票、目的地游玩等产品及旅游周边服务,被称为"酒店界的淘宝"。与传统OTA模式相比,飞猪最大的特色在于沿用了淘宝平台的模式,让商家直接面对消费者,并且更注重境外市场的开拓。飞猪旅行是面向年轻消费者的休闲度假品牌,与面向企业差旅服务的阿里商旅一起构成阿里巴巴旗下的旅行业务单元,让消费者获得更自由、更具想象力的旅程。

三、OTA营销对酒店的积极影响

OTA是酒店与客人联系的桥梁,具有强大的营销能力、丰富的产品信息、便捷的预订方式、快捷的支付手段以及有保证的赔付政策,为酒店带来众多客源,成为酒店的营销、展示、推广渠道。作为一个分销渠道的合作伙伴,OTA的出现对酒店业产生了深远影响。

1. 提高酒店的销售量、知名度

相关数据表明,大型酒店集团线上销售额可达全部销售额的30%,这表明OTA带来的客流量不容小觑。酒店的OTA营销可以帮助酒店提高销售量、知名度:一方面,OTA作为代理人可以调整酒店住房、餐饮、娱乐消费的价格,将酒店产品以低于官方的价格出售,吸引消费者消费;另一方面,OTA 平台方举办的一些优惠活动,如"一元抢购酒店"、酒店消费优惠券、团购活动等,可以吸引众多消费者关注,使销售量大幅增加。

2. 丰富酒店的客源结构

当异地旅游者对当地的酒店不熟悉时,OTA 上的销售数量排名、用户体验评价等都可以成为酒店投放的广告,增加酒店的吸引力,产生口碑效应,这无疑扩大了酒店的客源范围,丰富了酒店的客源结构。例如,北京、上海、广州及许多城市的酒店,有很多来着世界各地的客人,不少高档酒店外宾比例超过 50%,包含来自东南亚、欧美、中东、非洲等各地的客人。传统的销售思维与模式则难以实现这样全面的销售覆盖。

3. 实现精准的客户细分与市场定位

OTA 全网信息透明度的增加使酒店的市场定位和客户细分尤为关键。尤其是旅游者通过智能移动端消费出行的习惯形成后,酒店的市场定位与客户细分需要更加精准。例如,客户在移动端选择酒店产品的时候可以自行选择多种细分条件,如"500 元+北京+商圈酒店",通过多种叠加条件来寻找一个独特的产品,这只有在多品类的 OTA 平台上才能实现。这样的选择方式使酒店的客户细分和市场定位需要更加精准。

4. 降低酒店的销售成本

对酒店来说,OTA 降低的成本主要体现在以下方面。

(1) OTA 成功地培养了客人在线预订的习惯,客人通过网络平台自主下单,降低了对销售人员和销售时间的需求。

(2) OTA 的广告效应降低了酒店方在宣传上的部分投资。

(3) OTA 带来的销售量让酒店空余房间数量下降,尤其是旅游淡季时,增加了酒店入住率,使闲置客房不再闲置,以合理价格出售,降低了每间客房的平均成本。

5. 优化酒店的销售模式

酒店传统的销售方式主要是官网销售和前台销售,模式单一并且不方便。许多中小型酒店没有建设自己的官网,或者官网知名度低、官网建设不完善、官网用户体验不佳,导致线上销售的效率较低。前台销售主要分为电话预订和当面预订,这两种方式都具有一定的局限性,如酒店电话的不易查询、当面订购的地理局限性等。OTA 平台则为客人提供了自主下单的机会,让客人便捷地获取相关信息,轻松地对比同类酒店的优劣势,优化了酒店的销售模式,也带给了客人新鲜的用户体验。

四、OTA 营销对酒店的消极影响

随着电子商务的不断发展壮大,酒店行业的直销模式受到了前所未有的冲击,OTA 分销模式也在酒店销售的大环境中显现出了诸多的弊端,给酒店行业带来了以下消极影响。

1. 破坏价格规则,降低酒店利润

近年,各个 OTA 平台之间为了竞争,常常进行"价格战",无规则地降低价格,使酒店正常的销售价格显得很高。同时,价格竞争也会让酒店之间形成价格竞争,跟随 OTA 方下调定价。OTA方在压低酒店产品价格的同时,还收取大量佣金,使酒店方的利润进一步减少,成为OTA方价格竞争中的牺牲品。比如,一底价300元的经济型酒店客房,OTA方以15%的佣金去做促销或"返现",可能只卖到255元或更低,这样就打破了酒店自身的定价体系。除此以外,价格竞争还让消费者持续寻找更便宜的酒店,对同一酒店的忠诚度降低。由于OTA价格低于市场平均水平,老顾客也因为价格产生不满,认为自己经常消费的价格不如OTA网站实惠使酒店失去部分回头客。

2. 影响酒店的品牌效应

入住高档酒店的顾客一般属于高消费人群,对价格不是非常敏感。他们在享受酒店方提供的优质服务的同时,也会享受高端酒店所带来的尊贵感和虚荣感。而OTA方提供的优惠会让顾客觉得跟随价格一起降低的还有酒店产品的质量,尊贵感也会荡然无存,久而久之,让酒店的品牌效应下降。

3. 使酒店销售带有不确定性和隐藏弊端

OTA使酒店销售带有不确定性和隐藏弊端,主要体现在以下两点。

(1) 顾客通过线上订购,酒店不知道其具体入住时间及特别要求,当顾客前来住宿时,可能发生预留房间不足、不能满足顾客要求等情况,顾客可能会退订,甚至形成不好的消费印象,这让酒店线上销售带有不确定性。

(2) 消费者得到好的服务时,可能只有极少的人选择给予好评,而得到不好服务时,给予差评的概率极大。顾客选择酒店时参考的一大因素就是各种网站上的用户评价及满意度,这样往往会出现由于一个差评而以偏概全的情况,从而降低酒店的声誉和认同度。

在移动大数据时代,酒店应该利用OTA更好地进行销售和宣传,扩大了品牌效应,提高市场份额。但酒店方不能过度依靠OTA,应经过市场分析,采取一系列的改良改进措施,尝试一些新的方法,利用好互联网和新科技,提高自身的竞争力。

任务二　OTA营销的策略

一、OTA模式下酒店的营销策略

在OTA占据巨大流量资源的市场环境下,酒店业应该以积极理性的眼光看待OTA,采取一定的策略,充分合理利用OTA分销渠道来提升酒店曝光率和美誉度,最大限度避免损失,同时通过引流开辟自有渠道来提高客房收益。OTA模式下酒店主要有以下营销策略。

1. 打造酒店自媒体平台

在OTA将顾客带到酒店后,酒店要和顾客建立起沟通的直接途径,通过自媒体平台将酒店服务信息直接送达顾客,引导顾客二次消费并成为酒店的忠诚会员,摆脱OTA方的束缚。

2. 打造酒店联盟

为了应对 OTA 对流量的把控,有实力的连锁酒店也在进行一系列的并购,打造酒店联盟。比如,锦江酒店与锦江股份、锦江资本、联银创投、西藏弘毅、国盛投资及符合约定条件的投资人订立股东协议,共同斥资 10 亿元打造 Wehotel,建立酒店联盟。打造酒店联盟有利于资源整合,有效提高运营效率和降低服务成本,最重要的是能够将所有酒店的会员信息整合,逐渐构建起一个共享千万会员的庞大网络,最终打造一个基于移动互联的共享经济平台。

3. 和 OTA 深入合作

随着市场和消费者习惯的变化,酒店应与时俱进,保持预订渠道最优化、酒店收益最大化。在加强自身手机端网络预订、会员体系的同时,可以因地制宜、具有策略地与 OTA 开展深入合作。例如,发挥携程作为国内 OTA 龙头的会员优势、聚集效应,作为酒店多元化预订渠道的有效补充,实现消费者、酒店与 OTA 的多方共赢。

4. 加强自身转型建设

传统酒店经营模式已不能满足顾客住宿需求,酒店需要积极全面了解顾客偏好,加快转型速度,跟上酒店发展潮流,迎合顾客消费口味,增加自己在 OTA 平台上的吸引力。比如,为了增强个性化和体验化,日本开创书店式主题酒店,客人看书看累了,就可以在书海里睡觉了。

5. 采取积极的营销策略

OTA 营销在不断地进化演变,这意味着酒店的营销策略必须跟随最新的数字潮流和算法改进。营销团队应始终聚焦在积极管理整体在线营销战略及最优化营销优势上,只是维护产品信息和优化关键字,就期待访问流量大涨是不现实的。成功与否的衡量,在于营销战略是否积极,品牌在 OTA 平台上是否有持续的存在感。

二、OTA 模式下酒店的营销趋势

OTA 模式改变了传统的酒店营销模式,酒店顺应科技和数字化发展的趋势,积极在 OTA 模式下采用开展营销,推进酒店的网上预订,呈现以下营销趋势。

1. 移动化营销

在 OTA 模式下,酒店营销呈现出移动化的特征。客户可以通过移动设备与酒店进行交流与洽谈,并通过移动网络订购酒店服务。

2. 个性化营销

在 OTA 营销中,同质化的酒店服务对消费者的吸引力越来越小,酒店越来越重视个性化服务产品的研发。互联网为酒店提供了大量数据信息,酒店可以通过数据分析了解消费者的个性化需求,并根据消费者行为对消费的未来消费方向进行预测,进而生产个性化服务产品。

3. 整合化营销

OTA 模式使酒店与旅行社相互融合,很多 OTA 企业已经投资入股酒店企业,酒店企业也积极入驻旅游网站,二者呈现整合化营销趋势。

三、OTA 模式下酒店的内外部环境

1. OTA 模式下酒店的内部环境

在 OTA 模式下,酒店具有一定的优势。目前,大部分酒店已经具备了一定的网络营销基础,具有官方网站、官方微信公众账号等,能够有意识地开展网络营销。在 OTA 模式下,酒店的市场定位比较明确,大多数酒店都有自己的忠诚顾客。另外,酒店的基础设施比较完善,高档的装修、整洁的卫生和高质量的服务都能够增强酒店的市场竞争力。

在 OTA 模式下,酒店还面临一些严峻的问题。例如,部分酒店企业开设分店会导致酒店的成本较高,容易出现资金短缺现象。另外,部分酒店企业领导人员的网络营销观念淡薄,没有将网络营销纳入企业发展规划中,缺乏系统的网络营销规划。

2. OTA 模式下酒店的外部环境

首先,现阶段经济发展比较稳定,人们生活水平较高,旅游消费不断上升,为酒店的发展提供了良好的环境。其次,我国酒店行业随着旅游业的发展而繁荣起来,酒店类型多种多样,各类酒店积极打造优质品牌,树立了良好的社会形象。最后,在电子商务发展背景下,人们的网络消费意识越来越强,大多数人在旅行的过程中都会通过网络订购酒店住宿和旅游门票,网络消费的普及为酒店 OTA 营销提供了条件。

四、OTA 模式下酒店营销的问题

酒店与 OTA 既存在互利互惠的关系,又存在不可避免的利益冲突:一方面,OTA 能为酒店提供大量的订单;另一方面,酒店又不甘心支付给 OTA 数目不小的佣金。OTA 模式下,酒店营销出现的问题如下。

1. 营销渠道单一

在 OTA 模式下,大多数酒店都开展了网络营销。但是,由于酒店网络营销起步较晚,酒店企业的专业网络营销人才不足,酒店的网络营销只能采取与网络中间商合作的方式进行。例如,大多数网站都入驻了订房网站,并在知名订房网站上发布广告,进行广告营销。在这种情况下,酒店自己的官方营销网站却不够健全,过度依赖 OTA 平台,营销渠道单一。

2. 营销能力有限

酒店企业的人力资源管理十分重视技术人才、销售人才和管理人才的培养,却缺乏对网络营销人才的重视,没有引入充足的网络营销专业人员。大多数酒店网络营销人员只了解市场营销的相关知识和技能,缺乏对网络营销知识的了解,网络营销能力有限。

3. 网络支付不完善

在 OTA 模式下,酒店营销需要通过网络支付或现金支付的方式,但有时网络支付手段不够成熟,支付安全无法保证。消费者在网络支付的过程中容易受到恶意攻击,导致信用卡信息或个人信息泄露。

4. 线上线下营销脱节

在 OTA 模式下,很多酒店会单独处理线上营销业务和线下营销业务,导致线上和线下

相脱节。例如,有些顾客在订房之后没有及时与酒店联系,而酒店也没有及时处理网络上的订房,顾客到达酒店后发现酒店没有为其留房,使消费者与酒店之间产生矛盾。

OTA 模式下,酒店的应变之道

OTA 在带来大量订单的同时,也为酒店的营销增加了阻碍。OTA 的酒店价格一般远低于门市价,不利于酒店自身的营销。选择 OTA 后,酒店虽然背靠大树好乘凉,但也需要积极规划酒店的长远发展,抓住眼前机会,实现直销占主导地位的目标。酒店可以通过以下几点措施,引导更多的顾客绕过 OTA,通过酒店官网、预订电话或是前台预订酒店。

1. 需要简化顾客的预订手续

一方面,酒店要优化酒店的官网。官网上的预订手续和预付方式需要简化,简单、快捷的预订方式是顾客选择酒店的重要因素。一个细微的改动,会带来无限商机。例如,在网页上添加在线咨询,为顾客解答问题。另一方面,预订电话应保证畅通无阻。经常占线的客服电话,不仅会为酒店带来损失,也会在一定程度上危害酒店的形象。

2. 跟上时代,推出酒店的 App

智能手机作为一种新兴的媒体,在"80 后""90 后"中有着深刻的影响力,而这部分消费人群逐渐成为酒店行业的主力军。OTA 已纷纷推出了相应的 App,酷讯、去哪儿网、艺龙等早就上线了自身的 App,抢占移动市场。酒店也应及时推出 App,占领部分市场。

3. 提高顾客对酒店的忠诚度

顾客对酒店的忠诚度会决定他是通过 OTA 还是酒店的相关渠道预订酒店。忠诚度较强的顾客一般会直接通过酒店的官网或者电话预订。酒店可以通过一些具体办法加强顾客的忠诚度。对于第一次入住酒店的顾客,不妨"以利诱之",为他提供下一次入住可以打折的优惠。对于经常入住的顾客,需要记录他的饮食习惯、生活作息,为他提供"宾至如归"的优质服务。

4. 塑造酒店形象,打造酒店品牌

酒香不怕巷子深,国际知名的酒店对于 OTA 的依赖性显然较弱,酒店品牌的树立也会在无形中增加忠诚度较高的顾客。舒适的环境、精致的饮食、优质的服务固然可以为酒店加分,而参加公益事业、宣传酒店文化也是树立酒店形象的途径之一。

五、打造酒店自己的营销模式

在酒店业发展迅猛的当下,OTA 贡献十分明显。首先,OTA 将更广泛的客户资源及网络流量带给酒店,对酒店尤其是新酒店的广泛传播和市场宣传具有重要作用。其次,OTA 可以帮助酒店更清晰地进行市场细分及市场定位。

与此同时,酒店和 OTA 之间的关系也越来越微妙。OTA 平台要求的酒店佣金一再上调,使各大酒店出现断开合作或"停止返现"的现象。除此之外,由于 OTA 对酒店占有率和把控力加强,酒店自身的定价权受到挑战。长此以往,酒店自身的定价将越来越受制于 OTA,一旦失去 OTA 的辅助,销售能力就会一落千丈。因此,酒店需要从发展的角度,寻求变革和突破,着重关注以下几个方面。

1. 自有顾客的优先转化

酒店要采取有效的手段,把顾客吸附到酒店的平台上,并且让平台上的顾客转化成酒店产品的消费者。这两个动作同等重要,对酒店营销的影响很大。

酒店平台不能仅仅依靠销售经理"地推"拉来客户,而要通过酒店全体人员的努力,形成一个忠诚的客户群,并且由专人负责不断维护,这并非易事,但必须去做。

2. 搭建微信商城

为顺应市场需求,酒店微信商城运营支持商应运而生。他们可以为合作酒店提供包括运营支持、渠道流量连接、广告策划及投放、数据统计分析等全方位服务,帮助合作酒店高效获取直接客源、优化管理效率、提升服务质量、扩宽品牌宣传效果。酒店如果与其合作搭建微信商城平台,利用OTA吸引新客户,再利用微信订房转化客户的二次消费,在价格和增值服务上做足文章,将分销渠道的客户变成自有渠道的忠诚客户,那么,低廉的服务费和更利于直接管理的客户档案,一定会比分销渠道高额的佣金以及"抓不住"的客户信息对酒店来说更为划算和便利。当然,如果酒店有足够的自有流量和运营能力,还可以直接请微信小程序开发商搭建微信商城平台,能直接减免运营支持商的持续佣金,让酒店拥有更高的自主经营权。

3. 跨界与精准营销

跨界与精准营销已经成为互联网营销的利器,作为酒店需要考虑如何让跨界营销成为精准营销的促成者。酒店要发挥场所优势,尝试让一群有共鸣的人聚集到一起,引导产生由共鸣点衍生出来的共同兴趣。

4. 完善会员体系及积分制度

客户忠诚计划和奖励体系是留住客户最直接的手段。建立良好的会员体系并为会员提供有吸引力的积分制度是一个具有持续性、稳定性的互动式营销模式,是对酒店营销管理有益的补充与完善,可为酒店开辟新的客源市场。当一名客户愿意成为酒店的会员,也就意味着客户对这家酒店的认可。这要求酒店必须提升服务质量,提高员工的服务意识,给客户提供难忘的消费体验,让客户成为酒店的有效会员。同时,积分制度等的奖励体系可以提高客户的持续消费力,利用客户求实惠、求面子的心理,在增加酒店收益的同时奠定良好的客源基础。

5. 建设酒店运营生态链

酒店作为自然、社会、政治、经济、科技、环保、艺术等多个领域的集合体,可以延伸的生态链有许多。现在已经有一些酒店将客房和景区产品打包销售,可以看作生态链的一种简单形式。什么主题可以成为酒店营销应该抓住的生态链?如何充分利用酒店所处地域的文化和地理环境的资源设计酒店独有的生态链?如何引起客户的关注并且愿意体验酒店的产品组合?这些问题的思考、解答和探索,对酒店营销的深化和扩展具有积极的意义。

6. 提供差异化服务

实践中,一些酒店为了获取客户在OTA平台上的点赞,往往会给予OTA客户一些特别服务,以便提高OTA客户的入住体验,赢得客户好评,进而吸引更多OTA客户。但是,这种做法往往伤害了一部分直销客户的利益,同时也不利于酒店把OTA客户转换为直接客户,反而间接地促进了OTA客户与平台的关系。酒店应该在优待OTA客户的同时,给予直接与酒店订房的客户一定的价格优惠或者增值服务,如免费早餐、客房升级、代金券等,也可以给予

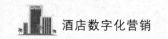

OTA客户下次通过酒店直接订房可享受"回头礼"等优惠待遇,用以巩固直接客户群体。

综上所述,酒店应强化自身宣传、苦练内功,把产品做出特色,让酒店"自带客源流量",减少对OTA平台的过分依赖。

任务三　OTA营销的方式与技巧

一、OTA模式下的酒店营销方式

随着互联网的迅速发展,人们的出行方式与习惯不断发生变化。在酒店预订方面,绝大多数消费者会先在网上查找当地的酒店,价比三家,选择价格合适的酒店预订下单。针对此种情况,酒店应采取不同的营销方式来提升入住率。

1. 内容营销

OTA通常是综合性的服务平台,酒店可以通过在平台上生产内容,以内容吸引客流到预订详情页,从而完成流量导入。目前,酒店可以在以携程为代表的OTA平台上完成的内容营销有以下三种。

(1) 旅游攻略内容营销。大多数OTA平台能够让用户生产内容。在旅游频道,用户可以生产和旅游目的地相关的内容,如常见的旅游攻略,通过撰写目的地行程攻略,把酒店信息包含进去,从而进行传播,吸引流量。

想要写一篇优质的攻略内容,首先要了解平台规则及读者阅读体验。旅游攻略内容的阅读者一般是即将出行或者有出行计划的游客,内容直接面对的就是精准潜在客户,是商家引流的一个重要渠道。一篇优质的攻略内容能够获取很大的曝光量,尤其是一些被平台推荐至首页的攻略。如果酒店想要获取额外的流量,便可以在OTA平台上撰写攻略。攻略内容既可以由酒店自己写,也可以鼓励客人去写,还可以请别人代写。游记可以一篇多发,写好后在同类平台上同时发布,以此提高阅读量。

怎样写一篇优质的攻略

(1) 攻略内容要详细。攻略内容包括旅游目的地的景点、美食、行程、住宿、交通、旅行费用、购物、当地风俗文化、纪念品以及旅途中遇到的美好事情。

(2) 上传大量精美图片。图片比文字更具有表达力和吸引力,图片最好是高清照片。可以上传风景、美食、人物等图片内容。

(3) 内容结构要流程化。以吃、喝、玩乐、住、费用等,或者以第一天、第二天时间形式来记录,可以让浏览者很容易看清文章内容结构,同时能够重点关注自己感兴趣的地方。

(4) 攻略里可以添加一小段在住宿地拍摄的视频。

(5) 选一张精美的图片作为首图,风景或者人物图皆可。

(2)问答内容营销。除了旅游攻略内容以外,问答内容营销也是酒店的一种引流方式。在OTA平台的目的地攻略中,点击进入"问答"板块,寻找有关住宿行程安排的话题,对该话题进行回答,并在回答的内容中,把酒店信息推荐进去。一定要有说服力地推荐,不能泛泛而答,要突出酒店的特色及卖点,如相较其他家酒店有哪些优势,是否有位置优势、价格优势等。除此之外,还可以创建账号,通过自问自答的形式来做营销。但应注意,内容回答一定要有干货,能够切切实实地帮助提问者,赤裸裸的广告可能会起到相反作用。

(3)直播内容营销。视频直播是内容的一种呈现形式,比文字、图片呈现的内容更真实、更丰富,客户体验效果更佳。例如,携程与斗鱼直播达成战略合作,在整合双方优势资源的基础上,推出酒店体验直播节目《睡遍全世界》,每期节目均邀请斗鱼直播的人气主播以及来自各地的旅游达人,通过解密酒店、酒店游戏互动等方式,全方位体验国内外各大热门旅游目的地的特色酒店,为用户呈现酒店最真实、最具吸引力的一面。

酒店如何做直播内容营销

酒店在直播时,可以直播人、直播物、直播一种生活方式、直播一种理念。在具体直播中,可以直播酒店的整体建筑、客房,可以直播酒店举办的一场活动,可以直播一道菜的制作方式,可以直播一间客房的卫生打扫过程,可以直播采访入住客人。直播就是告诉别人,酒店或已入住的客人此时此刻在做什么,传递一种美好、一种他乡的生活方式、一种吸引人的状态。

(1)在直播过程中要注意脚本,即提前写好解说的话语。如果没有提前准备好脚本,可能会在直播的过程中出现说话停顿、语无伦次情况,给客人造成不好的印象。

(2)直播时要准备比较专业的工具,其中三脚架是必备工具。如果用手拿着手机,在行走的过程中,难免会造成直播画面的晃动,影响直播效果。另外,在转动角度的时候,用三脚架可以防止出现镜头因无法对焦而出现画面模糊问题。必要时,可以用滑轨对镜头进行移动。

(3)直播时要多呈现房间的细节及微物,如一个花瓶、一幅壁画、一盏台灯等。

(4)利用"五觉"场景描述法来进行直播。比如在解说房间的床垫时,如果只是说出名字,给客人的印象不会太深刻,要通过触觉来传达,可以坐在床垫上,感受其柔软品质,再通过话语描述传递给用户。

(5)视频直播要在多平台分享,如微博、朋友圈、微信群、QQ群等。

2. 活动营销

除了内容营销,酒店还可以在平台上参加各种活动,来做营销推广。

(1)参与平台活动。通过在平台上参加活动,酒店可以获取额外曝光,提升转化,获取可观销量。那么,酒店要如何参与平台活动呢?

首先,酒店要分析活动主题是什么,针对哪种客源,展示渠道有哪些,推广资源有哪些,与本酒店是否匹配。只有参加适合自己的活动才能获得好的效果。平台活动的推广资源一般有四种渠道,包括App渠道、PC端渠道、新媒体渠道和搜索引擎渠道。

其次,要了解区域内已经参与活动商家的数量有多少,如果参与商家太多,就失去稀缺性优势,参与活动的意义就不大。

最后，要分析参与活动的竞争商家，主要针对价格方面。当客户点击进入活动专题页面后，商家怎样才能在一众竞争者中吸引客户呢？除部分专题活动外，大部分的活动都是利用优惠价格吸引客户。

（2）自建活动。除参加的活动外，一些平台为酒店提供自建活动的权限。例如，在携程网上，酒店可以通过组织创建各种活动来吸引潜在客户，只需在后台单击"信息维护"板块，进入后点击左侧的"酒店活动管理"，就可以添加相应活动。

3. 促销营销

促销营销分为以下两种方式。

（1）自主促销。目前，各OTA平台一般会提供今夜甩卖、提前预订、连住优惠、限时抢购四种促销类型。每种促销营销的场景都不一样，酒店要视具体情况具体选用，如图7-1所示为某酒店今夜甩卖页面。

图7-1 今夜甩卖页面

(2)利用优惠券、红包工具促销。酒店可以设置优惠券或红包促销,吸引消费者下单消费,提升间夜量(指酒店在某个时间段内,房间出租率的计算单位)。消费者可以通过条件搜索酒店,如搜索"促销优惠",参与促销优惠的酒店会出现在搜索结果页。在淡季客流量较少的时候,酒店可以多参与平台促销活动,通过在价格上让利客户,提升销量。

4. 付费营销

付费营销是酒店向平台支付费用,平台通过各种形式对酒店进行包装,帮助酒店获取更多曝光量。付费营销常见的有三种类型,如图7-2所示。做付费营销,首先要看广告展位的位置及推广渠道。不同的位置带来的流量不同,展示位置越好,时间越长,价格也相应越高。

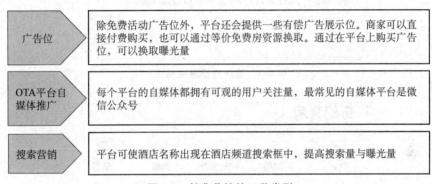

图 7-2 付费营销的三种类型

二、提高酒店 OTA 排名的技巧

近几年,我国酒店数量增长迅猛,在 OTA 上的竞争相当激烈。那么,如何解决酒店在 OTA 排名不好、预订率低、点击率低、订单少等问题呢?以下技巧可提高酒店在 OTA 的排名。

1. 为客户设计产品

客户在选择酒店时,会以酒店的产品为主要选择依据,因此,酒店在 OTA 上线的产品要为客户而设计。

(1)添加酒店名称后缀。关于酒店的名字,无论酒店是否有分店,店名的后缀是非常重要的。比如,"和颐酒店"与"和颐酒店(上海新国际博览中心芳甸路地铁站店)"相比,后者更能吸引人;"万兴酒店(上海陆家嘴世博园店)"比"万兴酒店"更容易让人产生兴趣。

(2)完善酒店房型基础信息。酒店房型基础信息包括床、卫生间、便利设施等图片信息,这都要写清楚,方便客户根据自己的需求选择心仪的房间,如图7-3所示。

(3)展示增值服务。客户除了对展示的照片和酒店房型基础信息有要求外,还会关注酒店是否有加床、早餐、升级等增值服务。如果酒店有这些可提供的增值服务,一定要在 OTA 上写清楚,如图7-4所示。

2. 包装美化产品

对在 OTA 上线的产品,酒店要做好包装,美化产品,以吸引客户的眼球,增加点击率。

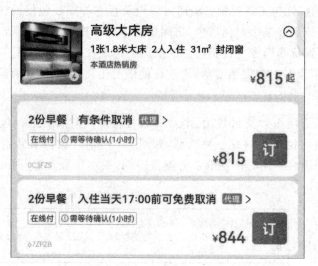

图 7-3　酒店房型基础信息

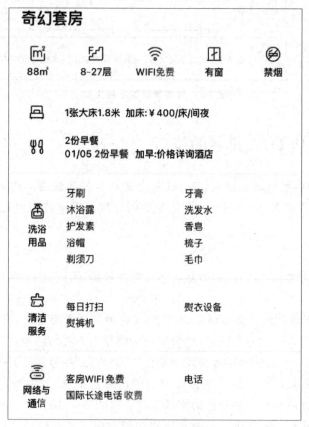

图 7-4　酒店增值服务

（1）房型名称的美化。雅致大床房、精致大床房、精致双床房、雅致休闲房……这样的房型名称比呆板的大床房、双床房更好，如图 7-5 所示。

（2）首图的选择。酒店首图的选择非常重要，首图的展示效果会直接影响客户愿不愿

图 7-5 酒店房型名称

意打开酒店页面继续查看,对酒店第一印象的塑造扮演重要角色。酒店通常会选择门头照片或客房照片作为首图。

原则上来说,客房在 80 间以上、门头的照片会比较大气,适合做首图;而房量较少的酒店,用房间的照片更为直观、合适,如图 7-6 所示。

(3) 图片的视觉冲击。对酒店客房的照片来说,视觉冲击力非常重要,需要将房间尽量拍得宽敞、舒适。可以请专业设计师来拍摄,也可用鱼眼镜头来展示房间图片,如图 7-7 所示。

3. 客户引流

(1) 活动引流。某酒店页面一天的流量只有 40 人,那么说明当天只有点击页面的 40 人看到了酒店信息。酒店可以通过活动提升流量。例如,推出 9 元的生日房间,客户生日当天持身份证到店,可以以 9 元的优惠价格入住酒店。这个活动以 9 元的特价来吸引客户眼球,帮助酒店提升流量,而对酒店来说,这个活动的成本也非常低。

(2) 优势最大化。酒店应将自己的地理位置、房型特点等优势最大化地展现给客户。

图 7-6 酒店首图

图 7-7 酒店房间图片

例如,某地举行会展时,会展中心附近的酒店会面对许多潜在客户,此时酒店可以在名称后面添加"××会展中心店",直截了当地告诉客户这是会展中心附近的酒店,如果酒店与会展中心还有一小段路程,可以写明"评价即可专车接送",通过这种方式打消客户的顾虑。

4. 点评回复

客户在OTA选择酒店的时候,一定会看热门评价和近期评论。如果点评不好、评分较低,会影响酒店在OTA排名,客户很有可能选择其他酒店,导致酒店预订率低、订单少的情况出现。酒店应尽可能提供良好服务,使客户满意,并诚恳请求为自己打好评。

虽然酒店努力让每位客户满意,但有时还是避免不了出现一些细节问题。如果客户给的评分低、评价不好,酒店要及时解决,回复客户的点评。回复时要有技巧,字数尽量多一些,如图7-8所示。

图7-8 酒店点评回复

酒店除了利用上述办法提高在OTA平台上曝光率外,还要做好内部管理,通过超预期服务和附加值服务,把招待客人变成款待客人,帮助酒店获得更多流量和订单。

三、酒店转化OTA客户的技巧

OTA在给酒店带来高流量的同时,酒店也需向OTA支付高额的佣金,因此,酒店应抓住机会,合理转化OTA客户,变成自有直销渠道的客户。酒店转化OTA客户的具体策略如下。

1. 直销渠道增值服务

直销渠道要不断推出新的增值服务,保证在价格一致的基础上,直销渠道的服务更具有优势。比如,OTA上的房间价格为158元不含早餐,酒店微信预订平台上的房间价格应为158元含早餐或果盘。

久而久之,这一做法将让消费者相信酒店微信订房平台上是更具有吸引力和更有价值的酒店产品,微信预订平台将会成为消费者更倾向使用的预订平台。此外,在进行这些促销活动的时候,酒店应该尝试互联网营销推广,包括官网微信、论坛、百科、视频、软文等方式,保证促销信息被消费者知道。

2. 价格一致

很多酒店并未足够重视价格一致原则,也没有采取有效措施规避价格不一致带来的风险。相关数据显示,65%以上的快捷酒店在OTA上的价格低于其酒店的直销渠道价格。只有全面的价格一致策略,才能鼓励消费者通过官方直销渠道预订酒店产品。很多旅游消费者调查报告都指出,大部分旅行者更喜欢直接向酒店进行预订和购买酒店产品,前提是酒店网站和OTA一样提供低价产品和简单的预订功能。

3. 官网引导流量

官网是消费者最信任的渠道,要对酒店的官网进行推广,以保障直销渠道的流量积累和客户沉淀。应设置OTA渠道的限制条件,合理控制OTA渠道的权重,如设置促销房的数量限制、附加条件等。要清晰地知道OTA渠道并不是在线直销渠道的替代品,酒店不能用OTA替代在线直销渠道。

4. 前台服务引导

OTA客户转化需要酒店所有员工,尤其前台员工的配合,具体方法如图7-9所示。

硬广	酒店前台的明显位置放置直销渠道的宣传品,鼓励客户通过直销渠道进行预订,并给予最优惠价格保证和奖励计划
感情牌	发放来自酒店总经理的"感谢您入住我们酒店"的信函:在所有通过OTA进行预订的客户入住时,酒店工作人员应递送给他们一封来自酒店总经理的信函,他/她在信中应推荐客户下次入住时通过直销渠道进行预订
二次推广	退房时推送直销渠道的福利(代金券),感谢客户的入住,并推荐他们在下次入住时通过直销渠道进行预订
活动营销	每个月都应该推销酒店最新的特价产品、打包产品、活动和动态,吸引客户通过直接渠道预订
技巧培训	酒店应培训员工,了解为直销集道预订的客户所提供的各种优惠和折扣。每位员工都应该深入了解有关酒店的最优惠价格保证、奖励计划或客户答谢计划的所有信息

图7-9 前台服务引导

通过以上技巧,随着直销渠道客源的不断增多,酒店方不仅能够降低OTA佣金的支出,还能够真正地增加客户的满意度和回头率,获得自己的忠实客源,真正提升酒店的竞争优势和收益能力。

酒店如何做好 OTA 营销

许多酒店管理者都没少为 OTA 营销操心,比如为什么其他酒店的 OTA 营销能够做得炉火纯青?客人能够络绎不绝?而再回望自家简直是惨不忍睹。那么,我们该如何提升 OTA 营销呢?在 OTA 营销过程中又有哪些技巧可以提升效率呢?

对酒店管理者而言,需要了解大部分通过 OTA 渠道预订酒店的客人,大多没有实地体验酒店设施以及服务的优缺点,因此在预订酒店的过程中,他们通常会参考对比其他酒店的信息来做出最后的选择。所以,想要提升酒店在 OTA 平台的形象,可以从以下几个方面来做。

1. 提供高质、精美的酒店客房场景

一般来说,入住 OTA 的酒店都需要上传相应的酒店照片,上传的酒店照片应符合哪些要求呢?一是要求照片高像素、高清晰度,突出的酒店功能;二是要及时更新图片,采用酒店最新的实景照;三是可附带几张周边旅游资源的照片,增强吸引力。

2. 设定客户需求关键词

总结客户搜索关键词,从客户的需求角度出发,向同类客户介绍、推荐该类搜索的热点词语,如景点、事件、交通枢纽、设备设施、价格等,这既可以提升酒店被搜索的可能性,又可以为客户节省时间,增强便捷性。

3. 统一线上、线下价格

无论是线上还是线下,都需要坚持价格的一致性。如果实体酒店的预订价格高于 OTA,客源的流向就会更加倾向于 OTA 的在线预订,并成为 OTA 的忠实客户,这种价格差异将直接导致营销渠道的客户流失,一旦脱离 OTA,酒店将无法生存。

4. 尽量不关价格不关房

无论何时,酒店都应做到不关价格不关房,因为关房会影响酒店在 OTA 的排名,同时也会失去常住客人。可以通过提高房价、限制入住天数来达到关房的效果,但一定不能直接关房。

5. 分散风险,积少成多

酒店可以通过与不同的 OTA 渠道商合作来分散风险,如果一家 OTA 的营销效果不好,可以再与第二家合作,积少成多,酒店收入自然会有所提升。而且合作越多,酒店在网络上的曝光率越高,相当于广告增加了,这对低品牌声誉的单体酒店尤为重要。

6. 加强互动,维系客户

要想更好地从 OTA 渠道中获得更多的客户,就需要对 OTA 的客户点评进行及时、积极的互动。对客户的投诉,要积极采取措施予以补救,并做好客户关系的维护工作。同时,回复模式应该个性化、人性化,而不是千篇一律的模板回复。

任务四　酒店与 OTA 的合作

一、与携程旅行网合作

携程旅行网(以下简称"携程")创立于1999年,总部设在中国上海。作为领先的综合性旅行服务公司,携程成功整合了高科技产业与传统旅行业,向超过2.5亿会员提供集无线应用、酒店预订、机票预订、旅游度假、商旅管理及旅游资讯在内的全方位旅行服务,被誉为互联网和传统旅游无缝结合的典范。

1. 携程的产品特色

携程的产品线覆盖了"食、住、行、游、娱、购"六大方面。当消费者通过携程预订酒店时,通过攻略、团购等方式,携程会主动向其推荐酒店。伴随旅游消费升级,除"机+酒""景+酒"套餐外,消费者对目的地用车、当地玩乐等需求日益上升。携程拥有丰富的产品线,借助"酒+×"的合作模式,可帮助酒店为消费者提供更具全面的产品和服务。

2. 携程的优势

携程已同全球超过100万家酒店建立长期合作,采取全方位合作,具有多种住宿业态和酒店业务,为6亿用户提供预订服务,月均预订量超过2 500万间/夜。携程规模化的运营不仅可以为会员提供优质的旅行选择,还保障了服务的标准化与服务质量,降低了运营成本。

3. 携程的加盟流程

携程的加盟流程非常简单,单击携程官网页面下方的"酒店加盟",按要求填写相应信息即可,流程图7-10所示。

图 7-10　携程的加盟流程

四大酒店集团和携程深化合作,完善新型酒店生态圈

2016年11月23日,携程大住宿事业部与四大酒店集团——铂涛、如家、华住、锦江就双方深化合作、完善新型酒店生态圈进行了主题研讨会。

"研讨会的内容涵盖市场商务拓展、营销合作、消费者服务、酒店系统管理等。"携程大住宿事业群集团业务部负责人说,"同时,携程也感谢四大酒店连锁集团这么多年来始终和携程保持着紧密的战略合作关系。未来,携程有信心和集团起引领行业创新,给客户更好的产品和服务体验,给双方更高的合作回报。"

对此,四大连锁酒店均认同:与携程的深度合作,既是对携程酒店战略的进一步补充,也能更好地对各大酒店连锁集团在业绩上进行支持。

连锁酒店期待与携程合作

在交流中,四大连锁酒店集团均期待与携程的合作。

"中高端是未来如家集团发力的重点,在中高端酒店这一块,我们做好对客服务,需要携程给予我们更大的流量支持。"如家酒店集团相关负责人表示,"在中高端的点上,携程的客户和我们的客户是高度重叠的,所以未来如家和携程会合作得更加密切。"

华住酒店集团相关负责人也说,"华住认为分销是不可或缺的版块,携程是我们一直以来非常密切的合作伙伴,华住在酒店智慧化和互联网营销方面和携程还有很多深入合作的机会。"

在上海锦江都城酒店管理有限公司相关负责人看来,"携程和锦江的合作,本质上来讲属于一种良性的竞合关系。这样的关系,一方面是对锦江都城一直以来所坚持的大力发展直销战略规划的借鉴,另一方面在当前酒店行业的竞争和经营环境下,也是对现有客源的一个有效补充。"

铂涛集团相关负责人表示,"我们已经在全产品线上与携程进行了深度合作,包括会员拉新和接下来的会员共享项目。我们认为携程和铂涛在深度合作上还有很多可以挖掘的内容,接下来我们会考虑产品和营销双向合作,把双方的优势发挥到最大。铂涛集团与携程的深入合作,核心是希望培养携程的客户对于铂涛旗下酒店各品牌的认知和品牌忠诚度。"

有利于消费者出行与住店

不论是"互联网+酒店",还是"酒店+互联网",如何利用互联网技术对酒店经营与服务作出转型升级是这个行业无法回避的问题。进入互联网时代,首先挑战的是"传递产品价值的属性"。

而在外界看来,携程建设新型酒店生态圈的路上,携程正是在不断传递产品的价值属性。这也是四大酒店连锁集团与携程合作的重要原因。

"携程创立至今,一直在换位思考,希望为消费者带去更好的服务。"携程相关负责人说,"这是携程酒店部门一直在市场领先的最重要因素之一。"

"与携程合作后,对消费者而言,在携程与酒店的生态圈链条上,既可获得更全的信息,还能享受到更便捷的预订服务,降低预订的费力度。"多位连锁酒店人士说,"总之,我们很信任携程的呼叫中心带来的优质服务。"

而下一阶段,连锁酒店将继续享受到携程在创新端的"红利"。"我们已经可以预见到,携程仍会将'创新'基因继续传承下去,并在构建新型酒店生态圈的过程中,不断为消费者、酒店及市场各方带来更多的惊喜和亮点。"行业内人士分析。

总体看,携程旅游在国内游、出境游、入境游领域领跑市场。如一些分析所言,"一方面,通过与携程的合作,签约酒店一方面能快速抢占流量入口,增强线上分销能力。另一方面,在更好管控线上分销渠道的同时,也将不断提高消费者预订体验。同时,携程拥有强大的平台优势,可向签约酒店提供更多流量支持。"

二、与艺龙旅行网合作

艺龙旅行网（以下简称"艺龙"）是中国在线和移动住宿服务提供商，致力于打造专住专业、物超所值、智能便捷的住宿预订平台。通过艺龙客户端、PC 网站、7×24 小时客服电话，为消费者提供全球 200 多个国家 110 万家住宿及机票、火车票等预订服务。

1. 艺龙酒店产品的优势

艺龙已同上百个酒店品牌开展深度合作，有上亿酒店会员，每月单次访问量超过千万人次，可以提供 70 万家国内、国际酒店的丰富内容，包括实时库存和价格。艺龙提供 24 小时呼叫中心服务，绝大多数的酒店订单即时确认，承诺"到店无房，赔付首晚房费"，呼叫中心高达 99.7% 的客户满意度。

2. 艺龙的合作模式

酒店与艺龙的合作模式如表 7-1 所示。

表 7-1 酒店与艺龙的合作模式

序号	合作模式	具体说明	特点
1	链接跳转	合作伙伴网站、App 或微信公众号通过链接跳转至艺龙的 H5 页面，可实现联合登录。用户在合作伙伴页面登录后，到达艺龙 H5 页面时即成为艺龙的用户。用户预订的业绩将会记录在合作伙伴名下，同时还可以识别是哪个用户的业绩	合作伙伴开发量小、上线快、体验好，有助于提升成单率
2	API 集成	合作伙伴通过服务器调用艺龙开放平台的 API，获取产品数据，完成用户的预订，进行订单查询、更改或取消。对用户来说他面对的都是合作伙伴的网站，用户体验一致	合作伙伴预订平台更加自由化，数据本地化，有助于合作伙伴进行用户数据分析及营销
3	HBA 预定	HBA 预定系统是艺龙自主开发的预定系统，合作伙伴的员工可以通过系统实现酒店查询、预定、取消、变更订单	合作伙伴无开发量
4	白标网站	艺龙提供一个没有头尾的只有中间内容部分的网站，合作伙伴可以提供自己的头尾进行设置后做成了一个和自己主站风格一致的酒店频道	合作伙伴无开发量

艺龙"酒店库存开放平台"升级上线

艺龙开放平台升级上线，向各行业开放艺龙覆盖全球 200 多个国家和地区的 75 万余家酒店库存，基于艺龙强大的酒店库存和优质用户服务，打造场景化智能分销平台，赋能各行业有自己客户资源和独特营销能力的合作伙伴加入旅游行业，为更多的消费者提供及时便利的住宿预订服务，与更多行业、商户共享在线住宿的黄金时代。

相比其他 OTA 企业，艺龙更专注于在线酒店预订领域，早在 2007 年年底就确定了在线酒店战略。在用户端，随着网络技术的优化，用户习惯悄然发生改变，逐渐从通过电话预订向互联网预订转移，艺龙在业内率先推出 PC 和移动预订平台，给用户提供随时随地可预订酒店的便捷服务；在商户端，艺龙通过多年的努力，实现了海量酒店签约/在线、酒店图片和基础信息可视化、价格和库存实时更新、订单 7×24 小时全年不间断运营等多方布局，基本覆盖了所有国内、国际酒店并提供一流的预订服务。艺龙作为少数发展成熟的企业，从 2007 年起即率先打造酒店分销平台，把自己多年积累的丰富酒店产品和卓越运营资源共享，使合作伙伴有机会站在"巨人的肩膀"上携手发展，共同拓展在线酒店预订领域的商业机会，为更多的消费者提供服务。

经过十多年的发展，艺龙酒店分销系统已形成多点、多行业开花的分销局面，合作伙伴壮大至数万家。艺龙先后开发出 Web API、Mobile API、白标网站、IVR 语音转接等接口能力，为合作伙伴提供多种技术解决方案，灵活应对不同合作伙伴的业务需求，使合作伙伴可以自主开发、运营酒店预订业务，更贴近其客户需求。随着时代变革，国际酒店住宿需求也不断攀升，艺龙又将国际酒店接入分销平台，与更多做国际业务的合作伙伴共享优质的国际酒店资源。

谈及全新升级的开放平台，艺龙营销副总裁表示："酒店分销行业开始得很早，但互联化起步时间较晚，而且对技术专业程度和平台数据调整能力要求都很高，行业进入门槛较高。平台不智能、盈利模式不清晰、酒店产品服务流程长是行业一直存在的问题。艺龙深耕酒店分销行业，从行业经验、数据、技术各方面让分销智能化得以实现，这次上线的平台正是基于行业痛点，帮助分销商实现与酒店库存的精准对接，以平台化大数据推动整个行业运营效率的提高。"

艺龙新上线开放平台具有"多、快、透、专"四大特点，解决分销商运营难题，为分销商创造提升效率的开放环境。其中，"多"是指酒店种类多、库存多、业务线多、合作模式多，提供全球 200 多个国家的 75 万余家酒店库存，全面覆盖多种酒店预订环境，灵活应对不同分销商的业务需求。"快"是指平台反应速度快，技术上提供酒店业务的全面开放，能深度集成、数据开放层次深、双向整合不同的平台数据，分销商可以实时查看酒店库存和价格。"透"是指平台盈利模式透明且清晰，客人入住即有分成，结算周期短。平台上的交易体系、订单管理体系，帮分销商精确、快速了解分销的生意状况。"专"是指平台为合作伙伴提供专业的服务和技术，包含了专业的呼叫中心为用户提供优质售后服务。

随着社会经济的发展和人们生活水平的提高，旅游已经人们生活不可或缺的一部分，旅行住宿行业也进入全盛时代。艺龙作为专业的住宿预订平台，一直致力于让用户享受更美好的旅途住宿服务。艺龙通过"酒店库存开放平台"，希望可以携手更多各行业的合作伙伴，共同为更多的用户在不同场景下，提供随时随地的便捷预订服务，让更多的人享受美好旅途生活。

三、与同程旅行网合作

同程旅行网（以下简称"同程旅行"）是一个多元化旅游企业集团，也是业内领先的休闲旅游在线服务商和一站式旅游预订平台，正式创立于 2004 年，总部设在中国苏州，目前在全国近 200 个城市及海外多个国家设有服务网点。

2020年4月22日,同程与艺龙启动品牌升级,将同程旅游App及同程艺龙小程序更名为同程旅行,并同步启用了全新的Logo和品牌口号"再出发,就同程"。此次品牌升级后,同程旅行作为同程与艺龙对外的服务品牌,继续打造一站式出行平台,用更年轻的方式服务更多用户。

1. 同程旅行的优势

同程旅行以"休闲旅游第一名"为战略目标,积极探索线上、线下体验相结合的"新旅游"模式,在经营机票、火车票、酒店、金融等业务外,积极发展境外游、国内游、周边游等业务板块,在景点门票预订、邮轮等多个领域处于市场领先位置。

2. 同程旅行的加盟

加盟同程的流程也十分简单,如图7-11所示。

提交合作信息　　同程旅行致电合作方负责人　　确定合作

图7-11　同程旅行的加盟流程

同程旅行探索"亲子IP+酒店"跨界新模式

同程旅行发布了2018年IP亲子房项目,宣布引入热门IP"大头儿子和小头爸爸",围绕亲子领域在线消费场景、线下人偶互动、卡通嘉年华、IP亲子课堂等多个层次深入合作,更好、更全面地满足亲子用户人群对酒店产品的多样性需求,为用户在旅行生活中提供更加丰富的体验式场景。

为落实项目计划,同程旅行优选了百家酒店进行改造,在32个城市落地近两百多间主题房,等待消费者入住。酒店房间内融入了广受小朋友喜爱的"大头儿子""小头爸爸""围裙妈妈"一家三口的经典家庭形象元素,并且布置了积木、毛绒玩具等丰富的衍生周边产品,住客不仅可以在酒店体验浓厚的亲子氛围,还可以足不出户将喜欢的产品买回家。同程旅游后续还将推出一系列营销体验活动,如"大头的家"亲子主题房体验、大头亲子互动活动、人偶互动、静态展等,生动形象地展示"大头的家"的魅力所在。

同程旅游与热门IP"大头儿子和小头爸爸"的合作是"IP+酒店"跨界合作和场景化营销的一次有益尝试,通过引入热门IP并进行酒店内部的场景改造,让驻留场景更加富有童趣和人文气息,让酒店变成了亲子人群的体验场所和消费场所。同时,亲子主题房也是同程旅游进军亲子家庭休闲旅游的一大举措。同程旅游相关负责人表示,"后续还将推进酒店和更多热门IP的合作,顺应亲子游市场的需求。"

四、与去哪儿网合作

去哪儿网是业内领先的旅游搜索引擎,创立于2005年2月,总部在北京。去哪儿网为消费者提供机票、酒店、会场、度假产品的实时搜索,并提供旅游产品团购以及其他旅游信息服务,为旅游行业合作伙伴提供在线技术、移动技术解决方案。去哪儿网致力于建立一个为整个旅游业价值链服务的生态系统,并通过科技来改变人们的旅行方式。去哪儿网通过其自有技术平台有效匹配旅游业的供需,满足旅游服务供应商和中国旅行者的需求。

1. 去哪儿的"共享会员"模式

自2017年年底,去哪儿网联手多个酒店集团创建会员制,与酒店集团打通会员制积分,权益共享,建立在线旅游新生态圈。

去哪儿网的"共享会员"创新方式,主要是与酒店集团会员进行身份互认、积分交换,在平台直接享受酒店官网才能享受的权益。业内人士分析认为,去哪儿网在酒店会员上的这一创新方式,彻底打破了行业屏障。从消费端来说,消费者能拥有更多更优质的服务;从行业端来说,平台和酒店集团结束了过往的单向竞争关系,共同打造了一种新型互利的生态圈。

2. 去哪儿网的"酒店旗舰店"

在去哪儿网和酒店构建的新生态圈里,还推出了"酒店旗舰店"发展方式。以往,传统酒店业的竞争包括免费早餐、提供睡眠系统等,但去哪儿网"酒店旗舰店",还在线下电商、社交等各方面进行拓展。酒店集团可利用去哪儿网的大流量平台,进行差异化的创新服务推广。

知识拓展

去哪儿网联手 BFORCE 云图全面打造 VR 酒店

随着科技的发展以及用户需求标准的提高,酒店以往简单的图片展示形式不仅提供的信息内容较少,而且展示的酒店信息往往和实际情况差距较大,导致用户体验非常差。这种图片展示的方式显然已无法满足当下用户在预订酒店时想要全方位了解酒店信息的需求,导致酒店发展与用户需求提高之间产生矛盾。去哪儿网通过采用VR技术,以多维空间全景视频的展示方式解决了用户需求的提高与酒店提供信息不足之间的矛盾。

VR中文名称为虚拟现实,是近几年发展速度非常快的高新技术之一。VR技术是利用图形和计算机技术模拟产生一个多维的虚拟环境,可以让用户不再受时间和空间的限制,如同身临其境一般观察虚拟环境中构建的事物。作为国内领先的旅游搜索引擎平台,去哪儿网一直在为如何能将VR技术运用到酒店行业,打造"VR+酒店"的新模式而努力。考虑到平台上的酒店商家较为分散,如果找仅VR技术较强,但业务范围很窄的企业,在某一地域展开工作尚且可以,若是在全国范围内展开工作则很困难,最终的效果也很难把控。因此在经过长期考察、实地调研之后,最终选择与来自电商之都杭州的BFORCE云图展开合作。

在VR+酒店的模式完全展开后,用户在去哪儿网平台上预订酒店前,在家中即可"身临其境"般全方位、多角度地了解所需酒店的信息,从大堂一直到客房内部布置等,都可以通过VR实景图像展示在眼前,让用户在家即可未住先知,再也不用依赖于其他用户的点评,从而快速精准地挑选出自己满意的酒店。VR酒店不仅解决了酒店行业遇到的发展问题,同时"VR+酒店"的新思维、新技术把用户从订酒店转变到订房间,提供更好、更加个性化的体验,为传统酒店行业带来了新的发展机遇。

项目小结

本项目主要阐述了OTA营销的概念,解释了酒店OTA的含义、酒店OTA的平台,以及酒店OTA的优势;论述了OTA模式下酒店的营销策略;列举了OTA模式下酒店的四种营销方式;介绍了酒店转化OTA客人的技巧;推荐了提高酒店在OTA的排名的技巧;最后总结了酒店与OTA的合作。

案例分析

T酒店的OTA营销

T酒店是一家按四星级标准打造的商务型酒店。酒店由知名专业设计团队精心设计,由160间精品客房、800平方米明悦茶坊、600平方米可举办180人各型宴会的明荟餐厅组成。酒店无线WiFi覆盖,同时提供免费停车场、矿泉水、客房小食品、欢迎水果等多项服务。每间客房均使用全套高品豪华床品。

该酒店在当地有显著优势,但销量一直不理想。为了提高酒店订单销量,针对酒店运营发展情况,分析发现该酒店有以下问题。

(1) 酒店的流量较低,导致酒店在整个区域排名较低,酒店销量转化也随着降低。

(2) OTA平台首图不清晰,无法体现酒店产品特色。

(3) 酒店房型房价多而杂乱,无分主次推房型,分类模糊。

(4) 酒店没有具体的运营计划、推广规划,缺少系统方案。

针对酒店目前的情况进行分析,做出对应的规划,采取以下措施。

(1) OTA渠道齐发力:根据酒店实际情况和所处商圈情况,用户属性等确定酒店重点渠道。

(2) 平台优化:酒店整体图片更新上传及展示优化;酒店名称、地理位置、简介、年限优化;房型名称优化及客房房型详情优化。

(3) 落实酒店促销与推广:报名各平台促销,参与付费活动,获取各标签信息,提升酒店的曝光度,占据各流量入口。

(4) 多种渠道推广:利用多渠道为酒店OTA平台引流,如携程旅拍、携程问答、氢气球、携程旅游攻略,酒店站外的SEO,为酒店OTA平台导入流量。

经过改进,T酒店的销售量增加了57倍,营业收入增加49倍。除了前期在酒店OTA的优化整改时销售数据有提升外,其余后面的销售数据都是持续爆发。

请根据以上案例,回答以下问题。

T酒店采取了哪些措施提高酒店销售量?

项目练习

一、简答题

1. 简述OTA的定义。
2. 简述酒店OTA的含义。

3. 简述酒店 OTA 的平台。
4. 简述酒店 OTA 的作用。
5. 简述 OTA 模式下酒店的内外部环境。

二、思考题

1. OTA 模式下酒店的营销策略有哪些？
2. OTA 模式下酒店的营销方式有哪些？
3. 酒店 OTA 内容营销有哪三种？
4. 酒店 OTA 活动营销有哪两种？
5. 酒店 OTA 促销营销有哪两种？
6. 酒店 OTA 付费营销有哪三种？
7. 如何转化酒店 OTA 客人？
8. 如何提高酒店在 OTA 的排名？

三、运用能力训练

训练目的：实际体验与认知酒店 OTA 营销的运营和管理，了解酒店 OTA 营销的具体应用与实践。

内容与要求：

(1) 把学生分为若干个小组，每个小组 5～10 人。
(2) 分组参观当地不同的星级酒店。
(3) 了解各星级酒店 OTA 营销的策略和方式。
(4) 分析各星级酒店 OTA 营销的策略和方式。
(5) 最后由教师点评总结。

项目八

搜索引擎营销

知识目标

1. 理解搜索引擎营销的概念。
2. 了解搜索引擎营销的步骤。
3. 了解搜索引擎营销的分类。
4. 理解搜索引擎营销的策略。
5. 熟悉移动搜索引擎的定义。
6. 熟悉移动搜索营销的技能。

能力目标

1. 能够掌握搜索引擎营销的概念。
2. 能够运用搜索引擎营销的策略。
3. 能够掌握搜索引擎营销的分类。
4. 能够运用移动搜索营销的技能。

任务分解

任务一　搜索引擎营销的概念
任务二　搜索引擎营销的策略
任务三　移动搜索引擎的营销

项目八　搜索引擎营销

> **任务导入**
>
> **携程携手搜狗开展搜索引擎营销**
>
> 通过营销手段帮助消费者解决春节期间抢票难的问题，实现市场占有率和品牌知名度的提升已成为众多出行服务平台追逐的目标。携程联合搜狗发起了一场名为"回家，让幸福更进一步"的营销活动，引发了广泛关注。
>
> 1. 借助搜狗大数据，精准定位目标人群，制定传播策略
> （1）通过对搜狗大数据的分析发现，春运迁徙人群有在本地搜索和浏览异地信息的特征，可将异地迁徙人群的数量精准锁定在 5 亿～6 亿人。
> （2）整合携程旗下核心工具，针对网民的输入行为、搜索行为和使用行为提出完整的解决方案，实现网民在网络场景下的全覆盖。
>
> 2. 整合平台资源，制定整合营销方案
> （1）在搜狗搜索平台上，针对春运期间的热门问题进行问答营销，抛出春节抢票攻略，加强品牌与网民的互动。
> （2）基于网民搜索行为，利用开屏提醒、热点推荐、信息流推送等核心资源，使"让团圆更快发生"活动全方位曝光，营造幸福回家的氛围。
> （3）发布超级 IP 的输入法皮肤，以智能语音交互发布活动，结合社交交互触达需求，语音互动直达携程春运抢票页面，领券获得优先出票权。
> （4）搜狗地图将"点亮春节回家路"作为开机大图，时刻提醒用户使用携程春运抢票，引爆春节回家的出行热情。
>
> 3. 营销效果超预期
> 携程最初将此次营销的目标定为 6 亿次曝光和 100 万次点击量，最终的项目效果超出预期，项目活动的总曝光量为 16 亿次，点击总量为 500 万次，日均点击量超过 7 万次。在碎片化时代，搜索引擎平台拥有的海量用户数据和多工具应用具有可观的营销价值，具备将千万个分散的营销点整合成一条传播链的能力，可帮助广告主实现营销预期。

任务一　搜索引擎营销的概念

一、搜索引擎营销的定义

简单来说，搜索引擎营销就是基于搜索引擎平台的网络营销，利用人们对搜索引擎的依赖和使用习惯，在人们检索信息的时候尽可能将营销信息传递给目标客户。搜索引擎营销追求最高的性价比，以最小的投入，获最大的来自搜索引擎的访问量，并产生商业价值。

搜索引擎营销的基本思想是让用户发现信息，并通过点击进入网页，进一步了解所需要的信息。企业通过搜索引擎付费推广，让用户可以直接与公司客服进行交流、了解，实现交

易。在制定搜索引擎策略时,一般认为,搜索引擎优化设计主要目标有 2 个层次:被搜索引擎收录、在搜索结果中排名靠前。

二、搜索引擎的发展阶段

1. 分类目录阶段(1997—2001 年)

分类目录阶段是早期的搜索引擎雏形,其中并没有太高的技术性,无非是利用人工去网上收集各种网站资源,然后将质量相对较高的网站或者网页筛选出来,并将其合理分类。当时人们主要是通过目录查找的方式来上网,用的主要搜索工具是谷歌、雅虎等。在这个阶段雅虎在国内很出名,其分类目录也是人们上网时用得最多的。但是这个阶段的搜索引擎能收录的网站数量有限,人工的方式去做采集,也会存在一定的误差。

2. 文本分析阶段(2001—2004 年)

文本分析阶段的搜索引擎虽然有链接分析技术,但是主要算法还是以文本为主,SEO 也非常的简单。这个阶段搜索引擎主要是根据页面关键词的密度来排名,只要网站页面中的关键词密度足够高,排名就会非常好。这个阶段的搜索引擎采用的技术是文本分析加索引排序的方法,以便于解决用户需求。但是,这种形式也存在一定的缺陷,一些 SEO 人员会利用作弊手法去增加收录,如关键词堆砌,这样网站可以在短时间内得到好的排位,当这种方式的弊端越来越明显的时候,搜索引擎又进入了另一个阶段。

3. 链接分析阶段(2004—2009 年)

为了弥补上一代技术的缺陷,搜索引擎制定出了以反向链接(反链)为核心的算法。反链越多,说明网站或网页越受网民欢迎,相当于给网页加分,此网站质量也就越高。搜索引擎还通过结合网页文本和链接的分析进行页面质量评判,改进搜索结果。这个时候也出现了 SEO 中常见的 PR 值(PageRank),PR 的观念深入人心,影响至今。

在这个阶段人们熟知的 SEO 法则是"内容为王,链接为皇"。SEO 的工作重点就是更新内容和发外链。起初这个算法优势很明显也很有效,但是又出现了一些喜欢钻漏洞的 SEO 人员进行挂黑链、利用站群作弊、购买链接,越来越多的垃圾站点排名靠前,这给用户带来了相当大的困扰。

4. 行为分析阶段(2009 年至今)

随着搜索引擎发展和演变中所积累的大量用户行为数据(点击率、跳出率、停留时长等),搜索引擎开始了用户行为分析阶段,搜索引擎把网页的投票权交到了用户手中,用户行为数据表现得越好就越容易得到投票加分。例如,一个用户通过搜索一个关键词查看了你的网站,但是在短时间内就关闭了网站去了其他网站,也没有回头再点进你的网站,那么搜索引擎就会认为你没有解决用户对该关键词的需求,从而降低你在这个关键词的得分和排名。

搜索引擎的这个阶段也被称为用户体验时代,网站除了要做好内容还必须考虑用户体验,网站浏览时的使用体验和网站内容的用户体验都包括在内。在这个阶段,SEO 人员的工作重点不再是搜索引擎,而是回归用户,重点是从用户角度出发去解决用户需求。

当然,也并不是说这个阶段的搜索引擎没有缺陷,还是有一些人会研究这其中的漏洞,而搜索引擎也会不断升级进化,各大搜索引擎的算法也越来越智能,并且结合了大数据,融入了社会化网络分析的元素,相信下一个阶段的搜索引擎会更加人性化和智能化。

三、搜索引擎营销的步骤

1. 构造适合于搜索引擎检索的信息源

信息源被搜索引擎收录是搜索引擎营销的基础,这也是网站建设成为网络营销基础的原因。企业网站中的各种信息是搜索引擎检索的基础,由于用户通过检索之后还要来到信息源获取更多的信息,因此这个信息源的构建不能只是站在搜索引擎友好的角度,应该包含用户友好,即网站优化不仅是对搜索引擎优化,而是对用户、对搜索引擎、对网站管理维护的优化。

2. 创造网站、网页被搜索引擎收录的机会

企业网站建设完成并发布到互联网上,并不意味着可以达到搜索引擎营销的目的。无论企业网站设计多么精美,如果不能被搜索引擎收录,用户便无法通过搜索引擎发现这些网站中的信息,也就不能实现搜索引擎营销信息传递的目的。因此,让尽可能多的网页被搜索引擎收录是搜索引擎营销的基本任务和基本步骤。

3. 使网站信息出现在搜索结果中靠前位置

企业网站被搜索引擎收录后,还需要让企业信息出现在搜索结果中靠前的位置,这就是搜索引擎优化所期望的结果。搜索引擎收录的信息通常很多,当用户输入某个关键词进行检索时,会反馈大量结果。如果企业信息出现的位置靠后,被用户发现的机会就会大幅降低,搜索引擎营销的效果也就无法保证。

4. 以搜索结果中有限的信息获得用户关注

通过对搜索引擎检索结果的观察可以发现,并非所有检索结果都含有丰富的信息。用户通常不会点击浏览检索结果中的所有信息,而是会对搜索结果进行判断,从中筛选一些相关性最强、最能引起兴趣的信息进行点击,并进入相应网页获得更为完整的信息。这需要针对每个搜索引擎收集信息的方式进行针对性的研究,通过有限信息吸引用户关注。

5. 为用户获取信息提供方便

用户通过点击搜索结果进入网站是搜索引擎营销产生效果的基本表现形式,用户的进一步行为决定了搜索引擎营销是否可以最终获得收益。在此阶段,搜索引擎营销与网站信息发布、顾客服务、网站流量统计分析、在线销售等其他网络营销工作密切相关,应在为用户获取信息提供方便的同时,与用户建立密切的关系,使其成为潜在顾客,或者直接购买产品。

四、搜索引擎营销的优势和劣势

(一)搜索引擎营销的优势

1. 精准度高

用户通过搜索引擎进行搜索是自身客观愿望和需要的真实表达,搜索引擎可以根据用户输入的关键词推送广告。随着大数据、云计算和人工智能等技术的发展,搜索引擎服务商不仅可以分析实时关键词,而且可以根据用户过去的搜索请求分析用户的习惯、爱好和需求等,向用户精准推送广告。

2. 交互性强

用户基于自身需求和愿望进行搜索,是一种主动的、积极的信息寻找,可与搜索引擎产生较强交互性。在传统广告中,广告主向大众传递商业信息,消费者只能被动地接收信息。

3. 成本低廉

搜索引擎优化不需要向搜索引擎服务商付广告费就可能在搜索结果中占据较高的排名,进而提高网站的点击率。关键词广告则依据点击量付费,每次点击费用取决于企业为关键词设定的出价,费用一般为0.15~3元/次,传播速度快,资金投入相对较小。

4. 覆盖面广

截至2021年6月底,中国搜索引擎用户规模达7.95亿人,随着技术的不断进步,计算机、智能手机进一步普及,搜索引擎的使用人数也将继续增加。搜索引擎在竞价排名推广中见效快,即投即显,想排在哪个位置就会出现在哪个位置,只要支付足够的费用,便能够有效覆盖众多用户。

5. 灵活多变

传统营销方式中广告内容很难更改,搜索引擎营销则可以根据社会热点、用户搜索习惯和兴趣爱好等及时更改关键词和广告内容,快速适应市场变化。搜索引擎营销可以实现随着网络服务环境的变化而变化,具有较高的灵活性。

6. 投资回报率高

在达到业务目标方面,搜索引擎营销比网页广告条更加有效。在高精准度、低成本的优势下,众多企业营销人员都对搜索引擎营销的投入回报率表示满意。

7. 提升品牌形象

研究显示,不管用户是否点击网站,搜索引擎结果都可以提升品牌知名度。搜索引擎结果是网络营销的大门,一些新品牌可以采用搜索引擎营销,将自己的品牌与相关品牌放在一起进行市场定位。搜索引擎营销可以实现较高程度的定位,提高营销信息被关注的程度。比如一家新的酒店利用搜索引擎将自己与万豪、希尔顿、四季酒店放在一起,当游客搜索"豪华酒店"时,理所当然地认为该酒店是一家很棒的豪华酒店,否则不会在搜索结果中排在首页。在搜索结果页面出现的品牌广告将会有效提高该品牌影响力、美誉度和消费者的购买意向。

8. 评价交流可见

在搜索中,人们除了了解产品的价格、功能、品牌外,还有重要的一点是看其他用户的评价。通过搜索引擎,用户可以广泛参与问答平台、社区和博客中,了解其他人对目标商品或服务的看法和建议,并结合垂直网站提供的报道和对比测评,最终决定购买和交易。

（二）搜索引擎营销的劣势

1. 点击欺诈

竞价排名广告按照点击量付费，无点击不付费。竞争对手为了消耗对方广告的预算，使自己的广告排名靠前，可能会恶意点击。广告代理商也可能为了获取较高的佣金而恶意点击。

2. 关键词单一

只有在搜索关键词时才可以出现在搜索结果中，不能自由控制，且排名不稳定，效果不明显，竞价排名的更新速度快。

3. 效果不理想

点击率不一定意味着转化率。搜索引擎营销能够增加网站的流量，但是不能保证增加实际销售额。搜索引擎营销的效果表现为网站的访问量的增加，而不是直接销售。

4. 结果不满意

搜索引擎营销可能会破坏搜索结果的公正性，影响用户体验。搜索引擎营销可能影响搜索结果的公正性，如很多搜索引擎使用者表示不知道百度左上角的网页是广告，点击进入后，对搜索结果并不满意。

五、搜索引擎营销的分类

1. 网站分类目录

网站分类目录可以将资料登录到其网站，这是最传统的一种推广手段。网站分类目录是把互联网上的网站信息收集整理在一起，按不同的分类、主题，放在相应的目录中。这种方式早期得到广泛应用，随着搜索引擎时代的到来，网站分类目录逐步退出了人们的视野。

2. 搜索引擎优化

搜索引擎优化是一种利用搜索引擎的搜索规则来提高目的网站在有关搜索引擎内的排名的方式，通过了解各类搜索引擎抓取互联网页面、进行索引以及确定其对特定关键词搜索结果排名等技术，来对网页进行相关的优化，使其提高搜索引擎排名，从而提高网站访问量，最终提升网站的销售或宣传的效果。这种营销方式通过对网站栏目结构和网站内容等基本要素的优化设计，提高网站对搜索引擎的友好性，从而通过搜索引擎的自然检索获得尽可能多的潜在用户。

3. 搜索引擎关键词广告

搜索引擎关键词广告是指显示在搜索结果页面的网站链接广告，即按点击次数收取广告费，通过向搜索引擎服务商付费的方式，在搜索结果页面专门设计的广告链接区域显示企业信息。简单来说，就是当用户利用某一关键词进行检索，在检索结果页面会出现与该关键词相关的广告内容。由于搜索引擎关键词广告是在特定关键词的检索时才出现在搜索结果页面的显著位置，所以针对性非常高，是性价比较高的推广方式。搜索引擎关键词广告具有较高的定位程度,可以提供即时的点击率效果,可以随时修改关键词,收费也比较合理,因而逐渐成为搜索引擎营销的常用形式。

六、酒店搜索引擎

(一)酒店搜索引擎的含义

酒店搜索引擎是一个专门面向酒店预订、搜索的专用搜索引擎,基本架构与其他搜索引擎一样,只不过它是一种专门的工具,能找到国内外的酒店资料和酒店官方网站,让用户直接预订酒店的房间与酒店相关配套服务。

(二)酒店搜索引擎的特点

1. 直接性

通过网上搜索平台,酒店搜索引擎协助酒店直接进行销售,有效整合国内外分销渠道,帮助酒店向全球推广,帮助消费者找到适合的酒店,得到个性化的服务和便宜的价格,有利于顾客和酒店直接的对话。

2. 实时性

酒店搜索引擎具有实时性,可根据消费者的搜索要求瞬间进行查询,是对合作酒店网站的产品信息的实时获取,使消费者获得当时最为明确的信息。

3. 精确性

用户通过在酒店搜索引擎上设定城市、时间、地标等与酒店有关的条件,就能够进入搜索结果页,得到一系列相关酒店的产品信息列表。用户可以根据酒店星级、价格高低、设备设施等多种方式,对搜索到的全部酒店信息进行排序,进而精确选择出符合自身需求的酒店。

4. 公正性

酒店搜索引擎对消费者的投诉、网络实时表现等重要指标,结合不定期检查,进行监测和分析。对不达标次数达到体系预警或者有大规模不达标情况的相关酒店,会从搜索列表中直接删除。这种管理措施客观上将对行业内的不实信息具有一定过滤作用,避免消费者可能受到的误导甚至损失,提供了切实有效的保障,达到了公正性。

酒店如何借助元搜索引擎营销提升直接预订?

元搜索引擎是对多个独立搜索引擎的整合、调用、控制和优化利用,它通过一个统一的用户界面帮助用户在多个搜索引擎中选择和利用合适的搜索引擎来实现检索操作,是对分布于网络的多种检索工具的全局控制机制。

数字技术的持续高速发展将酒店行业推向了一个元搜索引擎与在线评论网站"大爆炸"的时代,各大广告商纷纷看好元搜索引擎,相较于OTA等在线媒体网站,元搜索引擎在他们的眼里显得更加"客观公平"。

虽然元搜索引擎营销已经在酒店行业广泛应用,但是大多数酒店并没有掌握正确的元搜索营销方式。在拉动酒店官网的直接预订方面,酒店可以对官网进行更新改版,对搜索引擎进行优化,加大在线媒体的宣传力度,重新设立酒店的定位,开展元搜索营销能让酒店在摆脱OTA的基础上实现收益最大化。

作为酒店营销策略之一,元搜索引擎营销与其他营销方式同等重要。在瞬息万变的元搜索生态系统中,元搜索引擎营销威力强劲,是酒店应对抗OTA的最佳武器。选择与经验丰富、技术娴熟的元搜索引擎营销企业合作,能获取一站式元搜索引擎营销平台,这样的平台能够允许酒店运营、管理、追踪和记录其在各大平台上进行的元搜索引擎营销活动。

用户的分散性导致酒店很难形成一个传统渠道为其提供定量的客源,同时这也是酒店营销的一大障碍。整合营销模式能帮助酒店在营销过程中掌握更多客源,元搜索引擎营销是最适用于酒店营销的方式。随着元搜索引擎营销的兴起,先搜索、后消费已经成为大多用户的首选,通过元搜索引擎可以把分散的用户统一到一个渠道。如果这种方式能更加全面地覆盖众多搜索引擎,在最大限度上合理利用网络资源,那么酒店营销的各大难题也将迎刃而解。

任务二 搜索引擎营销的策略

一、搜索引擎优化策略

1. 准确而独特的标题

标题是用户使用搜索引擎最先看到的内容。网页标题应该简洁明了,方便搜索引擎和用户识别,通常是企业或者品牌名称,也可以是品牌(酒店企业)名称加上非常简单的介绍。每个网页都应该有一个独一无二的标题,切忌所有的页面都使用默认标题。标题要做到主题明确,包含这个网页中最重要的内容,简明精练,不罗列与网页内容不相关的信息。用户通常是从左向右进行浏览,重要的内容应该放到标题下靠前的位置,使用清晰易懂的语言描述。如果有中英文两种网站名称,尽量使用用户熟知的那一种作为标题。

2. 关键词的选取、布局和优化

关键词是定位潜在客户的词语,它决定了网页展示给准看,不展示给谁看,可以分为核心关键词和辅助关键词。核心关键词用于描述网站核心内容的词汇,是网站的轴心,网站上的一切内容都是围绕这个轴心展开的。

核心关键词以行业名称、产品名称、服务名称为主,往往是转化率最高的词。辅助关键词是指与核心关键词相关的解释、术语、名称等,是对核心关键词的补充,也称长尾词。在选择辅助关键词的过程中不需要考虑是否可以促成消费,只要与核心关键词相关,都可以罗列在内。关键词的选择主要考虑两个因素:关键词流行度(keyword popularity)或称热度,用户使用越多,说明关键词热度越高;关键词竞争力(keyword competitiveness),即使用关键词进行搜索时网站的排名情况,排名越靠前,说明关键词的竞争力越强。

关键词的选取、布局和优化应注意以下几点。

(1) 关键词不能过于宽泛。过于宽泛的关键词搜索量大,流行度高,往往竞争也大。如果选择太宽泛的关键词,如"旅游""鲜花",成本太高,而且搜索这类关键词的用户目标不明确,不一定是潜在的目标消费者,转化率偏低。选择关键词应该比较具体,有针对性,使用户在搜索后能直接获得产品信息。

(2) 核心关键词不宜太长、太特殊。为了尽可能吸引最多的潜在用户,核心关键词应该相对热门,涵盖的范围不宜过小,甚至冷僻。

(3) 核心关键词的数量不宜过多。一页中的核心关键词以不超过三个为佳,网页内容针对这几个核心关键词展开,才能保证关键词密度合理,搜索引擎也会认为该网页主题明确。如果确实有大量关键词需要呈现,可以分散地写在其他页面并加以有针对性的优化,让这些页面也具有门页(entry)的效果。

(4) 扩展核心关键词。很多产品不是只有一种名称,如酒店又叫饭店或宾馆。如果产品不是针对单一地区,还要考虑产品在不同地域的名称。可以对关键词进行拆分和组合,如改变短语中的词序,创建不同的词语组合,使用不常用的组合,使组合中包含同义词、替换词、比喻词或常见错拼词,包含所卖产品的商标名和品名,使用其他限定词来创建更多的两字组合以及三字、四字组合。

(5) 控制关键词密度。关键词密度是指关键词在网页中出现的频次,即在一个页面中,关键词占该页面中所有文字的比例。该指标对搜索引擎的优化具有重要作用。不同的搜索引擎对关键词密度的计算公式有所差别,其接受的最佳关键词密度也不尽相同。在大多数搜索引擎中,关键词密度为2%~8%是较为适当的比例。不要进行关键词堆砌,如果不是根据内容安排关键词,而是为了讨好搜索引擎堆积关键词,不仅无法获得商业价值,而且会被搜索引擎判定为恶意行为,有遭到惩罚的风险。

(6) 查看竞争者的关键词,完善关键词列表。建议将前10名竞争者(不包括付费推广的网站)作为竞争对手。这不需要对列表中的词一一进行搜索,而是可以适当挑选比较核心的关键词进行搜索,再从结果中选择部分网站进行研究。可以在浏览器中打开竞争对手的网页,单击"工具"菜单,选择"查看源代码",弹出的就是网页的关键词。

(7) 使关键词对用户友好。在选择关键词时,必须使关键词对用户友好,站在用户的角度考虑问题。这需要模拟客户思维,假定自己是一个准客户,要购买某种产品,思考一般会用什么样的词去搜索。完成这一步需要从多方面着手,可以从客户反馈中寻找,可以向客户、销售人员、代理商咨询,也可以让多人模拟客户思维,将他们搜索的词进行整理,以了解搜索需求和动机。

(8) 利用长尾效应设置关键词。在搜索引擎中,总有20%~25%的词是以前从没有被搜索过的。也就是说,用户会搜索各种各样稀奇古怪的关键词,而且这种搜索数量巨大。在优化网站关键词时,除了最重要的核心关键词,也要关注长尾关键词。

(9) 关键词与网站相关。选择的关键词一定要与网站内容相关,若一味追求流量而选择一些热门但关系不大的关键词,一方面可能导致网站遭到封销,另一方面用户即使进入了网站也会迅速离开,无法带来商业价值。

(10) 使用关键词工具。使用搜索引擎工具,如百度指数,可将按上述步骤扩展出来的关键词列表进一步扩展、完善。输入关键词,查询与这个词相关的系列关键词或关键词组合,工具会按热门程度(搜索量)进行排序。

3. 优化网页导航

网站应该有清晰的结构和明确的导航,这有利于搜索引擎迅速抓取网页,更重要的是,它能帮助用户快速从网站中找到自己需要的内容。网页要尽量使用静态页面,动态页面不利于搜索引擎的抓取。网站结构则以三层树形为佳,通常是:首页—频道页—文章页。像一棵大树一样,首先有一个树干(首页),其次是树枝(频道页),最后是树叶(文章页)。树形结构有利于网站的扩展,当网站内容增加时,可以通过细分树枝(频道)来轻松应对。理想的网站结构较为扁平,从首页到文章页的层次较少,这样搜索引擎处理起来会更简单。

同时,网站也应该是一个网状结构,网站上的每个网页都应该有指向上、下级网页以及相关内容的链接:首页有到频道页的链接,频道页有到首页和文章页的链接,文章页有到上级频道以及首页的链接,内容相关的网页间互相有链接。网站中的每一个网页都应该是网站结构的一部分,都应该能通过其他网页链接跳转,应为每个页面设置面包屑导航,使用户能够知道自己所处的位置。

4. 优化网页内容

网页内容必须目标明确,根据用户的需求来提供高质量的内容和服务。这需要从以下几点入手。

(1) 内容必须与主题相关。比如,一个社会科学图书阅读的网页不要放置一些与阅读图书无关的娱乐八卦或者游戏内容,否则既浪费资源,也降低用户体验。

(2) 必须了解消费者的动机和需求。比如,同样是搜索酒店,有的用户是为了购买产品,有的用户是为了了解产品,酒店企业必须根据用户的不同需求,提供不同的内容。可以在导航中设置不同的页面,分别针对不同的需求进行介绍,也可以连载文章,增加用户黏度。

(3) 加强与用户的互动,降低用户的筛选成本。比如,可以让浏览过的用户发表评论或者点赞,以降低其他用户的筛选成本。

5. 外部链接部署

搜索引擎在对搜索结果进行排名时,会给网页外部链接赋予很大的权重。一般而言,外部链接的网页排名越靠前、权威性越高、数量越多,意味着网站的价值越大。外部链接不仅可以提高网页在搜索引擎中的排名,而且可以间接给网页带来更多相关访问者,使网页获得更多的曝光度。

在对网页进行外部链接时要注意:第一,应链接静态页面,且该外部链接不能是同一个 IP 地址;第二,与经常更新的网站做链接,更新频率的可传递特性使搜索引擎能顺利抓取页面;第三,运用反向链接,即如果 A 网页上有一个链接指向 B 网页,那么 A 网页就是 B 网页的反向链接;第四,自然链接比纯粹链接权重更高,其中自然链接指文中链接,一般会在外部链接比较少的页面出现,对应的权重比纯粹链接高很多,且对应的文本可以相应部署一定量的关键词,提升相关性;第五,质量比数量更重要,与其选择非法网站或者长期无法更新的网站获得流量,不如选择网页排名的网站,一般来说,对方网站链接如果超过了 30 个,建议不要与其交换友情链接,否则不仅无法有效提高权重,而且容易分散自己的权重比。

6. 向搜索引擎提交网站

在向搜索引擎提交网站时要注意:第一,确保所提交网站地址格式正确,一般搜索引擎建议的网站地址为包含"http://"的完整网址;第二,只需提交网站的首页便可,不需要提交所有网页;第三,有些搜索引擎需要提交网站的简要描述,请注意根据实际情况介绍,不要出现与现实严重不相符的夸大信息;第四,搜索引擎对提出登录请求网站的收录周期一般为一个月,如果向搜索引擎提交了网站,一个月后发现搜索引擎依然没有收录该站,可以继续向搜索引擎提交申请。

7. 提高网站的转化率

从搜索引擎获取流量的最终目的是不断提高网站的核心价值。从搜索引擎获得的流量转化成网站核心价值的比例就是转化率。对内容型网站而言,忠实用户是核心价值,把搜索引擎用户转变为忠实用户就是最终目的;对SNS网站而言,注册用户是核心价值,让用户来自己的平台注册、活动就是最终目的;对电子商务网站而言,卖东西就是核心价值,从搜索引擎吸引用户进行消费就是最终目的。在统计搜索引擎收益时,可将转化率列为最重要的衡量指标。

除此之外,搜索引擎用户在网站上的后续行为决定了这个用户会不会转化为忠实用户,分析用户行为可以为改进服务提供依据,以下指标有助于分析。

(1) 跳出率,即只浏览一页便离开的用户的比例。跳出率高,通常代表网站对用户没有吸引力,也可能是网站内容之间的联系不够紧密。

(2) 退出率,即用户从某个页面离开次数占总浏览量的比例。流程性强的网站可以进行转换流程上的退出率分析,用于优化流程。例如,酒店网站可以将房型页浏览→点击预订→登录→确认房型→付费这一系列的流程中每一步的退出率都记录下来,分析退出率异常的步骤,改进设计。

(3) 用户停留时间,这反映了网站黏性及用户对网站内容质量的判断。

以上是进行用户行为分析的三个最基本的指标。通过行为分析可以看出用户的检索需求有没有在网站得到满足,以便进一步思考如何更好地满足用户的需求。

二、按点击付费策略

1. 挖掘关键词

(1) 根据产品和品牌定位选择合适的关键词。每一个产品或者品牌都有使用最广泛的搜索词,称为顶级搜索词。使用最广泛的搜索词通常概括性极强,限定性少。搜索者根据自身需求选择关键词,如客房、餐厅、酒吧、水疗、健身等,或者消费者有自己的品牌偏好,会搜索相关的酒店品牌。设定购买关键词时要充分考虑酒店产品的特征和定位,对市场进行细分,寻找空隙,吸引目标消费者,这不仅可以提高网站的点击率,也可提高转化率,节约广告成本。

(2) 为容易错误拼写的关键词进行竞价。网络用户通常利用碎片化时间上网,注意力不集中,很有可能拼错、混淆重要的词语。因此,选择和扩展关键词时,应充分考虑用户的这类错误,为可能错误拼写的关键词进行竞价排名,提高网站的流量。

(3) 设置反向关键词。反向关键词是指为了限制某些顾客访问而设置的关键词,借助反向关键词,可以设置在哪些情况下不显示网站。例如,本酒店销售的是中高档产品,那么可以将"免费""打折""促销""特价"等词语设定为反向关键词,当消费者输入这些关键词时,网站的竞价广告将不显示,从而节省广告开支。有时候设置反向关键词是为了避免搜索引擎广泛匹配带来的无效点击,这会极大地浪费广告开支。同时,还应该时时监管账户,对网站流量的来源进行监测,适时补充反向关键词。

(4) 利用热点事件,调整关键词。搜索引擎广告比较灵活,可以根据环境、社会热点及时更改关键词。在社会上发生重大事件或者人们讨论的热点话题与企业相关时,酒店可以将自己的关键词与这些社会热点相结合,提高网站的流量和转化率。这样在用户搜索热点事件时直接看到酒店视频,就像是搜索结果的页面内容,可实现搜索结果和广告的自然融合。

2. 利用广告语吸引消费者,优化广告页面

(1) 广告语的写作技巧。在广告语中要尽可能多地使用核心关键词。首先,关键词是搜索引擎匹配用户请求时的重要指标,搜索引擎的广告语通常要在标题中提到一次关键词,在正文文本中提到两次,这就是"三提到"原则。其次,在写作时,为一组关键词写多种广告语。不同的受众、不同的时间,用户的搜索请求可能会有变化。为一组关键词写多个广告语可以有效地吸引不同的受众,不同的广告语可以侧重强调不同的方面。再次,广告语要尽量简洁,在信息爆炸的时代,消费者排斥繁杂的信息,如果搜索引擎广告能反其道而行之,传递一个简单的信息,则可能迅速地吸引消费者。最后,广告语要有吸引力,如可写出价格促销信息吸引受众,也可以采用问句或者说明的形式。

(2) 优化广告页面。用户通过搜索引擎广告进入的页面,应该与搜索引擎广告语有较强关联性,如果搜索引擎广告提供了打折促销信息,那么用户进入的页面也应该有打折信息,进一步吸引消费者访问网站的其他页面。

广告页面应该简洁清晰,能够让用户尽快找到所需信息,不能让用户在网站内跳转三次还没有找到想要的信息。同时,应把重要内容放在显著位置。一般而言,可以将最能吸引消费者的信息放在页面的上方,也可以采用图片等方式,向消费者传递重要信息。应根据来访者的特点设置页面色彩,注意页面色彩的反差和平衡,页面色彩反差可以使特定信息凸显出来,色彩平衡可以适应人们的视觉习惯。

3. 选择合适的广告位置和时间

(1) 选择合适的广告位置。大多数情况下,上网的浏览者不由自主地以"F"形的模式阅读网页,这种基本恒定的阅读习惯决定了浏览者对网页会形成F形的关注度。因此,广告位置通常是上比下好,左比右好。

(2) 选择合适的广告时间。广告时间的选择要充分考虑到消费者的需求和产品特性。酒店产品是季节性的,有旺季和淡季之分,因此其广告应该选择相应季节投放。节假日来临前,与旅游度假相关的搜索会增加,要充分考虑到消费者的搜索行为,适时推出广告。选择广告投放时间也应充分考虑广告预算,在同一天的不同时段,保持同样的关键词排名花费是不一样的。酒店应充分了解何时搜索量最大,能带来最大的点击率和转化率,以节省广告开支。

> **知识拓展**

酒店如何善用垂直搜索引擎来做市场营销？

对酒店行业来说，垂直搜索管理始终是一个流行的话题。垂直搜索引擎的市场动向不断变化，发展速度惊人，旧规则已经不再适用于日新月异的市场环境。摆在酒店市场营销人员面前的，是从未遇到过的问题与困境。

垂直搜索到底是市场营销活动还是分销渠道？当垂直搜索还被认为是一个市场营销活动的时候，它仅仅是一个非常简单的概念。现今，它已经日趋复杂化。大多数的垂直搜索网站，如TripAdvisor（中文名为"到到网"），已经提供了酒店预定与和支付功能。

很多酒店市场营销人士可能会抵触在垂直搜索网站上完成酒店预订，认为这与OTA相似。为了解决这个困境，首先需要明确什么是酒店的商业目标。如果酒店的最终目标是以合理的价格实现更多的预订，就应该接受垂直搜索概念上的变化——垂直搜索已经不再是一个简单的市场营销渠道，也不是类似OTA的分销渠道，或许把它称作"获取直接客户的分销渠道"更合适。通过这个渠道，消费者可以直接通过酒店官网或官方App完成客房预订，从而变成酒店自己的直销客户。

我们先来看一个案例，某酒店在不到一个月内的访问量和预订量都达到了其历史新高（在完成设定投资回报率的基础上），但这却使消耗了其整个月的市场营销预算，所以该酒店要求停止这个月剩余时间的垂直搜索平台的广告投放。然而，OTA却始终在垂直搜索平台上不断生成更多的该酒店订单。最终的结果就是，同样是从垂直搜索平台上获取的订单，酒店却付了高额的佣金给OTA。

这个简短的例子使我们看到：如果酒店花费在垂直搜索营销的每笔预订成本低于即使等于OTA的佣金成本，酒店就应该把预算留给垂直搜索营销活动。有时候，在垂直搜索平台获取新客户预订的成本可能高于OTA的佣金，但是从长远角度来考虑，拥有一个直接客户的价值是意义深远的。

任务三　移动搜索引擎的营销

一、移动搜索引擎的定义

移动搜索引擎是指以移动设备为终端进行网络搜索，从而高速、准确地获取信息资源。随着科技的高速发展，手机已经成为信息传递的主要设备之一。尤其是近年来手机技术不断完善，功能不断增加，利用手机上网已成为一种获取信息资源的主流方式。用户可以通过移动搜索获取互联网信息内容、移动增值服务内容、本地信息等需要的信息及服务。

移动搜索的核心是通过搜索引擎与移动终端的结合，生成符合移动产品和用户特点的搜索结果，从而脱离对固定设备和固定通信网络，实现随时随地的信息获取。移动搜索引擎是网络搜索引擎在移动终端的延伸,也是搜索引擎发展的重要趋势。

搜索引擎是根据一定的策略、运用特定的计算机程序从互联网上采集信息,在对信息进行组织和处理后,为用户提供检索服务,将检索的相关信息展示给用户的系统。搜索引擎是工作于互联网上的一门检索技术,它旨在提高人们获取收集信息的速度,为人们提供更好的网络使用环境。而移动搜索作为搜索技术与移动通信技术的一种结合体,融合了两种技术的特点。移动用户可以在无法使用计算机和互联网时利用手机等移动终端进行搜索,这使移动搜索应用十分广泛。

二、移动搜索的特点

1. 精准性

用户使用移动搜索的目的性通常很强,移动搜索系统需要为用户提供更精确的信息,以适应手机终端屏幕小、网络接入速度慢等特点。移动搜索也更注意查询结果的简约性和时效性,具备更强的自然语言分析应答能力,并提供更精准的垂直搜索结果。与传统的个人计算机不同,手机、平板电脑等具有可移动性。移动搜索需要充分考虑情境因素,搜索引擎应不仅可以分析用户输入的关键词,而且可以根据用户所处的时间和地点等提供更加精准的搜索结果。

2. 便捷性

与传统搜索相比,移动搜索的自由度更大,实现了随时随地搜索。在实际生活中,很多用户需要在不具备计算机或互联网的情况下进行检索活动,只有移动搜索技术才能使用户不受时间和地点限制,获得想要的信息。互联网搜索用户只能在搜索引擎对话框中输入搜索请求,搜索引擎只能根据关键词分析用户需求。移动搜索的方式则更加多样,人们可以采用可移动搜索设备,还可以进行语音搜索、图片搜索等,或者直接扫入二维码。例如,当用户看到一款喜欢的产品时,可以用手机拍照并搜索图片,这极大提高了网站的转换率。另一项技术是将图像识别和语音识别相结合的及时翻译技术,如用户到一个陌生的国家旅行,遇到看不懂的文字、菜单等,只需用手机扫描就可以把这些文字和图片翻译成中文。在传统的PC页面中,人们使用鼠标等输入设备进行人机交互,在移动搜索页面,用户则可以自由滑动页面,对页面放大缩小,直接用手指点击,更加方便,也更加人性化。

3. 个性化

移动设备通常是个人的随身用品,个性化特征突出,移动搜索引擎系统一般会通过数据挖掘技术对用户的搜索记录、搜索习惯等个人偏好进行智能分析,为用户提供最符合个人需求的搜索结果。通过结合定位技术,移动搜索可以提供更有针对性的产品,如定向信息投放,只向某一范围内的用户提供其感兴趣的信息。

4. 用户多

中国互联网络信息中心(CNNIC)发布第48次《中国互联网络发展状况统计报告》显示,截至2021年6月,我国手机网民规模达10.07亿,较2020年12月增长2 092万,网民使用手机上网的比例为99.6%。2021年,全球仅智能手机数量就达到了39亿,全球的手机用户数是计算机用户的10倍。巨大的用户终端数量带来了巨大的市场空间,拥有庞大的用户群,移动搜索具有众多用户。

5. 及时性

移动搜索时间、地点和硬件条件的限制较少,用户可以随时随地进行搜索,及时获得所需信息。随着LBS技术、大数据等的应用,商家还可以实时推送用户在当前情境下所需要的信息。

6. 回应快

移动搜索设备一般为私人所有,带有更多个人属性,更容易引起消费购买行为。根据谷歌的数据,90%的移动搜索设备用户会对谷歌搜索结果在短时间内采取后续行动,而其他形式的广告很难有如此快的回应速度。

7. 转化率高

相关调查研究显示,25%的人会在搜索后访问零售商的网站,18%的人会与朋友分享信息,17%的人会到商店,17%的人产生购买行为,7%的人会电话咨询商品的情况。平均每次移动搜索将产生1.89个行动,如果搜索发生在户外,每一次移动搜索将产生1.98个行动,其中63%的人将在搜索后一小时内产生行动,81%的人将在搜索后5小时内产生行动。移动搜索用户寻找相关信息后去购物网站购买的比例为62.4%,会继续在PC端搜索该类信息的比例为59.5%,未来会购买的比例为52.4%,可见转化率较高。

三、移动搜索引擎营销的技巧

1. 定制手机网站页面

很多企业的手机网站页面仅仅是PC缩放或者转码器转换而来,没有进行专门的设计与优化。然而,用户在移动设备上集中注意力的时间更短,必须把最精华的内容呈现在寸土寸金的屏幕上,让用户更容易找到关键信息(如联系方式),且导航菜单一定要尽可能简洁,用户没有那么多时间和耐心去层层搜寻这些信息。

手机网站除了精简内容,还要统一结构。在一些调查研究中发现,比起单独的PC页面,用户对那些PC页面与移动页面并存的网站更迷惑,感到操作难度更大。手机网站应在设计上统一思想,对每个页面都要进行优化,不要出现点击了某个按钮以后跳转到PC页面的状况。此外,如果觉得在移动网页要保留PC网页的所有功能,可以提供一个PC版的转换按钮。

2. 优化操作流程

把用户吸引到酒店企业的网站只成功了一半,如何让用户产生消费行为才是最大的难题。对手机网站来说,购买的前提是注册和登录,但当消费者对一个品牌不是很熟悉时,该如何让消费者注册或者登录?手机网站应该提供一些访客选项,让消费者看到注册的好处,同时注册、登录、支付的过程要尽可能简单,保证流畅度,不要让消费者产生疑惑,以提高消费者的购买转化率。

3. 增强站内搜索功能

对服务类、购物类网站而言,站内搜索功能的强化是必须要做的。判断站内搜索是否成功的标准很简单,只要绝大多数用户能在搜索结果的第一页找到所需信息即可。除此之外,还可以增加一些实用功能来提高用户体验,如分类搜索、自动预测、自动补全纠错等,让用户停留的时间更长。

4. 增强输入表单功能

输入文字可以说是触屏设备上最单调乏味的步骤之一,如果手机网站在文字信息录入方面做得足够好,将会大幅提升用户体验。例如,对一些日期、电子邮件后缀进行自动填充,将主观问题转变成选择题,通过下拉菜单等方式方便用户等。另外,还可以对输入的结果进行实时验证,让消费者得到反馈,防止因信息输错而产生的重新输入、二次提交等。

5. 针对不同的移动设备建设手机网站

移动搜索引擎采用多项指标决定网站排名,手机网站的整体性能、易用性、下载速度和屏幕效果等都是影响排名的因素。因此,相比那些只包含简单信息的网站,一个全面优化、涵盖多种功能和关键信息的网站,显然排名会靠前很多。如果某网站使用了一个不合适的网页设计模板,站内关键信息支离破碎,整体易用性差,页面导航不易使用,那么它的排名肯定很低,而且会带来负面的用户体验,降低回访率。

消费者访问移动站点时使用的移动设备类型也会影响网站排名。不同的移动站点渲染方式不同,这就是为什么对于一个品牌来说,需要针对那些自己并不了解,但同样会访问酒店页面的移动设备型号做出相应的策略调整。只有这样,才能支持当前市场上种类繁多、操作系统各不相同的移动设备访问酒店的手机网站。

6. 地理导航服务

对在手机上搜索酒店信息的用户,酒店企业一定要通过最简单、快捷的方式告知酒店的地理位置和到达方式。如果酒店就在附近,或者很容易到达,那就通过移动搜索的结果告诉客户"到我这里来"。

7. 在新平台上实行传统的搜索引擎优化方法

只有将传统的搜索引擎优化策略引入移动平台,酒店企业才能确保其手机网站在营销市场上被发现。常见的传统搜索引擎优化方法应该被纳入手机网站,包括以下内容。

(1) 在标题和文本处显示适当的关键字。用户使用手机进行搜索和用计算机上网有很大不同,使用手机时通常是为了查找某个特定的东西,如特定地点或产品。通过了解用户的这一习惯,企业可以预测用户的搜索范围和搜索方向,并以搜索关键字的形式纳入到页面文本中,以便增加整个网站的被搜索率。

(2) 相关的页面标题和准确的页面描述。页面标题是决定手机网站排名的第一要素。和传统的 SEO 相似,当用户搜索的关键词和页面标题相近时,将极大增加用户点击该页面的可能性。

(3) 站外链接。假如酒店网站提供了相关资源的站外链接,将大幅改善用户的体验,使用户将手机网站和其他一些值得信赖的品牌联系在一起。

(4) 标准化编码。想要支持各种不同操作系统的手机,遵循网页的 HTML 编码规则就显得极为重要了。通过解析 HTML 代码,浏览器为搜索结果的相关性进行排名。一旦编码错误或无效,则网站的排版和排名都将十分糟糕。按照统一编码标准建设的网站将确保所有设备都能有一致的访问体验。

8. 站点功能导航

对酒店企业来说,如果能在搜索页面直接放置常用功能链接,便能使用户不需要通过复杂的导航来寻找服务。用户获得服务的成本越低、效率越高,则消费满意度会越高,消费行为转化率也会越高。

9. 将链接和数字通信紧密结合

对酒店来说,测试并支持数字通信十分重要,这不仅包括网站的所有链接,还包括相关的宣传材料。这些链接不仅提供了完整的用户体验,而且凭借手机创造的相互连接的网络,酒店可以获得更广阔的发展空间。

四、移动搜索的发展趋势

1. 人工智能技术应用进一步深化

近年来,各移动搜索引擎纷纷开展对人工智能搜索的布局,在智能语音、问答、对话、翻译等领域取得突破,相关技术也朝着实用化、便利化的方向发展。未来人工智能将成为移动搜索行业发展的坚实基础,人工智能技术在移动搜索方面的应用将逐渐深化。

2. 着眼于用户,打造个性化、专业化服务

各种垂直类平台的发展使移动互联网用户分布较为分散,且用户的需求日趋多样化、高层次化,这使信息获取便利化、信息内容专业化成为未来发展的方向。未来移动搜索引擎将在整合各种垂直平台信息上下功夫,并基于智能技术,精准描绘用户画像,深入洞察用户需求,打造个性化、专业化的服务。

3. 内容载体形式侧重点发生变化

移动搜索的载体由图文、语音向视频转变。短视频平台的迅速发展使移动互联网用户不再满足于图片、文字的表达。短视频重塑了用户的思维和行为习惯,并且满足了用户对网络信息碎片化、便捷化的需求。用户对视频的偏好将会推动移动搜索的内容载体形式朝着视频化方向发展。

4. 移动搜索语音化趋势

在移动搜索中,用户可以直接通过语音与手机进行交互,可以以语音进行信息查询、搜索查询等功能。手机的语音化越来越普及,人们不必在狭小的键盘上进行输入,只要对着手机说出要搜索的关键词,就可以获得搜索结果。语音搜索已成为发展趋势。

5. 移动搜索碎片化趋势

目前,主要的移动设备包含普通手机、智能手机以及平板电脑,如果细心分析这三者的搜索结果,会发现他们的搜索结果有一定的区别,而且这些设备的搜索结果与PC端搜索结果也有差别。因此,移动搜索的碎片化问题对优化人员来说将是一个挑战,他们需要在不同的平台上使用不同的优化策略。

6. 移动搜索个性化、本地化趋势

搜索的个性化、本地化一直是移动搜索引擎发展的目标,因为这样可以提供更加符合用户搜索目的的信息。移动搜索将会基于不同用户的搜索位置、搜索偏好、社交信息等来提供

不同的搜索结果。

项目小结

本项目主要阐述了搜索引擎营销的定义、搜索引擎营销的发展阶段和搜索引擎营销的步骤;分析了搜索引擎营销的优势和劣势,以及搜索引擎营销的分类;解释了酒店搜索引擎的含义、酒店搜索引擎的特点;介绍了搜索引擎营销的各种策略,如搜索引擎优化策略、按点击付费策略等;论述了移动搜索引擎的定义、移动搜索的特点;总结了移动搜索引擎营销的技能;最后论述了移动搜索的发展趋势。

案例分析

7天酒店借搜索引擎营销抢占市场

通过在网络搜索引擎搜索:酒店、连锁酒店、经济型酒店等关键词,排在首要前面几个位置的往往是7天酒店。当然这一点不少酒店都能做到,但7天酒店在网络推广上做到更进一步,当搜索其他连锁酒店名称时,7天酒店的网站链接常常会紧随其后,甚至排在其之前。很明显,7天酒店想通过这种方式抢夺这些酒店的市场份额,这些酒店没有任何应对举措,客户被7天酒店带走都浑然不知。

值得注意的是,当搜索关键词"如家"时,7天酒店没有出现在首页,而是出现在右侧的推广链接中。可见,7天酒店把如家这一强劲的竞争对手暂时搁置,而将其他所有的连锁酒店当作其抢夺市场的主要对手。

同时,我们很容易发现,7天酒店在关键词优化、排序、网站说明等方面也具有优势,其他酒店基本上网络活动信息和推广信息较少,而打开7天酒店的网站,各种吸引眼球的推广活动和介绍扑面而来。试想,当旅行者通过网络订房看到这样的内容,怎么能不心动呢?

请根据以上案例,回答以下问题。

7天酒店如何借搜索引擎营销抢占市场?

项目练习

一、简答题

1. 简述搜索引擎营销的概念。
2. 简述搜索引擎的发展阶段。
3. 简述搜索引擎营销的步骤。
4. 简述搜索引擎营销的优势和劣势。
5. 简述搜索引擎营销的分类。

二、思考题

1. 酒店搜索引擎的含义是什么?
2. 酒店搜索引擎的特点有哪些?
3. 搜索引擎营销有哪些策略?
4. 移动搜索引擎的定义是什么?

5. 移动搜索的特点有哪些?

6. 移动搜索引擎营销的技巧有哪些?

7. 移动搜索的发展趋势有哪些?

三、运用能力训练

训练目的:实际体验与认知酒店搜索引擎营销的运营和管理,了解酒店搜索引擎营销的具体应用与实践。

内容与要求:

(1) 把学生分为若干个小组,每个小组 5~10 人。

(2) 分组参观当地不同的星级酒店。

(3) 了解各星级酒店搜索引擎营销的策略和技能。

(4) 分析各星级搜索引擎营销的策略和技能。

(5) 最后由教师点评总结。

项目九

大数据营销

知识目标

1. 理解大数据的定义。
2. 理解大数据的特点。
3. 熟悉大数据的发展阶段。
4. 理解大数据营销的含义。
5. 熟悉酒店大数据的分类。
6. 了解大数据营销的策略。
7. 了解大数据营销的方法。

能力目标

1. 能够懂得大数据营销的含义。
2. 能够掌握酒店大数据的分类。
3. 能够运用大数据营销的策略。
4. 能够运用大数据营销的方法。

任务分解

任务一　大数据营销的概念
任务二　酒店大数据的运用
任务三　大数据营销的技巧

酒店数字化营销

> **任务导入**
>
> ### 北京贵都大酒店的数据化营销
>
> 若酒店每天有数以百计甚至千计的客人在店内住宿、开会和就餐,应如何与这些客人进行互动,在为客人创造惊喜的同时,将客人连接到移动端,并为日后的精准营销不断积累用户数据?我们来看看北京贵都大酒店是如何做的。
>
> 1. 用户数据连接
>
> 在用户数据连接方面,北京贵都大酒店尽可能将住店客人连接到酒店的微信公众平台。自2019年4月开始,北京贵都大酒店在店内开展"Be Green,Stay Young"健步走活动。酒店采用POST模型,即people(目标用户)、objective(活动目标)、strategy(活动策略)和technology(采用技术),通过微信向当天入住的客人推荐活动内容。活动规则简单明了,只要住客按照酒店推荐的周边徒步路线进行锻炼,根据行走的步数和消耗的卡路里在酒店兑换相应的积分,便可使用积分在微信商城中兑换相应的礼品。此外,在前台和客房内,北京贵都大酒店设计了有针对性的内容,如前台的增值服务内容、客房内的"打卡北京"等,让客人通过扫码获得优质的内容体验,实现了用户数据连接。
>
> 2. 用户数据收集
>
> 在用户数据收集方面,因为北京贵都大酒店的活动都是在移动端呈现,客人线下参与、线上连接,可以良好实现数据的识别和分析,通过用户数据平台对用户的互动数据进行分析,包括住店客人的人口属性、店内互动行为等,并打上相应的标签。
>
> 3. 用户数据互动
>
> 用户数据互动是对用户进行后续的智能化跟进服务和活动的策划。一般来说,参与"Be Green,Stay Young"健步走活动的客人,都是比较重视健康养生的客人。北京贵都大酒店计划日后围绕健康养生策划更多活动,并面向这些客人进行精准营销互动。

任务一 大数据营销的概念

一、大数据的定义

大数据(big data)是一种IT行业术语,是指无法在一定时间范围内用常规软件工具进行捕捉、管理和处理的数据集合,是需要新处理模式才能具有更强的决策力、洞察发现力和流程优化能力的海量、高增长率和多样化的信息资产。

大数据可通俗地解释为海量的数据,大就是多、广的意思,而数据就是信息、技术以及数据资料,合起来就是多而广的信息、技术及数据资料。大数据就是数据量非常大、数据种类繁多、无法用常规归类方法应用计算的数据集成。

二、大数据的特点

大数据的特点可以归纳为"5V",即大量(volume)、高速(velocity)、多样(variety)、真实(veracity)、价值(value)。

1. 大量

大数据的首要意义便是海量的数据,其第一个特点就是"大量"。大数据的数据量是惊人的,随着技术的发展,数据量开始爆发性增长,起始计算量已达到 PB 级别,电子商务平台每天的产生订单,各个短视频、论坛、社区发布的帖子、评论及小视频,用户发送的电子邮件、上传的图片与视频等都包含在内。大数据如此庞大的数据量,是无法通过人工处理的,需要智能的算法、强大的数据处理平台和新的数据处理技术来处理。

2. 高速

高速是指数据增长速度快,处理速度也快,时效性要求高。数据具有时效性,超过了某个时间,这个数据就会失去其作用。比如搜索引擎要求几分钟前的新闻能够被用户查询到,个性化推荐算法尽可能要求实时完成推荐。这是大数据区别于传统数据挖掘的显著特征。社交网络中信息产生的数据流速度很快,也就是通常说的"快数据",用传统的技术手段无法对"快数据"进行有效分析,需要通过大规模的服务器集群对"快数据"流进行极其高速的处理。

3. 多样

多样就是种类和来源多样化,大数据包括结构化、半结构化和非结构化数据。随着互联网和物联网的发展,又扩展到网页、社交媒体、感知数据,涵盖音频、图片、视频、模拟信号等,真正诠释了数据的多样性,也对数据的处理能力提出了更高的要求。

4. 真实

大数据中的内容与真实世界中发生的事情息息相关,要保证数据的准确性和可信赖度,即数据的质量。研究大数据就是从庞大的网络数据中提取出能够解释和预测现实事件的过程。通过大数据的分析处理,能够解释结果和预测未来,前提是提取的数据要有足够的准确性。例如,酒店企业通过大数据获取并分析用户提供的信息,可以知道用户独特的需求和喜好,能够预测出用户下一步的行为,在用户行动前向用户推送产品或服务信息。

5. 价值

随着互联网和物联网的广泛应用,人们需要从海量的数据中提取相关联的有用的信息,对大数据的机器学习深度学习算法可以发挥巨大作用。大数据最大的价值在于通过从大量不相关的各种类型的数据中,挖掘出对未来趋势与模式预测分析有价值的数据,并通过机器学习方法、人工智能方法或数据挖掘方法深度分析,发现新规律和新知识。

三、大数据的意义

大数据技术的战略意义在于对庞大的、含有意义的数据进行专业化处理,对核心价值进行预测,体现在实时交互式的查询效率和分析能力。随着云计算、移动互联网和物联网等信息技术的创新、应用和普及,大数据正在改变人们的生活、工作,甚至思维。大数据对企业的意义主要体现在以下方面。

1. 帮助企业了解客户

简单来说,大数据是对海量碎片化的信息数据及时地进行筛选、分析,并最终归纳、整理出企业需要的资讯。企业管理者通过大数据的分析,能够快速地发现客户的需求变化和市场发展趋势,充分了解客户,帮助企业及时做出正确的决策,使企业在市场上拥有更强的竞争力和创新力。

2. 帮助企业规划生产

大数据已经彻底改变企业内部运作模式,企业管理从是"领导怎么说便怎么做"转变为"根据大数据的分析结果",这是对传统领导力的挑战,也推动了企业管理的发展。企业管理人员不仅要懂企业的业务流程,还要成为大数据专家,熟练掌握大数据分析工具,善于运用大数据分析结果,充分利用拥有巨大价值和能量的大数据,面对信息时代的冲击,进行管理模式的转型。

3. 帮助企业开展服务

随着大数据时代的到来,对大数据商业价值的挖掘和利用逐渐成为企业发展的焦点。例如,电子商务企业通过大数据应用,可以探索个性化、精准化和智能化地进行广告宣传和推广服务,形成比现有广告和产品推广形式性价比更高的全新商业模式。同时,电子商务企业也可以通过对大数据的把握,寻找增加用户黏性,开发新产品和新服务,降低运营成本的方法和途径。

四、大数据营销的含义

大数据营销是在大数据时代发展背景下产生的一种新型营销模式,是指通过对从大数据中提取出来的观察结论进行收集、处理、分析、执行,从而激励用户加入、整合营销成果并且科学系统地评定内部责任的完整过程。

大数据营销是基于多平台的大量数据,依托大数据技术的基础上,应用于互联网广告行业的营销方式,其核心在于让网络广告在合适的时间,通过合适的载体,以合适的方式,投给合适的人。大数据营销依托多平台的大数据采集,以及大数据技术的分析与预测能力,能够使广告更加精准有效,给品牌企业带来更高的投资回报率。

大数据营销通过互联网采集大量的行为数据,帮助广告主找出目标受众,以此对广告投放的内容、时间、形式等进行预判与调配,并最终完成广告投放。它是基于大数据分析的基础上,描绘、预测、分析、指引消费者行为,从而帮助企业制定有针对性的商业策略。

大数据营销并非一个停留在概念上的名词,而是一个通过大量运算基础上的技术实现过程。

五、大数据营销的要点

1. 用户行为与特征分析

只有积累足够的用户数据,才能分析出用户的喜好与购买习惯,甚至做到"比用户更了解用户自己"。用户行为与特征分析是大数据营销的前提与出发点。如果能在产品生产之前了解潜在用户的主要特征以及他们对产品的期待,那么产品生产即可投其所好。

2. 精准营销信息推送支撑

精准营销总在被各类企业提及,但是真正做到的少之又少。究其原因,主要因为过去缺少用户特征数据的支撑及详细准确的分析,大数据营销则能够充分解决这一问题。

3. 竞争对手监测与品牌传播

许多企业想了解竞争对手在干什么,这可以通过大数据监测分析得知,品牌传播的有效性也可以通过大数据分析找准方向。例如,企业可以进行传播趋势分析、内容特征分析、互动用户分析、正负情绪分析、口碑品类分析、产品属性分析等,通过监测掌握竞争对手传播态势,参考行业标杆用户策划,根据用户声音策划内容,甚至可以评估微博矩阵运营效果。

4. 品牌危机监测及管理支持

新媒体时代,许多企业面临品牌危机。在危机爆发过程中,最需要的是跟踪危机传播趋势,识别重要参与人员,方便快速应对。大数据可以采集负面定义内容,及时启动危机跟踪和报警,按照人群社会属性分析,提取事件过程中的观点,识别关键人物及传播路径,进而可以保护企业、产品的声誉,抓住源头和关键节点,快速有效地处理危机。

5. 企业重点用户筛选

许多企业管理人员会迷惑,哪些人是最有价值的用户。有了大数据,这一切都可以更加有事实支撑。从用户访问的各种网站可判断其最近关心的东西是否与本企业相关;从用户在社交媒体上所发布的各类内容及与他人互动的内容中,可以找出千丝万缕的信息。将这些数据利用某种规则关联及综合起来,就可以帮助企业筛选重点的目标用户。

6. 支持客户分级管理

面对日新月异的新媒体,许多企业通过对用户的公开内容和互动记录分析,将用户转化为潜在消费者,激活社会化资产价值,并对潜在消费者形成多个维度的画像。大数据可以分析活跃用户的互动内容,设定消费者画像的各种规则,关联潜在消费者与会员数据,关联潜在消费者与客服数据,筛选目标群体做精准营销,进而可以使传统客户关系管理结合社会化数据,丰富用户不同维度的标签,动态更新消费者数据,保持信息及时、有效。

7. 市场预测与决策分析支持

基于大数据的分析与预测,对企业家洞察新市场与把握经济走向都是极大的支持。关于数据对市场预测及决策分析的支持,早就在数据分析与数据挖掘盛行的年代被提出过。更全面、更及时的大数据,必然可以对市场预测及决策分析进一步发展提供更好的支撑。

六、大数据营销的价值

1. 大数据营销让一切营销行为和消费行为数据化

数据化使营销行动目标明确、可追踪、可衡量、可优化,造就了以数据为核心的营销闭环,即消费、数据、营销、效果、消费的闭环。大数据营销把数据当成营销运营的核心部分,打造符合企业、品牌行业及企业、产品特质的更具深度的数据体系和数据应用,利用大量、及时的高质量数据为企业更好地创造价值。

在大数据时代,企业不仅在收集数据,也在制造和影响数据,如何塑造和运营更加有利于企业和品牌营销发展的数据流,必然成为今后品牌营销必须面对的重要课题。大数据不是目的,营销投入的关键在于产出,如何合理运用数据最大化获得产出才是根本所在。

2. 大数据营销让社交网络等营销渠道更具价值

通过大数据抓取用户,可以让社交平台价值倍增,大数据营销不仅具有连接社交平台、精准抓取用户的作用,而且通过数据整理、提炼用户意见,可以进一步完善产品,完成了社交平台营销中的最基础环节。在营销推广过程中,企业可以利用大数据来整理用户需求,设计出新的产品,而众多的参与者就是最原始的购买群体。

3. 大数据营销让广告程序化购买更具合理性

互联网媒体资源数量快速增长,种类多样化。广告主的需求也在日益多样,他们越来越意识到投放效果的重要性。大数据通过受众分析,可以帮助广告主找出目标受众,对广告投放的内容、时间、形式等进行预判与调配,合理完成广告投放。另外,大数据营销未来将向程序化购买方面发展,企业可以更加明确地知道自己的目标用户,并精准地进行产品定位,从而做出极具针对性的布置,获得用户参与。

4. 大数据营销是一种"智慧的数据生态"

多数人对大数据营销的理解停留在"很大的数据"这一概念,然而大数据实际上是一种"数据生态",即从交易型数据管理拓展到社会化数据管理层次,从结构化数据管理拓展到非结构化数据管理等。大数据营销的两个核心方向是"to B"和"to C"。"to B"即商业智能化,涉及企业智能化供应链决策体系优化,这个供应链不是传统意义的物流,而是囊括企业人力资源、服务采购、销售市场拓展、内控成本分析等诸多层面。"to C"即生活服务,涉及餐饮、旅游、医疗等诸多领域,以个人信息为核心的信息组织管理模型。

5. 大数据营销是"大规模个性化互动"实现高效转化的基础

大数据营销以数据管理平台为核心,同时包括CMO辅助决策系统、内容管理系统、用户互动策略系统、效果评估与优化系统、消费者聆听和客户服务系统、在线支付管理系统等几个方面,帮助从决策层、分析层和执行层完成营销、服务和销售全流程管理。

在银屏时代,营销的核心是品牌形象传递;在互联网门户时代,营销的核心是数字化媒介购买;而在移动化、社会化互联网时代,营销的核心是实现"大规模的个性化互动"。这里的互动指的是更加广义上的接触点策略,如更有针对性的传播内容,更人性化的客服信息,千人千面的个性化页面。而实现这一核心的基础就是对消费者的大数据管理。大规模代表效率,个性化代表更好的转化效果。因此,大数据营销的价值就在于能够实现更加高效的转化。

6. 大数据营销帮助企业发现机遇

大数据可以帮助企业发现机遇,如新客户、新市场、新规律,可以帮助企业回避风险、潜在威胁等,还可以帮助企业进行营销决策的调整与优化。这其中包含了数据人才、数据模型和应变数据管理的组织职能优化等,这也是当前企业大数据营销转型中的三个门槛。

任务二　酒店大数据的运用

一、酒店大数据的含义

在酒店行业,海量数据的产生、获取、挖掘及整合,具有巨大的商业价值,形成了酒店大数据。酒店行业已经在相关工作业务中对大数据进行了具体应用,不仅在一定程度上改变了酒店与客人的联系方式和交易方式,而且改变了酒店的传统营销方式。

大数据时代之前,酒店多是采用 CRM 或 BI 系统中客人信息、市场促销、广告活动、展览等结构化数据,以及官网的一些数据进行营销,但这些数据只能达到酒店正常营销管理需求的 10%,无法帮助企业充分洞察和发现规律。而其他数据,如社交媒体、邮件、地理位置、用户分享的音视频等信息数据和物联网信息,以及移动互联网信息等有待进一步发掘,这些数据被大数据技术充分挖掘并运用。

从前酒店运用 CRM 系统分析数据,只能回答"发生了什么事",而优秀的大数据系统可以回答"为什么会发生这种事",一些关联数据库还可以预言"将要发生什么事",最终发展为非常活跃的数据仓库,从而帮助酒店实现"想要什么事发生"。

在数字化时代,酒店通过获取更丰富的消费者数据,包括网站浏览数据、社交数据、地理追踪数据等,可以描绘出更完整的消费者行为。通过大数据技术对客人方方面面的信息进行充分、有效的管理,并深度挖掘,为精准定制营销创造了更多的机会。

酒店启动大数据营销所面临的一个最重要的挑战,就是数据的碎片化。许多数据都散落在互不连通的数据库中,一些相应的数据技术则存在于不同部门中,如何将这些独立的数据库打通、互联,实现技术共享,是最大化大数据价值的关键。要做好大数据的营销,其一,要有较强的数据整合能力,整合来自不同数据源、不同结构的数据,如客户关系管理、搜索、移动、社交媒体、网络分析工具、普查数据以及离线数据。其二,要有探索研究数据背后价值的能力,在大数据库中挖掘更丰富的营销价值。

酒店运用大数据最直接的目的是实现对外精准定制营销,对内快速反馈改进。当下,对酒店行业而言,客人体验的是酒店的产品与服务,体验的感受一方面会存留在客人的记忆中,另一方面会以点评的方式分享至网络。点评网站、社交网站和自媒体平台是展示客人体验的重要媒介。酒店需要持续关注客人在社交平台上发出的信息,通过不同渠道收集客人的反馈信息,并持续地与客人沟通,发掘他们的需求,精确捕捉行业趋势和消费行为趋势,优化在线声誉和点评。

酒店大数据的运用,有利于市场定位,挖掘有价值客户,多维度分析客评。其中,市场定位围绕服务产品的设计档次、客源类型和产品价格等,通过大数据的分析定位合适的经营产品、服务群体以及合适的价格;挖掘有价值客户围绕受众群体进行,寻找与金卡客户、白金卡客户、银卡客户相似的受众,并从中分析出与酒店忠诚客户有相似消费爱好的潜在客户;多维度分析客评是通过社交平台数据进行客评分析,从中可以分析客户的消费偏好和潜在需求,同时分析社交平台上的正面信息和负面信息,为改进酒店服务、确定营销方向提供依据。

二、酒店大数据的分类

在酒店行业,对客人行为进行大数据分析,并以此为依据开展酒店运营及定价策略管理早已拉开序幕。一位客人从产生预订行为,到完成入住行为,这一系列的动作中,会产生以下三类数据。

1. 住前数据

住前数据即入住行为发生前产生的数据,包括客人在网页及 App 中的搜索、浏览、选择、预订等。这类数据能够非常客观地反映出客人的真实需求与偏好。比如,某家酒店点击率最高的房型,一定是消费者最关注的;某类型(高端、中档、精品等)酒店中搜索量最多的品牌,一定是某一时期口碑最好的;某酒店品牌搜索量、预订量最高的门店,一定拥有独特优势。此外,客人付款后又取消订单后的流向、对点评的关注程度等,都是对酒店管理者来说极具参考价值的数据。然而,住前数据中的大部分高价值内容都被 OTA 牢牢掌握,酒店想要大规模地获取存在一定难度。

2. 住中数据

住中数据即入住过程中形成的数据,包括房价、RevPAR、入住人数,以及对酒店哪类增值服务的需求最多、餐厅的哪些食品最受欢迎、入住和离店的时间分布、投诉事件发生的原因等。这部分数据能够在一定程度上反映酒店的整体经营状况,也是目前酒店掌握得最多、使用最广泛的数据。一般来说,酒店能够在 PMS 系统中获取住中数据的大部分内容,另外一些部分则必须借助大数据分析工具。

3. 住后数据

住后数据即客人完成入住、离店之后的反馈数据,如对酒店的整体评价、对某一特定区域或服务的评价,甚至离店之后的流向(是否转向其他酒店消费)、希望今后享受到怎样的产品和服务等。这部分数据可以较真实地反映酒店产品及服务在客人眼中的价值,这些数据也是酒店进行质量管理、新产品开发、市场营销和竞争策略调整的重要依据。然而,住后数据的获取本身就存在一定难度(可能需要针对性地回访、开发调查问卷等),加之酒店对这一部分数据的认识和使用也较晚,因此针对住后数据持续开发、使用,很可能会成为今后酒店管理者的重点关注方向。

三、酒店大数据的作用

酒店业各类细分品牌涌现,市场竞争日益激烈,消费者需求升级,对服务品质、品牌文化、产品个性有了更高的要求。如何更好地确定核心客户群的需求,为其提供恰当的产品与服务,决定了酒店能否在下一个竞争阶段中脱颖而出。大数据能够从以下两个方面为酒店营销作出贡献。

(1)更精准、客观、全面地分析消费者行为,从而促使酒店调整策略,展开针对性更强的精准营销。精准营销可以在一定程度上提升酒店客户关系管理的有效性,增强客户黏性。

这会助力酒店实现品牌价值提升,间接提升入住率,改善收益。

(2) 帮助酒店了解更加详细的市场环境信息和竞争对手信息,如消费群体行为偏好、市场容量、财务指标、市场动机、发展策略、顾客来源等。在这些信息的辅助下,酒店可以更有针对性地展开动态预测,制定竞争策略。

四、酒店大数据的运用

酒店可从前期市场定位、营销管理、收益管理和客评管理这四个方面入手,通过大数据的运用来推进工作,推出符合需求的产品和服务,赢得更多的忠诚客户,提高市场竞争力,实现收益最大化。

1. 前期市场定位

在建造一座酒店之前,首先要做好市场定位,进行项目评估和可行性分析,重点包括如图 9-1 所示的内容。

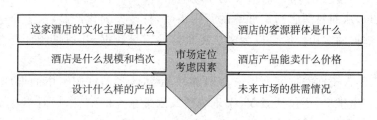

图 9-1 酒店市场定位

建造一家酒店不仅需要投入大量的资金,而且建设期一般需要 3~5 年,甚至更长,建造成本很高。一旦酒店建好,投入运营,再想改变其市场定位就非常困难了。由此看出,前期市场定位对建造酒店非常重要,只有定位准确,才能使酒店与未来市场环境相适应,形成能满足市场需求的酒店产品,使酒店在竞争中立于不败之地。要想做到这一点,就必须有足够的相关数据和市场信息来供酒店管理人员分析和判断,仅凭工作经验是远远不够的。

通常,在酒店前期市场定位中,相关数据的收集主要来自统计年鉴、行业管理部门数据、相关行业报告、行业专家意见及属地市场调查等,这些数据多存在样本量不足、时间滞后和准确度低等缺陷,酒店管理人员能够获得的信息量非常有限,使市场定位存在数据瓶颈。

随着大数据时代的来临,云计算和数据挖掘技术不仅能给酒店管理人员提供足够的样本量和数据信息,还能够通过建立数学模型,借助历史数据对未来市场进行预测,为酒店管理人员收集、统计和分析数据提供了更加广阔的空间。但是,仅靠酒店本身来完成大数据的收集、统计和分析工作是有困难的,还需要相关数据公司的帮助,为酒店制定更精准的前期市场定位。

2. 营销管理

在酒店市场营销管理中,无论是产品、渠道、价格还是顾客,都与市场数据息息相关,而图 9-2 所示的两个方面又是酒店市场营销管理的重点。

(1) 市场信息收集。在传统的市场竞争模式中,由于酒店获取数据资源的途径有限,只能依靠有限的调查数据对个体竞争者进行比较分析,无法全面掌握市场动态和供需情况,更

```
市场信息收集：通过获取              客户信息收集：通过积累
数据并加以统计分析来充              和挖掘客户档案数据，分
分了解市场信息，掌握竞   酒店市场营       析客户的消费行为和价值
争者的动态，明确酒店的   销管理的重点    趋向，便于更好地为客户
市场地位，达到"知彼知              服务和发展忠诚客户，形
己，百战不殆"的目的               成酒店稳定的会员客户
```

图 9-2　酒店市场营销管理的重点

难以确定酒店在竞争市场中所处的地位，给酒店制定正确的竞争策略带来困难。

随着酒店营销管理理念的不断更新，原有传统营销模式面临严峻的挑战，对管理者准确掌握市场信息，精确了解竞争对手动态，制定合适的价格提出了更高的要求。市场竞争的分析也由原来简单的客房出租率、平均房价、RevPAR 分析转化为对竞争群的数据分析，如市场渗透指数（MPI）、平均房价指数（ARI）、收入指数（RGI）等，从维度上讲还有时间维度、市场份额及同比变化率等。通过这些市场标杆数据的分析，可以使酒店管理人员充分掌握市场供求关系变化的信息，了解酒店潜在的市场需求，准确获得竞争者的商情，确定酒店在竞争市场中的地位，从而对酒店制定准确的营销策略，打造差异化产品，制定合适的价格起到关键作用。大数据的应用恰恰可以为酒店提供这些市场数据，并通过统计与分析技术为酒店提供帮助。

例如，周四某人正在安排家庭周末自驾游时，突然收到某度假酒店的推广信息，此推广信息不仅包括客房推广，还包括餐饮、娱乐场所及附近景点的信息，这对正在安排周末旅行的客户非常重要，客户选择这家酒店的概率大幅增加。又如，周一上午，某公司行政助理正在给领导安排出差旅行，突然在互联网上看到某商务酒店推出接机住店一条龙服务产品，并突出酒店在网络会议室方面有很大优势，此行政助理选择这家酒店的概率也会变大。

综上所述，大数据营销的本质就是在恰当的时间、恰当的地点、恰当的场景和恰当的消费者产生连接。

（2）客户信息收集。在对客户的消费行为和价值趋向分析方面，如果酒店平时善于积累、收集和整理客户在酒店消费行为方面的信息数据（见图 9-3），便可通过统计和分析来掌握客户消费行为和兴趣偏好。如果酒店积累并掌握了这些数据，当客户再次到店时发现酒店已经为他准备好了喜欢入住的房间，播放着他爱听的音乐，为他推荐喜欢吃的菜肴，那么他便会成为酒店的忠诚客户。

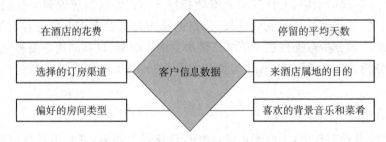

图 9-3　客户信息数据

例如，当客户准备和家人来酒店为自己庆生，酒店可以在客户入住的时候送上诚挚的祝福以及个性化的礼物；客户之前在其他酒店有入住记录，记录了家人对水果、电视节目以及

空调温度有一定的偏好,酒店如果在客户入住前就提前做好安排,当客户一打开房间,看到房间里摆放着自己喜欢吃的水果,播放着自己喜欢的节目,房间的温度非常舒服,就会对酒店有很好的印象。如果客户对上次入住酒店有不好的印象,酒店在提前排房时看到系统的提示,就可以根据酒店的入住率为客户做一次免费升级,并留意在系统中告知前台的员工,前台员工在办理入住问候客户时就可以提到这个个性化的安排,这对客户来说是多么惊喜。

因此,大数据中蕴含着巨大的力量,如果酒店管理者善于在市场营销中加以运用,将使酒店在市场竞争中立于不败之地。

大数据时代,做好营销需要准备什么?

1. 确定企业的短中期目标和标准

大数据的资源极为丰富,如果酒店企业没有明确的目标,就会觉得非常迷茫。因此,首先要确定企业运用大数据的短中期目标,定义企业的数据价值标准,再使用那些能够解决特定领域问题的工具,逐步推广,不要把目标定得太高,否则会失去指导意义。

2. 具有大数据相关技术人才

酒店企业运用大数据为营销管理服务之前,要做好技术人才的储备。酒店的营销团队要能够非常自如地应对大数据。

3. 解决碎片化问题

酒店企业进行大数据营销的一个重要的挑战是数据的碎片化。许多企业组织的数据都散落在互不连通的数据库中,相应的数据技术也都存在于不同部门中,如何将这些独立的数据库打通、互联,并且实现技术共享,是最大化大数据价值的关键。大数据策略的要诀在于无缝对接数字化营销的每一步骤,从数据收集到数据挖掘、应用、提取、洞悉、报表等。

4. 培养内部整合能力

酒店要做好大数据营销,其一是要有较强的整合数据的能力,整合来自不同数据源、不同结构的数据,如客户关系管理、搜索、移动、社交媒体、网络分析工具、普查数据以及离线数据,这些整合而得的数据是确定目标受众的基础。其二是要有研究探索数据背后价值的能力。未来营销成功的关键在于如何在大数据库中挖掘更丰富的营销价值,如站内、站外的数据整合,多方平台的数据接轨,结合人口与行为数据去建立优化算法等,都是未来的发展重点。

3. 收益管理

收益管理作为实现酒店收益最大化的一门理论学科,近年来受到业界的普遍关注,并得到推广运用。收益管理的含义是把合适的产品或服务,在合适的时间,以合适的价格,通过合适的销售渠道,出售给合适的客户,最终实现酒店收益最大化目标。要做到以上五个要素的有效组合,需要做好以下三项内容。

(1)需求预测。需求预测是通过数据的统计与分析,采取科学的预测方法,通过建立数学模型,使酒店管理者掌握和了解潜在的市场需求,以及未来一段时间的订房量和酒店的价格走势等,从而使酒店能够通过价格杠杆来调节供需平衡,在市场需求旺盛的时候通过提高价格来取得更大的收益,在市场疲软的时期通过推出促销价和折扣价等方式来招徕客源。

通过以上措施的实行,保证酒店在不同市场周期中的收益最大化。需求预测的好处在于可提高酒店管理者对市场判断的前瞻性,并在不同的市场波动周期以合适的产品和价格投放市场,获得潜在的收益。

(2) 细分市场。细分市场为酒店准确预测订房量和实行差别定价提供了条件。差别定价是通过对同一种酒店产品(如同类型的客房、餐饮和康体项目等)按不同的细分市场制定不同价格的行为和方法,其特点是对高支付意愿的客户收取高价,对低支付意愿的客户收取低价,从而把产品留给最有价值的顾客。大数据的科学性体现在通过市场需求预测来制定和更新价格,最大化各个细分市场的收益。

(3) 敏感度分析。敏感度分析是通过需求价格弹性分析技术,对不同细分市场的价格进行优化,最大限度地挖掘市场潜在的收入。酒店管理者可通过价格优化方法找到酒店不同市场周期每个细分市场的最佳可售房价,并通过预订控制手段为最有价值的客户预留或保留客房,较好地解决了房间因过早被折扣客户预订而遭受损失的难题。

大数据时代的来临,为酒店收益管理工作的开展提供了更加广阔的空间。需求预测、细分市场和敏感度分析对数据需求量很大,以往多根据采集的酒店自身的历史数据来进行预测和分析,容易忽视外界市场信息数据,难免使预测的结果存在一定的偏差。酒店在实施收益管理过程中如果能在酒店自有数据的基础上,借助更多的市场数据,了解更多的市场信息,引入竞争分析,会对制定准确的收益策略,赢得更高的收益起到推进作用。

4. 客评管理

客户住店后会在互联网上对酒店进行评价,但针对客户反映的问题,多数酒店没有做到及时回复,甚至根本不回复。日常管理中是否及时解决了客评中反映的问题,就更不得而知了。这不仅拉大了酒店与客户之间的距离,而且会使两者之间的信息显得更加不对称,失去了酒店与顾客情感互动和交流的机会。

随着互联网和电子商务的发展,如今的酒店客评不再是过去简单意义上评论,发生了质的转变,由过去客户对酒店服务简单表扬与批评演变为多内容、多渠道和多维度的客观真实评价。客户的评价内容也趋于专业化和理性化,发布的渠道也更加广泛。因此,如今的客评不仅受到了酒店管理者的重视,更受到了其他潜在消费者的高度关注。有市场调查显示,超过 70% 的客户在订房前都会浏览该酒店的客评,客评好坏已成为影响客户是否预订这家酒店的主要动机因素之一。从某种角度看,客评在互联网走进人们生活的今天已成为衡量酒店品牌价值、服务质量和产品价值的重要因素。

多维度地对客评数据进行收集、统计和分析有助于酒店深入了解客户的消费行为、价值趋向和酒店产品质量存在的不足,对改进和创新产品、量化产品价值,制定合理的价格及提高服务质量都将起到推进作用。要做到这一点,就需要酒店平时善于收集、积累和统计客评方面的大量数据,多维度地进行比较分析,从中发现有价值的内容,推进酒店的营销和质量管理工作,从中获取收益。

五、酒店大数据的来源

1. 建立客史档案,用好传统数据

客史档案的建立是酒店客户关系管理的基础,由此而来的数据可用于增加客户忠诚度,提升利润。比如,客户到酒店后,便在房间发现自己常用的洗浴用品,在茶几上找到自己常读的杂志,在餐厅收到定制的特殊食品。这些看似奇妙的故事总会让酒店管理者怦然心动,只要建立客史档案,善用传统数据,这些事件也有可能在自己的酒店上演。

酒店的传统数据,包括但不局限于出租率、平均房价、RevPAR、GOP等。对使用PMS系统的酒店而言,这类数据的归纳整理显然不是问题。对这类数据展开精细分析,除了能够帮助酒店开展客户关系管理外,还可以帮助酒店明确经营变动轨迹,总结市场变动规律。

2. 自有预订渠道数据

酒店发展自有预订渠道,可以在一定程度上引流,将住前数据从OTA手中夺回。自有渠道包含官网、微信、App等,也包含会员制度,酒店要对在自有渠道预订的客户给予更多开放权益。

3. 其他平台数据

目前,越来越多的专业数据服务平台在市场中涌现。这类平台通常具有一定技术实力和团队,能够为企业提供海量数据的深度分析服务,提升合作方的整体信息利用率和决策能力。相比互联网和科技领域的企业而言,酒店集团仍然比较传统。在条件合适的前提下,与专业的数据平台展开合作,获得行业数据,也许会成为趋势。力更为强劲的大型集团,选择成立自己的数据分析团队,也并非不可能。

六、酒店大数据的方向

酒店可以从以下几方面出发,合法合规地将大数据充分运用于酒店市场营销,在保证客户信息安全的条件下,分析客户需求,提升酒店经营管理水平。

1. 数据管理规范化

为了确保酒店管理更加科学化与自动化,应采取良性循环发展的酒店管理方式,具体措施如下。

(1)酒店应遵守相关的法律、法规和行业规定,如《中华人民共和国个人信息保护法》《中华人民共和国网络安全法》,以及酒店行业规范等,确保合法合规地获取客人信息。

(2)酒店管理层应合理运用大数据,精确市场定位,创造新用户的价值与酒店管理的商业模式,制定出符合酒店实际状况的经营管理模式。

(3)在面临技术和市场快速发生变化时,应及时做出适当的反应与调整,有效运用大数据技术,推动酒店业发展与时俱进。

2. 信息管理安全化

在酒店信息管理过程中,技术系统设计存在漏洞,客户信息泄露等问题经常发生,威胁着酒店经营管理与发展。因此,酒店的大数据管理系统应及时更新,设置技术部门专门负责酒店信息安全,提高酒店信息安全的加密性能,降低隐藏的信息安全风险,保证酒店信息的正常流动。相关技术部门可设计酒店数据管理的具体标准,做好信息安全管理,提升客户满意度,提高酒店收益率与影响力。

3. 酒店建设智慧化

大数据环境下,构建智慧型酒店经营管理模式是推动酒店健康发展的主要力量。客房建设是酒店经营管理的主要组成部分,酒店管理者应不断提升认识,积极进行智慧型酒店客房建设,具体措施如下。

(1)利用线上酒店预订平台,开展相关合作,收集线上酒店信息,建设网络共享的大数据库,整合酒店内部系统信息,与酒店外部之间形成资源共享,进而构建智慧型酒店。

(2)积极开发酒店信息系统,充分借助现有在线交流平台,构建一个独立的信息收集平台,收集客户信息,构建健全的客户信息数据库。

4. 数据运用理念化

有效的酒店经营管理离不开大数据技术的支撑,酒店管理者应不断加强运用大数据技术的理念,具体措施如下。

(1)培养专业技术人才,树立酒店信息、数据双向交流的理念,开展大型培训活动,提供内部数据培训,培育监管数据的专职人员,让酒店人员学习到大数据技术知识。

(2)考虑设立大数据技术培训课程,分别设立酒店信息相关数据收集、整理与分析部门。通过分设部门,将酒店数据细分,方便酒店人员对数据的使用,提高数据利用率。增强酒店各部门之间的协作关系,保证各部门之间有效管理与沟通,进而提高酒店经营管理效率。

知识拓展

酒店如何利用大数据做好差异化服务

差异化服务也叫个性化服务,是相对于酒店规范的标准化服务而言的,是通过数据收集、分析、整理、分类得出某个或某类客户的消费习惯或喜好,在该客户下次来消费时主动向其提供和推荐相关信息,以满足客户的个性服务需求。差异化服务打破传统的标准化和被动服务模式,充分利用自身资源优势,定制特殊服务项目,是以满足用户个性化需求为目的的全方位服务。要想做到差异化服务,就要做到以下三点。

1. 利用大数据系统做好数据收集

酒店的产品相较其他类型的产品,差异很小,要为有差异化需求的客户提供差异化服务,就要求酒店利用好大数据,从客户每次的消费习惯着手,做好客户消费数据记录。

(1)餐饮消费中要了解清楚餐饮消费时间,消费金额,宴请人数,喜欢哪个包厢或座位用餐,喜欢哪些菜肴,饮用什么牌子的白酒、红酒、饮料,酒量如何,结账方式,是否需要发票等。

(2)客房消费要了解清楚客人习惯什么房型、朝向、楼层,付款方式,房间物品使用情况,是否需要多配备几个衣架,喜欢什么电视节目等。

数据收集是差异化服务的基础,只有收集好客户消费的详细数据才能进行下一步的分析。

2. 数据分析整理

经过长期的数据收集整理,酒店掌握了客户的一系列消费习惯,接下来要对这些消费习惯进行分析,找出客户在酒店消费各类项目的频率,才能投其所好,所以数据整理分析是关键。

3. 量身定做产品

根据前两步得出的结果,为客户定制最合适的服务项目,并做到精准的推销和广告投放,是差异化服务的最终体现。比如,在客户提出想用餐时,酒店可以直接提供客户最想要的包厢号或座位号,安排最喜欢的菜肴、最爱喝的红酒、白酒或饮料……当客户想住房的时候,可以直接为客户安排最喜欢的楼层、房号、朝向……总是把服务做在客户开口之前,处处让客户感到惊喜。客户要求的,酒店做到了,客户只会给60分,客户没有要求的,酒店做到了,客户就可以给90分,这种服务便是能留住客人的差异化服务。

任务三　大数据营销的技巧

一、大数据营销的策略

1. 大数据广告投放策略

当前,越来越多的酒店企业在大数据思维的指导下进行广告投放,通过对消费人群的精准定位,投放给准确的目标顾客。特别是互联网广告,能够做到根据不同人的特点向其发布最适合的广告,同时谁看了广告,看了多少次广告,都可以通过数据化的形式来了解、监测,使酒店企业更好地测评广告效果,也使酒店企业的广告投放策略更加有效。

2. 大数据精准推广策略

没有对目标客户进行精准定位,盲目推广,是营销推广没有效果或者效果甚微的主要原因。以传统方式开展的客户特征分析,因缺少必要的数据无法开展或者计算不准确。大数据营销的一个重要特点是能够实时全面地收集、分析酒店客户的相关信息数据,了解客户,全面描述客户。酒店可以使用互联的社会化网络数据、电子商务数据、移动数据、网络分析,从不同维度对客户进行全方位的分析,理解并跟踪其行为,利用大数据分析客户浏览内容、产品使用记录和消费情况。酒店企业能够对每一个客户进行全面精准的描述,刻画出十分精细的用户画像,意味着可以结合客户的个性化特点,给出有针对性的建议,并显示广告。

用户在社会化网络平台上的所有行为(包括浏览足迹、搜索结果,进行线下购买和线上浏览时间等)都可以被记录下来。利用大数据,企业可以对每个消费者的行为进行分析,挖掘客户周期性的购买习惯,可以知道客户想要什么,何时需要,然后根据分析结果对这些客户进行精准的信息推送。通过大数据,能够将不同的用户按照相应类型进行归类来确定高收益的产品和创造高价值的客户,对某些特定的客户采取特定的营销策略及信息推送,进行精准用户营销。

酒店通过大数据营销可以根据客户不同的偏好、兴趣以及购买习惯等特征有针对性、准确地向他们推销最合适的产品或服务,也可以通过动态地更新客户数据信息,并利用数据挖掘等技术预测客户下一步或更深层次的需求,进而进一步加大推广力度,最终达到增加酒店利润的目标。

3. 大数据个性化产品策略

传统市场营销产品策略主要是使用同种方式包装同等质量的产品卖给所有该企业的客户,或同一个品牌、若干不同包装、不同质量层次的产品卖给若干个固定类型的客户,这使很多企业的很多产品越来越失去对消费者的吸引力,越来越不能满足消费者的个性化需求。近年来,随着科技和互联网的发展,产品的生产制造向生产"智"造转变,同时大数据通过相关性分析,将客户和产品进行有机串联,对客户的产品偏好、客户的关系偏好进行个性化定位,反馈给企业的品牌、产品研发部门,并推出与消费者个性相匹配的产品或服务。

消费者在进行网络搜索时留下了自己的喜好、需求、IP位置等数据,酒店企业可以利用这些数据了解消费者的个性需求和特征,实现每个消费者的可视化,利用大数据分析和细分市场,根据个人或消费群体的喜好或者消费行为,提供有针对性的服务和产品,在满足客户的特殊需求的同时,为企业创造更大的价值。

4. 大数据营销渠道策略

以前的市场营销的渠道大多采取代理制,或者是购销制,酒店企业与代理商或经销商之间存在一种利益博弈关系,相互之间的信息常常是不共享的,也经常会发生利益冲突。在大数据环境下,企业只有与各方合作者一起建立起大数据营销系统,才能集中体现大数据、物联网、云计算、移动电子商务的优势,不断拓展企业营销渠道的外延与内涵。通过营销渠道各方的协调一致增强消费者对企业品牌、产品、服务的良好体验,进而引发客户更加强烈的购买欲,促进客户与企业的关系,提升企业的利润空间。

5. 大数据价格策略

很多企业都构建了基于大数据技术的大数据营销平台,实现了海量、不同类型数据的收集,结合不同渠道(网络销售平台、实体批发、零售平台)、不同客户需求、不同细分市场,以及不同市场区域,制定产品价格。

大数据可以帮助企业迅速收集客户的海量数据,洞察、分析和预测客户的偏好、价格接受度,分析各种渠道的销售数据,以及客户对企业所规划的各种产品组合的价格反应。企业能够利用大数据技术了解客户行为和反馈,深刻理解客户的需求,关注客户行为,进而高效分析信息并做出预测,不断调整产品的功能方向,验证产品的商业价值,制定科学的价格策略。

6. 大数据自媒体营销策略

目前自媒体平台众多,且每个自媒体都有自身的定位,吸引着某些特定类型的消费群体。例如,有的自媒体平台针对女性群体,有的针对老年群体,有的针对青年群体,有的针对高端精英群体,企业可以根据需求做精准的定位选择。企业要利用大数据,充分了解自媒体运营状况,了解其特性,深度挖掘有用信息,同时通过专业经验作出判断,避免资源浪费。自媒体平台中也有不同层次之分,有的是区域性的自媒体,有的是全国性的自媒体,企业要精准地分析自身品牌投放对象的区域与实际情况,选择符合自身需求的自媒体平台,明确自媒体受众群体、用户活跃性情、媒体投放区域、媒体广告投放的表现形式。

7. 大数据个性化推荐策略

个性化推荐系统是建立在海量数据基础上,为消费者在网上消费时提供完全个性化的决策支持和信息服务。比如,推荐系统可以为客户推荐和选择产品及服务,满足客户的个性化需求。推荐系统可以将浏览者转化为购买者,提高网站的交叉销售能力,提高客户的忠诚度。比如,企业营销部门可以找出客户的兴趣所在,然后组织一些有针对性的营销活动,以增加客户黏度与忠诚度,实现销售与利润的增长。还可以针对不同的场景、不同的客户,使用不同的营销手段,通过分析客户行为,给习惯于短信的客户采用短信形式通知,给愿意看邮件的客户发邮件,或者是时效性强的信息用短信,需要精美展现的信息用邮件。这样不仅能精准投递,也能提高客户体验,传播企业理念,塑造品牌形象,进一步提升客户的满意感和忠诚度。

8. 大数据内部运营策略

利用大数据对客户需求、市场风险进行分析,有助于企业及时了解经营现状,根据市场预测调整内部运营策略。通过大数据发现客户尚未提出的需求,可以帮助企业发现应在哪个市场推出首款产品,或在哪里推广、改进和创新产品,找到商机,实现渠道优化,提高决策的准确性。通过大数据收集不同人群或不同地方的客户如何评价某款产品或服务,可以为酒店提供比传统的问卷调查更多的信息,特别是在这些信息是实时收集到的情况下,酒店可以有针对性地对存在的问题及时改进。通过分析互联网用户的行为和行踪,酒店企业可以挖掘出来自哪个营销渠道的客户最多,哪个营销渠道的实际购买率最高,来自这些渠道的客户是否是企业的目标客户等,并根据分析的结果合理地配置自己的营销资源和渠道,达到最佳的营销效果。

二、大数据营销的方法

1. 利用大数据进行精准营销

利用大数据进行精准营销,首先要构建大数据交换共享平台,整合共享各信息化系统的数据,汇集用户在多个渠道中的行为数据,构建对用户行为和用户其他数据的深入洞察,一方面实时监控各渠道的用户行为特征、运营和营销的效果,另一方面集中用户的数据,便于后续的深入挖掘分析,实现以用户为中心的数据有效汇聚,提升用户数据价值,实现用户交互的精准识别和多渠道数据汇集,为用户提供更加准确的服务和营销策略。

酒店要与其他数据来源较广的企业加强合作,一是可以获得海量的讯息,二是可以准确地向用户推送有关酒店产品与服务的内容。酒店在制定基于大数据的精准营销战略时,要使自己的信息来源更加丰富,就需要从数据源上得到信息。比如,可以将统计局、旅游局、行业协会等的数据融入自己的数据库中,然后进行营销活动,把外部的信息变为自己的。

在大数据快速发展的大背景下,酒店每天可获取大量的数据资源,包含用户的基本信息、语音通话数据、短信数据、流量数据等丰富的信息。面对如此海量的信息数据和用户消费数据,酒店应充分利用先进的大数据挖掘分析技术,深入挖掘其背后隐藏的规律和价值,科学合理地指导、支撑营销活动,实现精准营销,达到降本增效的效果。例如,红屋顶客栈是一家经济型连锁酒店,该酒店旗下的许多酒店毗邻各大机场。有一年冬季,受航班大面积取消的影响,9万多名旅客滞留机场。酒店的营销和分析团队充分利用天气状况和航班取消等谁都可以使用的公共数据,知道大多数旅客在移动设备上使用互联网搜索来查找附近住宿后,针对最有可能受到影响的那些地区的移动设备用户,启动了一项颇有针对性的营销活动。他们根据获取门槛极低的天气数据和航班数据,进行大数据分析,将酒店信息推送给最有可能受航班延误影响的旅客,最终创造了冬季旺季的销售纪录,获得了出色的业绩。这家酒店的营销和分析团队协同工作,使其在采用这项策略的地区的营业额增长了10%。

再如,登里汉酒店是一家连锁酒店集团,旗下有多家精品酒店,该酒店除使用IBM分析技术来汇总连锁店的交易数据和客人数据外,非常重视客人在评价网站上的反馈等非结构化数据的使用。这家连锁酒店在评估客人反馈信息和交易数据后,做出了数据驱动的战略性决策,重新布置了许多客房,以便更好地迎合商务或休闲旅客,为深受旅行家庭喜爱的客房提供更多的浴室存放架,并提供种类更齐全的房内设施,如客人喜欢的小厨房。这家连锁酒店甚至将分析技术交到酒店一线工作人员的手里,他们配备的智能手机上装有仪表板,这样他们就能预测某个客人在入住期间可能想要什么或需要什么,比如酒店饮食、礼宾服务或者浏览当地景点等方面。客房勤杂人员可以收到实时信息,了解某间客房的客人是不是需要另添一个枕头,或者凌晨2点叫客房服务员送来三明治和咖啡。

2. 利用大数据确定酒店的房价

在酒店业中,使用大数据确定房价已经成为潮流。事实上,不是每个客人在酒店消费都是一样的。有些客人只想入住和退房手续尽量简便,而有些客人会将大量金钱花费在美食、娱乐、体育活动、水疗等项目上。在今天的市场,能够锁定对某个酒店来说总体终身价值更高的那些客人显得至关重要,但客人的终身价值并非通过观察其在一次到访过程中的消费行为就会显露无遗。

例如,万豪酒店就是通过非结构化和半结构化的数据集(天气预报、当地活动时间表等)来预测需求量,从而确定每一间客房在全年中最合理的价格。通过对天气预报、当地经济变动和市场活动的整理,万豪能够在大数据分析系统的帮助下,预测出某一时间段内的市场需求,从而制定出最趋于合理、最具竞争力的房价。这在消费者普遍用有比价习惯的当今市场来说,是至关重要的一点。

3. 利用大数据提升酒店的综合收益

当前,线上酒店预订的覆盖率已经超过90%,新一代年轻用户需求的多样化以及酒店行业成本与经营压力的提升,使线上酒店预订也要从享受用户和流量带来的红利转向精细化运营。而O2O网站的大数据就可以从品类维度等方面帮助酒店实现用户增量;也可以提供基于场景的用户画像,帮助酒店提升综合收益。

以美团点评为例,该平台在一站式服务用户多种需求的同时,为酒店收益的提升带来了机会。数据显示,32%的用户在入住酒店的时候有饮食需求,17%的用户有休闲娱乐需求。发现这些需求后,平台通过提供"住宿＋餐饮"的打包服务,使流量提升了将近17%,酒店的增量收益也接近20%,效果非常明显。另外,美团点评对用户的分析基于两个维度,一方面是年龄、职业、收入等基础数据;另一方面是习惯、偏好等行为数据,在两个维度的基础上对用户需求进行把握,能为酒店精准营销提供针对性的建议。

传统情况下,人们认为价格是影响酒店消费者选择的主要因素,但通过O2O大数分析发现,价格在影响因素中的权重并不高,反面是图片、差评信息等带来的影响更大。有些因素在短期内无法改变,如酒店的位置、线上用户评论量等,但是酒店可以针对差评方面进一步展开工作,比如通过提供免费早餐的方式来吸引用户。

4. 利用大数据优化酒店声誉

近年来,随着经济水平的提升和人们消费意识的提升,越来越多的人入住酒店后,会在线撰写点评,这些点评又对其他消费者预订酒店的行为产生重要影响;而社交媒体的风靡,又使住客分享酒店体验成为常态。多声音、多渠道的点评数据对酒店声誉管理提出更高要求。酒店可以利用大数据技术收集OTA或者相关网站上的评论,实时获取相关口碑信息,指导酒店相关人员根据酒店品牌定位和目标人群的属性给予及时、恰当的回复,引导消费者做出预订酒店的决策,增强潜在消费者的好感度。

例如,广州白天鹅酒店通过分析监测到的5 800条点评,发现其住客的关注点集中在酒店的地理位置、装修、服务的专业性,而且不同点评渠道呈现的内容也有差别:商旅用户关注交通,而来自休闲旅游平台的用户更关注社区环境、旅游配套。基于这些点评,酒店都建立了"发现—回应—解决—优化调整"的在线点评管理机制,并组建相关团队,及时给予回复,有效提升了酒店口碑。

5. 利用大数据推动内部运营

酒店利用大数据,可以对经营数据进行统计分析,研究如何优化各个运营部门的指标,如房务部可以有RevPAR,餐饮部可以有餐饮毛利率、菜品出新率,工程部可以有能耗比率等,并在酒店内部实现资源的合理配置,让合适的产品和服务在合适的时间发挥更大的效用。同时,酒店可以利用大数据制定更加优质的酒店管理方案,如根据酒店自身情况,借助大数据做出招聘培训方案;酒店的工程部,可以根据大数据,做出酒店节能减排的方案。除此之外,酒店在运作过程中,要鼓励员工学会利用大数据,走在行业的前端,为酒店出谋划策。

6. 利用大数据向客人提供个性化的营销

酒店可以从互联网收集的大数据和来自第三方渠道的数据作为酒店大数据的来源,对这些数据进行分析,明确客人的个性化需求并加以满足,从而提高客人的满意度。根据大数据挖掘分析的用户需求信息,可进行产品或服务的量身定做。通过大数据精准营销缩短酒店与客人的沟通距离,可实现一对一的精准化、个性化营销。随着移动互联网、大数据等技术的进步,酒店和客人的交流沟通更加个性化网络化,沟通技巧也变得更加柔和,大数据营销使沟通变得更加直接,改善了沟通的效果。

利用大数据,酒店营销方式从海量业务广播式推送,过渡到一对一的以用户体验为中心的业务精准实施,面向特定用户在某一刻、以适合的价格,推送最需要的业务。围绕用户、业务场景、触点、营销推送内容、营销活动等,基于跨渠道触发式的营销,在注重客人体验的同时达到最佳的营销效果,并且可对营销过程进行全程跟踪,从而不断优化营销策略。

7. 利用大数据进行市场细分

市场细分是酒店实现精准化营销的基础。不同于传统的市场划分,精准营销要求根据用户的消费习惯、需求、行为规律等进行分析研究,并据此进行市场细分,这就要求酒店必须收集客人的显性和隐性方面的信息数据,利用大数据分析挖掘工具进行深入分析,绘制完整的用户视图,然后进行深层次的挖掘分析,定位目标市场,从而为酒店精准化营销提供依据。

在酒店行业市场营销工作中,无论是产品、渠道、价格还是客人,每一项工作都与大数据的采集和分析息息相关,而以下两个方面又是酒店行业市场营销工作中的重中之重:一是通过获取数据并加以统计分析来充分了解市场信息,掌握竞争者的商情和动态,知晓本酒店产品在竞争群中所处的市场地位,达到"知彼知己,百战不殆"的目的;二是通过积累和挖掘酒店行业消费者档案数据,分析客人的消费行为和价值趋向,便于更好地为客人服务和发展忠诚客人。

酒店可以通过对大数据统计与分析,采取科学的预测方法,通过建立数学模型,掌握和了解酒店行业潜在的市场需求,以及未来一段时间每个细分市场的产品销售量和产品价格走势等,从而通过价格的杠杆来调节市场的供需平衡,并针对不同的细分市场来实行动态定价和差别定价。细分市场为企业预测销售量和实行差别定价提供了条件,其科学性体现在通过酒店行业市场需求预测来制定和更新价格,最大化各个细分市场的收益。

同时,酒店要对不同客户群展开有效的管理并采取差异化的营销手段,就需要区分出不同的客户群。在实际操作中,传统的市场细分变量,如人口因素、地理因素、心理因素等由于只能提供较为模糊的客户轮廓,已经难以为精准营销的决策提供可靠的依据。大数据时代,利用大数据技术能在收集的海量非结构化信息中快速筛选出对酒店有价值的信息,对客人行为模式与客户价值进行准确判断与分析,甚至深入了解"每一个人",而不只是通过"目标人群"来进行客户洞察和提供营销策略。大数据可以帮助酒店在众多客户群中筛选出重点客户,它利用某种规则关联,确定酒店的目标客户,从而帮助酒店企业将其有限的资源投入到这少部分的忠诚客户中,即把营销开展的重点放在这最重要的20%的客户上,更加关注那部分优质客户,以最小的投入获取最大的收益。

8. 利用大数据实施差异化营销

当前酒店的产品与服务同质化严重,许多酒店的产品和服务在规模化、规范化的管理模式之下,逐渐呈现出了机械、呆板的特点,让消费者在多次使用酒店产品或体验酒店服务时逐渐积累了不满和厌烦感。酒店应利用大数据收集、分析和整合客人的个人信息,如消费心理、消费模式、居住习惯等,据此来提供更具有针对性的酒店产品和个性化的服务。同时,利用贴心的个性化服务体验与客人建立长期稳定的合作关系,提高其忠诚度。

酒店要利用大数据,实施差异化营销。大数据营销可以根据用户的兴趣爱好、在某一时间点的需求,对细分用户实施一对一的营销,让业务的营销做到有的放矢,并可以根据实时性的效果反馈,及时调整营销策略。酒店通过用户办理业务时提供的信息掌握用户的姓名、性别、年龄、单位、住址等详细数据内容,能够掌握用户的业务类型、业务资费、通话信息、消费行为等内容信息,可以根据基站、定位系统等准确获取用户的地理位置等信息内容,还能拥有巨大的用户互联网访问数据信息记录,这些都为差异化营销奠定了基础。酒店可以将拥有的这些用户数据、业务数据及其他数据结合起来,在其内部建立一个共享的数据库,利用自己的优势结合新技术,通过大数据分析挖掘等技术深入洞察用户需求,实现差异化营销,制定出精准化的营销方案,挖掘出更大的市场价值。

9. 利用大数据进行市场定位

成功的酒店经营离不开精准的市场定位,精准的市场定位,能够使酒店企业快速成长,而基于大数据的市场数据分析和调研是酒店企业进行酒店市场定位的重要依据。酒店需要形成大数据战略,拓宽酒店行业调研数据的广度和深度,从大数据中了解酒店行业市场构成、细分市场特征、消费者需求、竞争者状况等众多因素,在科学系统的信息数据收集、管理、分析的基础上,提出更好的解决问题的方案和建议,保证酒店的市场定位独具个性,提高酒店市场定位的行业接受度。

酒店想进入或开拓某一区域酒店行业市场,首先要进行项目评估和可行性分析,只有通过项目评估和可行性分析才能最终决定是否适合进入或者开拓这块市场。这个区域人口数量是多少？潜在客户有多少？消费水平怎么样？消费习惯是什么？市场对产品的认知度怎么样？当前的市场供需情况怎么样？这些问题背后包含的海量信息构成了酒店行业市场调研的大数据，对这些大数据的分析就是酒店进行市场定位过程。大数据挖掘和信息采集技术不仅能给酒店行业研究人员提供足够的样本量和数据信息，还能够建立基于大数据数学模型对未来市场进行预测，通过大数据战略，拓宽酒店行业调研数据的广度和深度，从大数据中了解酒店行业市场动向，对酒店进行精准的市场定位。

10. 利用大数据定制产品或服务

根据大数据挖掘分析的用户需求信息，可以为客人量身定做产品或服务。酒店可以利用大数据，根据客人的喜好为客人提供定制化产品，将自己的产品分类整合，而非采用原有的单一产品销售模式。酒店可以为商旅客人提供打印、会议客房，可以为家庭出行的客人提供亲子娱乐项目，可以为追求新鲜的年轻客人提供聚会娱乐项目，可以为情侣客人提供烛光晚餐，这些定制化产品或服务会极大提升客人的入住体验。

项目小结

本项目主要阐述了大数据营销的概念；解释了大数据的定义、特点和意义；论述了酒店大数据的含义、分类和作用；分析了酒店大数据运用的环节、酒店大数据运用的步骤和酒店大数据运用的措施；介绍了大数据营销的方法；总结了大数据营销的策略。

案例分析

"互联网+"使酒店行业精准营销真正到来

互联网的不断发展，"互联网+"的提出显示着人类真正进入以互联网、智能物联技术、大数据开发和利用为主要特征的时代。

在互联网还没有出现之前，酒店行业存在着各类问题，价格不透明、信息不对称、难管理，使整个行业陷入困境。很多时候会出现这样的情况，有的酒店客满为患，有的酒店却门庭冷淡。这种极大的不平衡，造成了某些酒店入住率低下，形成了很多的资源浪费。

为了解决这一问题，从事酒店行业多年的杨某进行了无数次的探索。最终，在互联网技术的影响下，联合知名互联网企业打造了"河南酒店预订网"互联网平台。轻松实现"酒店预订+订单管理+用户沉淀+线上营销+一键呼叫+周边服务+在线管理"等一站式功能，增强用户体验，沉淀会员用户，节省管理成本，提高服务效率。

"河南酒店预订网"对酒店行业的渗透目前主要体现在行业整体链条的销售环节，更加注重对大数据的深度（数据深度挖掘）和广度（数据生态圈关联数据）的开发和利用。数据分析师、数据构建师这样全新岗位将出现，在精准大数据支持下，酒店销售将彻底告别"撒网捕鱼"的粗犷营销模式，精准营销真正到来。

未来酒店行业"互联网+"的企业转型升级潜在机会点一是在用户服务体验环节——酒店客房、用餐、娱乐以及相关配套设施的互联网化，另一潜在机会点在于酒店在运营过程中同酒店周边行业的厂商在商业合作模式上的创新，进而打造出以酒店为中心的新生态圈。我国在线酒店行业已经进入快速成长期。未来，这一市场范围有望进一步扩大，成为更多人的选择。

根据以上案例,回答以下问题。

"河南酒店预订网"对酒店行业的渗透目前主要体现在什么环节?

项目练习

一、简答题

1. 简述大数据的定义。
2. 简述大数据的特点。
3. 简述大数据的意义。
4. 简述大数据营销的含义。
5. 简述酒店大数据的概念。

二、思考题

1. 酒店大数据分为哪些类型?
2. 酒店大数据有哪些作用?
3. 酒店大数据运用的爆发点有哪些?
4. 酒店大数据运用的环节有哪几个?
5. 酒店大数据运用的步骤有哪些?
6. 酒店大数据运用的措施有哪些?
7. 酒店大数据营销的策略有哪些?
8. 酒店大数据营销的方法有哪些?

三、运用能力训练

训练目的:实际体验与认知酒店大数据营销的运营和管理,了解酒店大数据营销的具体应用与实践。

内容与要求:

(1) 把学生分为若干个小组,每个小组5~10人。
(2) 分组参观当地不同的星级酒店。
(3) 了解各星级酒店的大数据营销的策略和方法。
(4) 分析各星级酒店的大数据营销的策略和方法。
(5) 最后由教师点评总结。

参 考 文 献

[1] 凯莉·麦奎尔. 大数据管理:对酒店业实施数据分析[M]. 北京:人民邮电出版社,2017.
[2] 容莉. 互联网+酒店运营手册[M]. 北京:化学工业出版社,2020.
[3] 携程大住宿团队. 酒店OTA平台运营增长指南[M]. 北京:人民邮电出版社,2020.
[4] 孙宗虎,王瑞永. 酒店运营与管理全案[M]. 北京:人民邮电出版社,2021.
[5] 李勇,钱晔. 数字化酒店:技术赋能+运营变革+营销升级+管理转型[M]. 北京:人民邮电出版社,2021.
[6] 陆均良,杨铭魁. 酒店电子商务[M]. 北京:清华大学出版社,2019.
[7] 张胜男,何飞,李宏. 酒店管理信息系统[M]. 武汉:华中科技大学出版社,2019.
[8] 马卫. 酒店信息智能化[M]. 北京:中国旅游出版社,2018.
[9] 吴联仁,李彬,谷慧敏. 从信息技术到数据技术[M]. 北京:旅游教育出版社,2016.
[10] 袁宇杰. 酒店信息化与电子商务. 2版. 北京:北京大学出版社,2014.
[11] 翟立新. 酒店电子商务[M]. 北京:高等教育出版社,2017.
[12] 陈为新,黄崎,杨荫稚. 酒店管理信息系统教程:Opera系统应用[M]. 2版. 北京:中国旅游出版社,2016.
[13] 章勇刚,沙绍举. 酒店管理信息系统:Opera应用教程[M]. 2版. 北京:中国人民大学出版社,2022.
[14] 许鹏,梁铮. 酒店管理信息系统教程实训手册[M]. 3版. 北京:中国旅游出版社,2021.
[15] 郑红,颜苗苗. 智慧酒店理论与实务[M]. 2版. 北京:旅游教育出版社,2023.
[16] 栗书河,李东杭. 酒店电子商务运营管理[M]. 北京:中国轻工业出版社,2016.
[17] 李勇. 互联网+酒店[M]. 北京:人民邮电出版社,2016.
[18] 王丽丽. 新媒体营销实务[M]. 北京:中国人民大学出版社,2020.